Volker Vorndamme

Das Arschtritt-Prinzip

Für meine Eltern.
ANNE & REINHARD VORNDAMME.
Dafür, dass Ihr nicht müde geworden seid,
mir in den Hintern zu treten.

Volker Vorndamme

DAS ARSCHTRITT-PRINZIP

Der Weg zu Ruhm und Traumjob

www.volkervorndamme.de

2. Auflage © 2019 Vorndamme, Volker
Herstellung und Verlag: BoD – Books on Demand, Norderstedt
ISBN: 9783748117056

Illustration: **MC Publish, Wien**

Bibliografische Information der Deutschen Nationalbibliothek:
Die Deutsche Nationalbibliothek verzeichnet diese Publikation in
der Deutschen Nationalbibliografie; detaillierte bibliografische
Daten sind im Internet über http://dnb.dnb.de abrufbar.

Inhalt

Jeder ist so gut wie sein Team

Ich hoffe, lieber Leser, dass Du dem Wörtchen „ich" in diesem Buch nicht all zu viel Beachtung schenkst. Ich schildere eine Vielzahl meiner Erfahrungen. Die Erkenntnisse daraus mögen Dir als Inspiration dienen. Wenn Du erstaunliche Entedeckungen machst, so ist das auch all den kreativen und brillanten Köpfen zu verdanken, die mir als Quelle, Inspiration, Kritiker, Lektoren und Mentoren zur Seite standen. Tatsächlich haben dutzende Menschen zur Entstehung dieses Buches beigetragen. Sei es durch persönliche Kontakte oder durch ihre Werke. Ich betrachte es als Privileg, die Gedanken anderer Menschen, zusammengefasst in Büchern, Filmen, Blogs, Podcasts etc. studieren zu können. Manch einem Autor fühlte ich mich dabei so nah wie einem guten Freund. Es fällt mir schwer zu sagen, wem genau ich welche Erfahrung verdanke. Diejenigen, die am meisten zu dem vorliegenden Buch beigetragen haben, habe ich im Text besonders erwähnt und versucht, damit meine Würdigung zum Ausdruck zu bringen. Ich bitte um Verständnis, dass ich auf Fußnoten weitestgehend verzichtet habe, nicht um alle Erkenntnisse und Vorschläge als meine eigenen vorzustellen, sondern um den Text lesbar zu halten. Ich habe mich bemüht, das Buch zu schreiben, das ich selbst suchen würde, um erfolgreich und glücklich zu werden.

Ich bin zahlreichen Menschen zu Dank verpflichtet, dennoch möchte ich hier einige namentlich erwähnen:

Ivo Arndt

Thilo Baum

Fabian Burscheid

Torsten Dohm

Christiane Güth

Markus Greiser

Sandra Greiser

Doris Hutterer

Julia Leib

Julian Michaelis

Alfred Pranzl

Ulrich Scharf

Jens Werner

Sowie:

Torsten von den „Beatsteaks"

Philipp von „Reamonn"

Andi „der Hund" Jung.

„State of Evidence",

„Priscilla Sucks!",

„Dukes of Blizzard",

„Rough Roostars"

Ihr seid tolle Interviewpartner und „Forschungsopfer" gewesen!

Warum Du dieses Buch lesen musst

Fast jeder Mensch träumt davon reich und berühmt zu sein, doch scheint es in den meisten Fällen nur einer Elite vorherbestimmt zu sein, sich diesen Traum auch wirklich zu erfüllen.

Experten sind sich einig: 10.000 Stunden Training ist die Zeit, die man investieren muss, um es auf einem Gebiet zur Weltspitze zu bringen. Allerdings haben die meisten Menschen Probleme mit ihrer Selbstdisziplin, was dazu führt, dass sie frühzeitig aufgeben. Das heißt nicht, dass die Methode der 10.000 Stunden nicht funktioniert, sondern nur, dass die meisten Menschen damit scheitern. Zum Glück erkennen immer mehr junge Menschen, dass sie zu mehr in der Lage sind, als ihnen in Schule und Elternhaus beigebracht wird. Sie nutzen, mit Hilfe einer Castingshow, die Chance auf eine Karriere im Rampenlicht.

Wenn Du jedoch wissen willst, wie Du möglichst schnell berühmt wirst, so muss ich Dich enttäuschen. Ich habe keine Ahnung. Ich beschäftige mich nicht damit, wie man über Nacht zum Star wird. Ich habe vielmehr festgestellt: Menschen wollen eigentlich gar nicht unbedingt berühmt sein. Sie wollen nur das tun, von dem sie glauben, dass nur Berühmte es tun: Jeden Tag Champagner trinken, leben auf der eigenen Yacht, nie mehr arbeiten etc. Und sie träumen von einem sorgenfreien Leben, das ihnen dieser Status ermöglicht.

Ein häufiger Grund für den starken Wunsch nach schnellem Erfolg ist die Orientierung an Stars und Berühmtheiten. Erfolg wird nicht individuell gemessen, sondern durch Vergleiche. Menschen borgen sich die Träume von anderen und halten diese dann fälschlicherweise auch für die eigenen.

Wer sich jedoch nicht die Zeit nimmt, herauszufinden was er im Leben erreichen will, der lebt schließlich auch die Träume eines anderen.

Ignoriere ab sofort alle angepriesenen Wege zu schnellem Erfolg

Für Marketing-Slogans, die Dir die perfekte Methode zu schneller Berühmtheit versprechen, ist in meinem Buch kein Platz. Du wirst auf Deinem Weg jedoch damit konfrontiert werden. Und wenn Du nicht darauf vorbereitet bist, wirst Du Dich leicht davon ablenken lassen. Dazu sind diverse Begriffe im Umlauf, die sich wie selbstverständlich in unseren Sprachgebrauch eingeschlichen haben. Begriffe, die Du weder benutzen noch Dir anhören solltest. Begriffe, mit denen etwas verkauft oder Dir Angst gemacht werden soll, obwohl es dafür keine objektive Begründung gibt. Zum Beispiel: in/out, Star, Trend.

Erfolgreich ist ebenfalls so ein Wort. „Meine bisherige Karriere verläuft noch nicht erfolgreich." Hier sollte die Frage lauten: Erfolgreich, worin? Im Laufe eines Jahres 50 Prozent mehr Geld zu verdienen, ein rotes Mercedes-Cabrio zu besitzen, jeden Tag Champagner zu trinken etc.? Erfolgreich zu sein, hängt von dem Ziel ab, das Du Dir gesetzt hast und das sollte sich definieren lassen.

Noch schlimmer sind allgemein anerkannte Begriffe, obwohl sie gar nicht klar definiert sind, wie prominent oder berühmt. Um unklare Wörter auszuschließen, die Du auf dem Weg zu Deinem Erfolg verwendest, solltest Du Dich einfach fragen: Ist das messbar? „Ich will berühmt werden" ist nicht akzeptabel. „Ich will einen Hit in den Charts" ist hingegen akzeptabel, weil es objektiv messbar ist. Ich betone jedoch bei jeder Antwort auf die Frage: „Wie kann ich einen Hit erreichen?", dass es entscheidend ist, auch die zweite Bedeutung des Wortes „Hit" zu berücksichtigen: „Hochintensitätstraining". Kein Mensch wird durch Zufall erfolgreich. Nimm also Deinen Vorsatz ernst und finde Deinen Weg, mit dem zu persönlichem Erfolg kommen kannst. Dieses Buch unterstützt Dich dabei. Deine persönliche Methode mag vielleicht unspektakulär und weniger sexy sein, sie ist jedoch besser als die populärste und schnellste Methode – mit der Du scheiterst. Zu Anfang glaubt jeder er gehöre der talentierten Minderheit an. Frage Dich: „Werde ich die Disziplin aufbringen, bis ich am Ziel bin?" Wenn nicht, solltest Du eine weniger effektive Methode wählen, mit der Du jedoch durchhältst.

Nun, ob dieses Buch Dir bei der Erfüllung Deines Traumes helfen kann? Die Sterne stehen günstig. Die in diesem Buch vorgestellten Schritte beruhen auf bewährten Prinzipien, die vor Dir bereits tausende Menschen zu persönlichem Erfolg geführt haben. Du erfährst Strategien, um Dich selbst neu zu erfinden. Dabei ist es egal wie alt Du bist, ob Du Schüler, Angestellter oder Dein eigener Chef bist. Du musst kein besonderes Talent oder eine spezielle künstlerische Begabung besitzen, es reicht, die dargestellten Schritte konsequent umzusetzen.

Dieses Buch bietet Dir nicht die populärste Methode zu Ruhm und Geld, jedoch eine, mit der Du erfolgreich sein kannst.

Drei Regeln, die Du beim Lesen
unbedingt beachten musst

Nr. 1: Bleib skeptisch

Das Beste an einer Karriere, wie ich sie in diesem Buch beschreibe, ist die Tatsache, dass es überhaupt keine Karriere ist. Es ist ein Lebensstil. Dabei stellen sich gleich ein paar Fragen: Ist das ein Leben? Wenn man so arbeitet, gibt es dann einen Ausgleich zwischen Arbeit und Leben? Und musst Du – Gott bewahre – alles genau so machen, wenn Du erfolgreich sein willst? Die Antworten: Ja, das ist ein Leben, aber eben meine Sicht darauf. Ja, man kann einen Ausgleich finden, aber nur seinen eigenen; und nein, Gott sei Dank, musst Du es nicht genau so machen.

Nr. 2: Handle trotz Skepsis

Die Tatsache, dass Du bereits jetzt mögliche Fehler und Unvollkommenheiten bei Dir selbst oder in diesem Buch entdeckst, sollte Dich nicht davon abhalten zu handeln. Es ist leicht einen skeptischen Blick in die Zukunft zu werfen und aus einer Art Vogelperspektive, ein Scheitern voraus zu sagen. Wer zu viel denkt, handelt nicht mehr – das wusste schon Nietzsche. Schieb also nicht Deinen Intellekt vor, um Dein Vorhaben schon zu Beginn in Stücke zu reißen. Erkenne, dass es sich dabei nur um eines handelt: Die Rechtfertigung der eigenen Faulheit.

Nr. 3: Hab Spaß

Zur allgemeinen Belustigung habe ich immer mal wieder persönliche Erlebnisse und Anekdoten eingefügt. Gute Ratschläge alleine sind langweilig. Betrachte das Buch daher als ein Buffet. Du kannst Dich bedienen und Dir immer das nehmen, worauf Du gerade Appetit hast. Finde den Einstieg, der Dich geradezu „anspringt". Ein untrügliches Zeichen dafür, dass Du auf dem richtigen Weg bist. Schau Dir das Inhaltsverzeichnis an, such die Kapitel, die Du am wichtigsten findest, und lass die anderen – zunächst – bei Seite. Die meisten Menschen brauchen nicht mehr als 50 Seiten, um einen Ansporn zu finden, der ihre Richtung korrigiert. Mach es also nicht komplizierter als unbedingt nötig. Die einzigen Pflichtkapitel, die Du lesen musst sind: „Zuallererst: Erfolg muss erfolgen" und „Zuallerletzt: Wenn die Dinge sich in ihr Gegenteil verkehren". Diese beiden Kapitel sind Pflicht. Wie in einem Krimi musst den Anfang der Geschichte kennen und den Ausgang erfahren. Alles was danach kommt, ist die Kür.

Tust Du dies nicht, handelst Du auf eigene Gefahr.

Beliebte Themen und Fragen, sowie die Kapitel mit den entsprechenden Antworten:

Wie bekomme ich wichtige Kontakte in der Unterhaltungsbranche?

Lies alle Kapitel in: „Werde der Kontaktmann"

Wie mache ich Werbung, ohne Geld?

Lies alle Kapitel in: „Erzeuge Resonanz" und „Listen to the Moneytalk"

Ich benötige auf jeden Fall Geld, um meinen Traum zu verwirklichen?

Lies alle Kapitel in: „Listen to the Moneytalk", sowie die erste Hälfte des Kapitels: „Die Entscheidung ein Superstar zu werden.

Ich habe nicht das „Zeug" um erfolgreich zu sein.

Lies alle Kapitel in: „Die Entscheidung ein Superstar zu werden", sowie alle Kapitel in: „Lass Dich nicht unterbrechen"

Ich bin einfach zu beschäftigt. Woher soll ich die Zeit nehmen?

Lies alle Kapitel in: „Lass Dich nicht unterbrechen" sowie alle Kapitel in „Die Entscheidung ein Superstar zu werden"

Wie bekomme ich eine Idee mit Hit-Potential?

Lies alle Kapitel in: „Hackerguide zum Hit"

Wie steht es um Deine Träume?

Ich stand hinter der Bühne und mein Herz schlug schneller als ich durch den Vorhang schaute. Im Zelt waren 35° C und 3.000 Menschen warteten darauf, dass es endlich losging. Wir bildeten einen Kreis, legten uns die Arme auf die Schultern und steckten unsere Köpfe zusammen. „Lasst uns einfach Spaß haben, der Rest kommt von alleine!" Wir befanden uns auf dem Hurricane Festival 2006 und ich konnte kaum erwarten, dass es los ging. Für einen kurzen Moment fragte ich mich, wo ich jetzt wohl wäre, wenn ich nicht vor fünf Jahren meinen sicheren und gut bezahlten Job aufgegeben und meine Heimat verlassen hätte. Unser Ton-Techniker spielte die Intromusik, wir zupften unsere Kleidung zu Recht, nahmen unsere Instrumente in die Hand und gingen raus auf die Bühne. Von den Scheinwerfern geblendet, sah ich zu unserem Bühnentechniker herüber. Er strahlte und die Menge jubelte.

„Und, was machst Du so?" Die Frage aller Fragen, mit der man einen Smalltalk beginnt. Sie setzt die stillschweigende Vereinbarung voraus, dass man sich gegenseitig seinen Lebenslauf sowie Erfolge in Job und Firma vorbetet. Ich beantworte die Frage immer auf die gleiche Weise, wenn ich das Gefühl habe, mein Gegenüber interessiert sich nicht wirklich für das was ich tue. „Ich bin Musiker." Dabei achte ich auf einen Unterton, der mich zweifellos als brotlosen Künstler ausmacht. Damit ist das Gespräch meistens zu Ende. Natürlich stimmt das nicht so ganz. Denn was ich mit meiner Zeit tue, können ganz andere Dinge sein. Vielleicht triffst Du mich in einem Kurs für angehende Yoga-Adepten, in den Alpen beim Snowboard fahren, beim Verfassen einer Buchidee oder im Tonstudio, wo ich Musikern zu ihrem ersten Hit verhelfe. Ich habe in den letzten zehn Jahren ein Tonstudio gebaut, ein Platenlabel für Nachwuchsbands gegründet und unzählige Konzerte in Clubs von Spanien bis Polen gespielt. Ich weigere mich einfach meine Zeit mit Dingen zu vergeuden, die nichts mit der Erfüllung meiner Träume zu tun haben und Du solltest das auch nicht. Das ist leichter als es sich anhört. Das Leben muss nämlich gar nicht so verdammt hart sein, wie die meisten Menschen sich jeden Tag einreden. Das Rezept dazu ist ganz einfach: Tu ab sofort nichts mehr, woran Du keinen Spaß hast. Stell den fehlgeleiteten Menschenverstand auf den Kopf und leg die Spielregeln selbst fest.

Meine erste Lektion

Mit dreiunddreißig Jahren hatte ich einen Traum erreicht: Ich spielte mit einer Band vor mehreren tausend Menschen. Der Weg dorthin war allerdings alles andere als eine Erfolgsgeschichte. Seit ich mit vierzehn Jahren begann Gitarre zu üben, hatte ich die Hoffnung, dass ich eines Tages mit Musik erfolgreich sein würde. Irgendwie würde es schon dazu kommen und irgendwer würde mir schon helfen, wenn ich nur positiv dachte und fest genug daran glaubte. Doch mit Hoffnung und positivem Denken alleine geschieht gar nichts. Positives Denken ist eine Beruhigung des Geistes – eine optimistische Hoffnung, die ohne Handlung zu 100 Prozent ein Scheitern zur Folge hat. Auf wen oder was hoffen? Den lieben Gott, das Schicksal? Wie war es möglich, dass ich mein Ziel, mit Musik Erfolg zu haben nicht erreichte? Die Antwort auf diese Frage hat mich Jahre später überrascht: Tief in mir glaubte ich, dass Geld und Erfolg den Charakter verdirbt und dass ich es sowieso nicht schaffen würde. Ich stand meinem Erfolg selbst im Weg.

Ich steckte in einer Ausbildung und steuerte das Leben an, das mir die Schule vorausgesagt hatte. Ich hörte auf Lehrer und Eltern, die mir rieten, zuerst einen Abschluss und eine Ausbildung zu machen. Sicherheit sei wichtig – danach könnte ich ja immer noch etwas anderes tun. Andererseits wollte ich unbedingt mit Musik erfolgreich werden, da ich auf keinen Fall das ganze Leben hart arbeiten wollte. Tatsache war, ich versuchte lediglich mein Ziel zu erreichen. Und wer etwas nur versucht, handelt unentschlossen. Mehrere Jahre trat ich so auf der Stelle, plante meine Freizeit besser als mein Leben und nahm mir nicht die Zeit, die Dinge zu planen, die mich der Erfüllung meines Traumes näher gebracht hätten.

Wir müssen zuerst ein Schul-, und Benotungssystem absolvieren, das jahrelang unsere Fehler aufdeckt, aber keine Talente. Wir müssen den Wunsch der Eltern nach einer guten Ausbildung erfüllen. Wir wollen zuerst etwas Geld verdienen, um uns einige Wünsche zu erfüllen. Auf diese Weise halten wir uns permanent ein Hintertürchen auf, um der Wahrheit aus dem Weg zu gehen, dass wir aufgegeben haben, noch bevor wir richtig angefangen haben. Irgendwann kommt der Zeitpunkt, an dem wir unsere Träume als kindliche Schwärmerei abtun. Oder wir machen die Umstände verantwortlich. „Ich konnte nicht anders!", „Ich habe doch Verpflichtungen!", „Das Leben ist kein Wunschkonzert!" usw. Wieder und wieder stellen sich uns Hindernisse in den Weg und halten uns davon ab, unsere wirklichen Träume zu verfolgen. Wir erfinden Ausreden und verleugnen unsere Träume, weil wir nicht glauben, dass wir gut genug sind und es wirklich schaffen können. Wenn unser Handeln sich nur auf Hoffnung und positives Denken stützt, bleiben wir uns selbst die Beweise schuldig, dass wir bei der Erfüllung unserer Träume auf uns selbst vertrauen können.

Ein Mensch, der so handelt ist ein hoffnungsloser Optimist. Für die Erreichung eines Zieles benötigen wir Selbstvertrauen und Erfolgserlebnisse. Und die bekommen wir nur, wenn wir handeln.

Häufig gestellte Fragen von Zweiflern:

Muss ich jung sein und gut aussehen?

Nein. Dieses Buch ist für all diejenigen, die es satt haben ihre Träume aufzuschieben und die Erfolge anderer Menschen im Fernsehen zu verfolgen. Für alle, die selbst etwas tun wollen und erkannt haben, dass einen Traum aufzuschieben nicht das Ziel sein kann.

Muss ich studiert haben?

Nein. Hochschulen sind zuallererst Institutionen, in denen Menschen zu Sachverständigen ausgebildet werden. Für unsere Zwecke ist dieser Umstand eher hinderlich.

Muss ich begabt sein?

Nein. Begabung an sich hat noch keinen Wert. Selbstvertrauen, Leidenschaft und ein Ziel sind die Zutaten, auf die es ankommt.

Muss ich Vorkenntnisse haben?

Nein. Jeder Mensch ist in irgendetwas richtig gut. Leider verbringen wir zu viel Zeit damit unsere Schwächen auszumerzen, statt unsere Stärken zu betonen. Erkenne was Du gut kannst – für alles andere holst Du Dir Hilfe.

Muss ich meinen Job aufgeben?

Nein. Dieses Buch bietet viele Anregungen für jeden Typ. Ob Du ein risikofreudiger Mensch bist oder Sicherheiten benötigst, es gibt für jeden den passenden Weg zum Ziel – das Entscheidende ist, loszugehen.

Muss ich reich sein?

Nein. Geld ist die am häufigsten benutzte Ausrede um seine Träume aufzuschieben. Dieses Buch bietet Dir die Möglichkeit, Deine Einstellung zum Thema Geld zu überdenken.

Die 80/20 Regel

Mein Buch soll Dir die 20 Prozent an Wissen vermitteln, das bereits 80 Prozent des Weges, zu Deinem persönlichen Erfolg ausmacht. Mit Hilfe der Ratschläge eines italienischen Wirtschaftshistorikers erfährst Du, dass 20 Prozent Einsatz, bereits 80 Prozent der gewünschten Resultate liefert. 20 Prozent sind der Schlüssel zu allem was Du tun musst, um Ergebnisse in möglichst kurzer Zeit zu erreichen. Der Trick besteht darin, die richtigen 20 Prozent zu finden, um den Zeiteinsatz so gering wie möglich zu halten. Es ist wie beim Kochen von Wasser. Wenn Du Wasser auf 100 Grad erhitzt, beginnt es zu kochen. Erhöhst Du die Temperatur, kocht es nicht mehr oder besser, Du verbrauchst lediglich mehr Energie. Mein Buch ist also keine Abhandlung, über alles was es auf dem Weg zu Ruhm und Traumjob zu wissen gibt. Das würde den Rahmen jeden Buches sprengen. Ich möchte vielmehr vermitteln, was meiner Meinung nach die 20 Prozent an Wissen sind, die 80 Prozent von Erfolg ausmachen.

-1) Zuallererst:
Erfolg muss erfolgen – Gib Vollgas

„Wenn Sie trainieren und zehn Wiederholungen einer Übung
ausführen, welche Wiederholung ist dann die wichtigste?"
„Die elfte!"
(Bodybuilder)

Wenn Du Dir vornimmst regelmäßig Sport zu treiben, ein Fitnessstudio besuchst und jeden Tag Liegestütze machst, dann schaffst Du zunächst nur einige wenige Wiederholungen. Du hast dann Dein Bestes gegeben. Wenn Du lange keinen Sport getrieben hast, dann ist Dein Bestes aber wahrscheinlich kein sehr gutes Ergebnis.

Wenn Du mit Eifer auf ein Ziel los stürmst, so musst Du wissen, dass Dein „Bestes geben" häufig nicht gut genug sein wird. Du hast nämlich in vielen notwendigen Bereichen für Deinen Erfolg noch stark unterentwickelte „Erfolgsmuskeln". Diese musst Du trainieren. Du kannst Deine Erfolge im „Liegestütze machen" erheblich schneller steigern, wenn Du 110 Prozent gibst. Das heißt, immer dann wenn Du eigentlich gar nicht mehr kannst, machst Du noch einen Liegestütz. Du wirst die 110 Prozent vielleicht nicht jedes Mal schaffen. Aber das Entscheidende ist: In der zusätzlichen Wiederholung liegt der größte Zuwachs. Die Wiederholung, die eigentlich gar nicht mehr geht, bewirkt das größte Wachstum.

Menschen, die bereit sind 110 Prozent zu geben, sind diejenigen, die auf ihrem Gebiet zur Spitzenklasse gehören. Denn in den 10 Prozent zusätzlicher Anstrengung liegt der Unterschied zwischen großem Erfolg und Mittelmäßigkeit. 10 Prozent mehr Anstrengung bewirken nämlich nicht 10 Prozent mehr Gewinn. 100 Prozent, sogar 1000 Prozent mehr Ergebnis kannst Du erwarten, wenn Du bereit bist die Extra-Meile zu gehen. Sei daher immer bereit mehr zu geben, als irgendjemand von Dir erwartet.

Warum geben manche Menschen aber nur 80 Prozent oder noch weniger? Die Antwort ist simpel: Jeder Mensch gibt 110 Prozent, wenn er gefunden hat, woran er Spaß hat. Keiner wird mit der Fähigkeit geboren ständig 110 Prozent zu geben. In der Regel gehen wir lieber den Weg des geringsten Widerstandes. Wenn 80 Prozent genügen, warum dann mehr geben? Aber nichts kann einen Menschen aufhalten, der seiner Leidenschaft nachgeht und es sich zur Gewohnheit gemacht hat 110 Prozent zu geben.

„Wenn ich könnte, dann würde ich." Ein Aussage, die nur ein Mensch treffen kann, der nicht in der Lage ist 110 Prozent zu geben und der noch nie erlebt hat, dass etwas wie von alleine geht. Ich sage dazu: „Wenn Du würdest, dann könntest Du!" Es handelt sich dabei nämlich nicht um ein einmaliges Ereignis, sondern um eine Lebensgewohnheit. Entwickle die Gewohnheit 110 Prozent zu geben und Du wirst Dich niemals mit den Dir dargebotenen Grenzen zufrieden geben müssen.

Werde der Beste

Eine der wichtigsten Fragen zur Erreichung von Erfolg betrifft den Aufwand. „Wie lange werde ich brauchen, um mein Ziel zu erreichen?" Da wir es gewohnt sind den Wert von Erfahrung als überaus groß einzuschätzen, kann der Gedanke, dass Du über wenig oder keinerlei praktische Erfahrung verfügst, Dich leicht von Deinem Vorhaben abbringen. Um Dir die Möglichkeit zu geben, Dir über den Wert von Erfahrung selbst ein Bild zu machen, schau Dich einmal um. Betrachte Deine Freunde, Verwandten, Mitarbeiter, Kollegen – Menschen, die Du auf einer Party triffst; Menschen, die Du schon lange kennst. Wie verbringen die Ihre Tage? Die meisten von Ihnen gehen arbeiten. Darüber hinaus tun sie viele andere Dinge. Sie gehen Hobbies nach, engagieren sich im sozialen Bereich etc.

Und nun frage Dich: „Wie gut sind diese Menschen, in dem was sie tun?" Sie machen ihre Sache gut wirst Du denken, so gut, dass sie sie auch weiterhin machen werden. Es sind fähige, gewissenhafte Menschen. Einige von ihnen haben schon jahrzehntelange Erfahrung in dem was sie tun. 10, 20, 30 Jahre Erfahrung.

Aber wie viele sind dabei, die es auf ihrem Gebiet wirklich zur Meisterschaft gebracht haben? Wie viele Menschen kennst Du, die mit ihrer Tätigkeit das große Geld gemacht haben? Wer in Deinem Bekanntenkreis ist ein wirklicher Experte? Aller Wahrscheinlichkeit nach sind, wenn überhaupt, nur wenige dabei, die wirklich großartig sind, in dem was sie tun.

„Übung macht den Meister." In Wahrheit wird dieses Sprichwort häufig falsch verstanden. Nur die Übung der richtigen Dinge macht den Meister. Übung an sich macht zunächst nur beständig. Was auch immer Du übst wird zu einer Gewohnheit. Wenn Du das richtige übst, entwickelt sich daraus eine gute Gewohnheit. Du hast die Chance wirklich großartig zu werden, in dem was Du übst. Übst Du etwas Falsches, so sammelst Du im besten Fall Erfahrungen, ohne Dich jedoch zu verbessern.

Das Rätsel um den tatsächlichen Wert von Erfahrung ist so alltäglich, dass wir kaum Notiz davon nehmen. Dennoch hat es eine entscheidende Bedeutung für die Erreichung oder Nicht-Erreichung Deiner Ziele. Bei einem Hobby ist es relativ leicht eine Erklärung zu finden. Wenn wir nach jahrzehntelanger Ausübung eines Hobbies keine oder nur sehr kleine Fortschritte gemacht haben, lautet die Erklärung, dass wir bei unserer Freizeitbeschäftigung deshalb nicht so gut sind, weil wir die Sache nicht allzu ernst nehmen. Aber was ist mit unserer Arbeit? Eine Tätigkeit, die wir wo möglich jahrelang gelernt und studiert haben. Auf die wir uns lange vorbereitet haben und die den größten Teil unseres Lebens einnimmt. Rechne einmal nach, wie viele Stunden Du in Deinem bisherigen Leben mit der Tätigkeit verbracht hast, der Du die meiste Zeit Deines Lebens widmest und die für Dich oberste Priorität hat. Und jetzt frage Dich wie gut bist Du, in dem was Du tust?

Der Wert von Erfahrung ist in Wirklichkeit äußerst mysteriös. So berichtet der Autor Geoff Colvin in seinem Buch: „Talent wird überschätzt" von Untersuchungen, wonach es Menschen auf ganz unterschiedlichen Gebieten, nicht nur nicht gelingt herausragend zu sein in dem was sie tun – egal wie viele Jahre sie bereits auf ihre Tätigkeit verwendet haben – häufig haben sie seit den Anfängen nicht einmal kleine Fortschritte gemacht.[1] Obwohl Unternehmen erfahrene Führungskräfte hoch schätzen, belegt die Untersuchung, dass – im Durchschnitt – Manager mit Erfahrung keine besseren Ergebnisse erzielten als ihre weniger erfahrenen Kollegen. In einigen Fällen wurden Leute aufgrund ihrer Erfahrung sogar schlechter.

Routine und die jahrzehntelange Auseinandersetzung mit einem Sachverhalt reichen nicht aus, um ein Meister seines Fachs zu werden.

---

[1] Talent wird überschätzt, Geoff Colwin

Talent war gestern –
die neue Währung heißt Training

Es ist kaum übertrieben zu sagen, dass die Menschen heute so ziemlich alles besser machen als früher. Man könnte meinen, diese Erkenntnis kommt uns gerade recht. Auf allen Gebieten ist sie nötiger denn je. Sie setzt den fehlgeleiteten Glauben außer Kraft, dass es vor allem auf Talent ankommt. Dafür gibt es zahlreiche Anzeichen. In praktisch jedem Bereich ist die Tendenz steigender Anforderung spürbar. Wohin wir auch blicken, überall finden wir Beispiele. Die steigende Leistungsfähigkeit der Technik können wir jeden Tag spüren. Wie sieht es jedoch mit der menschlichen Leistungsfähigkeit aus? Am ehesten ist diese Entwicklung am Beispiel des Sports zu beobachten. Der Sport ist nicht nur deshalb besonders interessant, weil in ihm ständig Rekorde gebrochen werden, sondern auch, weil er uns vieles über großartige Leistungen offenbart, die sich auch auf andere Bereiche übertragen lassen. Können wir wirklich einschätzen, wie rasant die Entwicklung menschlicher Leistungsfähigkeit in den letzten hundert Jahren fortgeschritten ist? Die Bestzeit eines 100 Meter Läufers von 1912 wird heute von jedem Teenager der Oberstufe gebrochen. Und wer die Ursache in der zugenommenen Körperlänge der Menschen vermutet, der irrt.[2]

Vor weniger als 10 Jahren galt ein Backflip (Salto rückwärts) auf einem Motorrad als nicht machbar. Heute gehört dieser Trick zum Standardrepertoire eines jeden Freestyle Motocross-Fahrers. Egal in welcher Disziplin, es ist deutlich zu erkennen, dass die Anforderungen steigen und der Grund, dass Sportler heute überlegener sind, liegt nicht darin, dass sie physisch irgendwie anders wären, sondern dass sie effektiver trainieren.

---

[2] Talent wird überschätzt, Geoff Colwin

Die Anforderungen auf geistlichen oder künstlerischen Gebieten – wie Musik – steigen mindestens ebenso schnell wie die sportlichen. Als Tschaikowsky 1878 sein Violinkonzert zu Ende komponiert hatte, bat er den berühmten Geiger Leopold Auer, es erstmals aufzuführen. Auer lehnte ab, weil er die Partitur für unspielbar hielt. Heute kann dies jeder junge Geiger spielen.[3]

Der 20 jährige Eddy van Halen spielte Anfang der 1980er Jahre ein Gitarrensolo auf dem Debüt-Album seiner Band „van Halen". Er verwandte dabei die von ihm erfundene „Tapping"-Spieltechnik. Der Song „Eruption" galt ebenfalls einige Jahre als unspielbar. Heute kannst Du Zehnjährigen, die kaum eine Gitarre halten können, in selbstgedrehten Videos auf Youtube zusehen, wie sie „Eruption" spielen als wäre es eine Aufwärmübung. Die Musik ist die gleiche geblieben, Violinen und Elektro-Gitarren sind die gleichen geblieben und die Menschen haben sich nicht geändert. 100 Jahre Evolution reichen nicht aus, um die Tatsachen zu erklären. Die Menschen haben einfach gelernt effektiver zu üben und wesentlich bessere Ergebnisse zu erzielen. Und dieser Trend setzt sich fort.

Das Wissen über außergewöhnliche Leistungen hat sich speziell in den letzten 30 Jahren enorm weiterentwickelt. Die Erkenntnisse sind deswegen, auch für Dich, von so großer Bedeutung, weil man sie offenbar weitgehend verallgemeinern kann.[4] Die Tatsache, dass sie im krassen Widerspruch zu dem stehen, was wir bisher über große Leistung zu wissen glaubten, ist einer der Gründe warum dieses Wissen bisher nicht ins allgemeine Bewusstsein vorgedrungen sind. Nach wie vor werden mangelndes Talent oder schlechte Anlagen als Ausreden für mangelnde Leistung vorgeschoben.

---

[3] Talent wird überschätzt, Geoff Colwin

[4] Talent wird überschätzt, Geoff Colwin

Vor diesem Hintergrund stellen sich sofort ein paar wichtige Fragen: „Wie muss ich üben? Wie oft muss ich üben? Wie lange muss ich üben? Ab jetzt sind Deine schlechten Gene keine Ausrede mehr.

Training statt Routine – Qualität statt Quantität

Der Aspekt, der großartige Leistungen am treffendsten zu erklären scheint wird von Wissenschaftlern „bewusstes üben" genannt. Ich nenne es im folgenden Training. Es ist zunächst wichtig zu verstehen was damit gemeint ist. Gewiss ist es nicht das, was die meisten von uns jeden Tag bei der Arbeit tun. Auch Begabungen fallen weit weniger ins Gewicht als bisher angenommen. Was immer große Künstler, Sportler, Unternehmer, Manager etc. auch auszeichnet, es basiert nicht auf Fähigkeiten, die über die Grenzen „natürlicher" Leistungsfähigkeit hinausgehen. Viele der herausragenden Menschen, egal auf welchem Gebiet, sind auf verblüffende Weise einfach nur Durchschnitt.

Musizieren in der Freizeit kann vieles sein: Singen unter der Dusche, Maultrommel spielen, sich in Ekstase trommeln etc. Die Liste ist endlos. Es kann Spaß machen, Deinem Nachbarn aus vollem Herzen „You give love a bad name" von Bon Jovi vorzusingen, jedoch wirst Du damit kein Rockstar.

Sport in der Freizeit kann ebenfalls vieles sein: Jogging, Schwimmen, Fußball etc. Auch diese Liste ist endlos. Sport sorgt dafür, dass Du Dich gut fühlst und hat eine gesundheitsfördernde Wirkung. Mehr ist nicht dabei. Musizieren und Freizeitsport absolviert man aus einer gewissen Routine heraus. Das Ganze soll in erster Linie Spaß machen. Ein höherer Anspruch besteht nicht.

Training ist etwas ganz anderes. Es soll Veränderung bewirken und Fortschritte bringen. Training heißt: Die minimal effektive Dosis auszuführen, um so die gewünschten Veränderungen zu bewirken. Beim Training steht die Intensität im Vordergrund. Dazu musst Du Deine Komfortzone verlassen, denn dann beginnt die Wachstumszone. Ein gewisses Maß an Training führt zu höheren Leistungen, ein Höchstmaß zu Höchstleistung.

Der Kraftakt, der Routine in ein Training verwandelt, ist dabei vor allem mentaler Art, egal ob in der Musik oder jeder anderen Disziplin. Sogar im Sport, wo uns vielleicht die physischen Anforderungen am härtesten erscheinen. Auf fast allen Gebieten ist zur Höchstleistung eine so intensive Konzentration nötig, dass diese zwangsläufig rasch zur Erschöpfung führt. Das ist auch der Grund warum intensive Trainingseinheiten meistens sehr kurz ausfallen. Es ist gar nicht möglich für ein intensives Trainingsprogramm denselben Zeitaufwand zu betreiben, wie für ein lockeres Spaß-Programm. Ständig auf allerhöchstem Niveau zu trainieren ist der sicherste Weg in die Klapsmühle.

Diese Erkenntnisse müssen Dich jedoch nicht deprimieren. Sie sind befreiend. Wenn die Tätigkeiten, die zu wahrer Größe führen, leicht und lustig wären, würde sich jeder mit Ihnen beschäftigen – und die Besten würden sich vom Rest nicht unterscheiden. Die Tatsache, dass Training hart ist, besagt nichts anderes, als dass die meisten Leute die Finger davon lassen. Folglich wird dies Deine Erfolgsaussichten ungemein steigern. Training und Routine – beides solltest Du nicht miteinander verwechseln.

Trainings-Tipp:

Beginnend mit diesem Kapitel werde ich Dir kleine und einfache, aber zunehmend „unbequeme" Übungen vorstellen. Einige davon werden Dir möglicherweise leicht oder auch unnötig vorkommen. Das wird sich ändern, sobald Du sie ausprobierst. Ich habe mich daran gewöhnt Lösungen anzubieten, anstatt nach ihnen zu fragen und die gewünschten Antworten zu provozieren, anstatt zu reagieren. Zu lernen Deinen Willen durchzusetzen ist daher nur ein Teil der Trainings-Tipps.

Betrachte das ganze als ein Spiel und rechne mit ein wenig Nervenflattern und Schweißausbrüchen – darauf kommt es an. Die meisten dieser Übungen beinhalten kurze aber intensive „Trainingseinheiten". Notiere die Übungen in Deinem Kalender und mache nicht mehr als eine Übung auf einmal.[5]

Los geht's:

Stelle Fragen wie ein Kind

Wie viele Menschen haben den Mut kindliche, scheinbar dumme Fragen zu stellen? Die meisten Menschen bleiben lieber dumm als nachzufragen, wenn sie etwas nicht verstanden haben. Besonders in einer Gruppe mit Fremden gibt sich niemand die Blöße und outet sich als Dummerjan. Wieso gehen wir nur immer davon aus, dass alle anderen um uns herum, auf jeden Fall schlauer sind als wir selbst? Wenn Du Fragen stellst, die anders sind als die üblichen, erhältst Du auch Antworten, die anders sind. Übe in den nächsten Tagen, den Status Quo in Frage zu stellen. Alles was Dir als ein scheinbar logischer Zusammenhang präsentiert wird – hinterfrage. Komm zurück ins Trotzalter und sag zu allem: „Verstehe ich nicht, warum ist das so? Könnten Sie es mir noch einmal erklären, so, als ob ich fünf Jahre alt wäre?"

---

[5] Vgl. Timothy Ferriss: „Die 4-Stunden Woche"

Steve Jobs, war so ein Mensch. Seine Fähigkeit, kindliche Fragen zu stellen, hat maßgeblich zum Erfolg des Apple Unternehmens beigetragen. Aus dem Buch „iLeadership", geschrieben von seinem langjährigen Weggefährten Jay Elliot, geht hervor, dass Jobs bei der Entwicklung aller Apple-Produkte, stets selbst der kritischste Konsument war. Er stellte einfach Fragen aus der Sicht eines Kindes – Fragen, die ein Konsument stellen würde und nicht der Hersteller. Fragen nach der Nutzbarkeit, dem Spaßfaktor und der Ästhetik statt nach technischen Details. Die Frage „Wie kann ich all meine Musik immer bei mir haben?" führte zur Entwicklung des iPods – das Gerät, mit dem Apple den Markt der MP3-Player revolutionierte. „1000 Songs in Deiner Tasche" – gekauft.

0) Definiere:
Die Entscheidung ein Superstar
zu werden

„Die Freiheit, Entscheidungen zu treffen,
ist die herausragendste menschliche Eigenschaft,
unser höchstes Privileg. Indem Sie sich für ein Ziel
entscheiden und es dann konsequent verwirklichen,
offenbart sich Ihre schöpferische Macht"
(Dr. Joseph Murphy)

Du und ich wissen, dass es Menschen gibt, die von Geburt an begünstigt sind. Sie haben wohlhabende Eltern und wachsen in einer privilegierten Umgebung auf. Sie sind gesund und wurden auf jede nur denkbare Weise umsorgt. Es fehlte ihnen an nichts. Und doch sind diese Umstände keine Garantie für ein erfolgreiches und glückliches Leben. Dann gibt es Menschen, die keinen guten Start ins Leben hatten und die es trotzdem geschafft haben, unter widrigsten Umständen Großes zu erreichen und ihr Leben zu einem Meisterwerk zu machen. Zum Glück ist das so, denn wenn unsere Zukunft allein von unserer Geburt abhinge, bräuchte sich niemand mehr anstrengen.

Erfolgreiche Menschen – egal ob sie aus bescheidenen Verhältnissen kommen oder aus privilegierten – haben alle etwas gemeinsam: Sie haben in ihrem Leben eine echte Entscheidung getroffen. Lass mich das Wiederholen: Menschen, die mit dem was sie tun erfolgreich sind, haben zuvor die Entscheidung getroffen erfolgreich zu werden.

„Das ist ein Scherz, ich treffe jeden Tag hundert Entscheidungen und nicht alle führen zum Erfolg! So einfach kann es nicht sein." Wenn Menschen davon sprechen eine Entscheidung zu treffen, sieht dies häufig so aus: „Ich wäre gern berühmt." „Ich würde gern 10 Kilo abnehmen." „Ich hätte gern mehr Geld." Wenn Du Deinen Traum verwirklichen willst, so bedeutet das, jede andere Möglichkeit auszuschließen. Es geht um ein: „Muss ich unbedingt." und nicht um ein: „Wäre ganz nett." Die meisten Menschen verwechseln eine Entscheidung mit einem Wunschzettel. Erfolg zu haben, bedeutet aber etwas dafür tun zu müssen. Der Beginn ist die Entscheidung. Jeder, der sich entschieden hat und die ersten Schritte in Richtung Erfolg unternimmt, wird feststellen, dass er das was er will, auf die eine oder andere Art und Weise auch bekommt.

Der Grund warum viele Menschen so ungern Entscheidungen treffen ist sie Angst eine falsche Entscheidung zu treffen – dabei gibt es so etwas gar nicht. Wenn sie eine Möglichkeit abgewählt haben, so wissen ja gar nicht, wie ihr Leben verlaufen wäre, wenn sie anders entschieden hätten. Also warten sie so lange, bis sich eine Entscheidung regelrecht aufdrängt. Sie wollen die Möglichkeit eines Scheiterns ausschließen und treffen daher lieber keine Entscheidung. Sie treffen damit die Entscheidung, dass alles so bleibt wie bisher. Sie übersehen dann allerdings, dass es sich dann kaum noch um eine Entscheidung handelt. Nur wer sich entscheidet erhält die Möglichkeit Erfolg zu haben. Natürlich kann niemand das Risiko für Dich ausschließen, einen Fehlschlag zu erleiden. Ein Fehlschlag ist dann aber kein Scheitern, sondern lediglich ein Ergebnis, ein Zwischenstand und eine Gelegenheit eine neue Entscheidung zu treffen.

Ich beobachte gelegentlich die Entscheidungsfreude bei Menschen, die in einem Restaurant etwas bestellen möchten. Sie blättern die Karte rauf und runter und bestellen nach einer Viertelstunde blättern schließlich: ein Bier. Sie zögern sehr lange bis sie eine

Entscheidung treffen – sind aber auf der anderen Seite umso schneller bereit, diese wieder zu verwerfen. Richtig wäre es, eine Entscheidung zu treffen und dann möglichst lange dabei zu bleiben.

Trainiere Deine Fähigkeit schnelle Entscheidungen zu treffen, denn eine schlechte Entscheidung ist immer noch besser als keine. Menschen die eine echte Entscheidung getroffen haben, wissen jeden Tag was sie tun und worauf sie ihre Aufmerksamkeit richten.

Setz Dir eine neue Brille auf – Gestalter oder Verwalter

Die meisten Menschen haben nur eine sehr vage oder gar keine Vorstellung von ihren Träumen und dem was sie begeistert. Allerdings sind das nicht unbedingt Menschen, die in ihrem Leben unentschlossen sind oder nicht wissen was sie wollen. Ganz im Gegenteil. Nicht selten sind dies überaus dynamische und erfolgreiche Menschen. Menschen, die sofort konkrete Angaben machen können, wie Ihr zukünftiger Job aussehen, bzw. ihre Karriere verlaufen soll. Ein höheres Gehalt, mehr Verantwortung, Projektleitung etc. Natürlich gibt es dagegen nichts einzuwenden, wenn jemand diese Karrierevorstellungen in seinem Leben verwirklichen will. Jedoch haben Gehaltsvorstellungen herzlich wenig mit dem zu tun, was jemandem wirklich am Herzen liegt – was ihn begeistert und wovon er träumt.

Besteht ein Karriereziel nur darin, die berufliche Biographie einfach in die Zukunft zu verlängern? Sind das, was wir Wünsche nennen, nicht eher Konsequenzen einer Karrierelogik? Nach dem Motto: „Heute habe ich fünf Untergebene; dann müssen es morgen mindestens zehn sein." Da viele Menschen nicht wissen, was sie mit ihrer freien Zeit anfangen sollen, arbeiten sie einfach weiter. Zielstrebigkeit und Ehrgeiz sorgen für eine erfolgreiche Karriere und dafür, dass sie sich nicht mit ihren Träumen auseinander setzen müssen. Wenn Du als Kind Deinen Eltern gesagt hast, dass Du ein „Rockstar" werden willst, haben diese Dir wahrscheinlich gesagt, dass Du alles werden kannst, was Du möchtest. So wie man dies eben zu einem Kind sagt. Wenn Du dann aber Mitte Zwanzig bist, keine Ausbildung hast und Deine komplette Zeit mit Deiner Musik verbringst, sieht die Sache schon anders aus. „Lern doch erst mal einen Beruf oder mach einen Hochschulabschluss." Da Du Deine Kindheitsträume inzwischen selbst für naive Träumerei hältst, nimmst Du den Rat an, setzt Dir aber zum Ziel, zumindest viel Geld zu verdienen.

Worin unterscheiden sich die Ansichten von Menschen, die ihre Zeit hauptsächlich dazu nutzen, um Geld zu verdienen, von denen, die Geld einsetzen, um mehr Zeit für die Erfüllung ihrer Träume zu haben? Wo liegen die Prioritäten von denen, die alles für das Ende aufsparen und denen, die ihre Träume schon jetzt verwirklichen wollen? Definiert man die Lebensprinzipien der beiden Gruppen – ich nenne sie Gestalter und Verwalter – zeigen sich nur kleine Unterschiede in der Beschreibung ihrer Ansichten. Jedoch führen diese zu völlig anderen Handlungen. Schauen wir uns die Maximen der „Gestalter" und „Verwalter" im direkten Vergleich an:

Verwalter: Ein sicherer Job
Gestalter: Eine Tätigkeit, die meine Stärken betont

Verwalter: Schnell aufsteigen
Gestalter: Einmalig werden

Verwalter: Viel Geld verdienen – ausgesorgt haben

Gestalter:	Viel Geld verdienen, um Dinge erreichen, bewegen und erleben zu können
Verwalter:	Dinge haben
Gestalter:	Dinge tun
Verwalter:	Kaufen was man will
Gestalter:	Tun was man will
Verwalter:	Irgendwann nicht mehr arbeiten müssen
Gestalter:	Auszeiten nehmen
Verwalter:	Den großen Zahltag anstreben
Gestalter:	Wissen, das jeder Tag zählt
Verwalter:	Chef sein
Gestalter:	Besitzer sein
Verwalter:	Nicht tun was man nicht tun muss
Gestalter:	Nicht tun was man nicht tun will

Es ist leichter, das Unmögliche zu tun als das Realistische

Ich habe mit dem Wort „realistisch" ein Problem, denn es wird meiner Meinung nach zu 99 Prozent in einem falschen Zusammenhang benutzt. „In jeder Lebenslage realistisch bleiben", ist das oberste Gebot des Gutmenschen. Die Menschen stellen sich vor, es gäbe eine so genannte „Realität". Nach welchen Kriterien soll denn jemand beurteilen, was das heißt? „Das ist aber unrealistisch!" Eine Aussage, die mehr über die Ansichten des Sprechers aussagt. Die Frage dazu müsste lauten: „realistisch, im Vergleich zu was?" Meistens sind es unsere Eltern, die uns derartige Ratschläge als erste geben: „Wir meinen es doch nur gut, aber Du musst realistisch sein, schließlich sollst Du es einmal besser haben als wir." Allerdings nicht viel besser, nur ein bisschen besser. Denn hättest Du viel mehr Erfolg als Deine Eltern, wäre das der Beweis für deren falsche Ratschläge.

Ratschläge sollen den Weg weisen, aber auch signalisieren: Bis hier her und nicht weiter. Erfolgreich ja – aber nicht zu erfolgreich. Und so lässt sich ein gut gemeinter Ratschlag schnell als Rechtfertigung der eigenen Situation entlarven. Er zeigt den Punkt, an dem der Ratgebende sich selbst die Zähne ausgebissen hat und gescheitert ist. Der Rat, doch bitte kein Risiko einzugehen und realistisch zu sein, kann also nur von einer Person kommen, die wahrscheinlich in ihrem Leben noch kein allzu großes Risiko eingegangen ist.

99 Prozent aller Menschen sind davon überzeugt, dass sie nicht dazu bestimmt sind Großes zu erreichen. Also streben sie nach dem, was alle wollen. Folglich ist gerade bei den „realistischen" Zielen die Konkurrenz am größten. Es ist daher besonders aufwändig, die einfachen und realistischen Ziele zu erreichen, weil dort der Wettbewerb am größten ist.

Wenn eine Situation auftritt, die jeder auf die gleiche Weise zu lösen versucht, frage Dich wie es wäre, einmal das genaue Gegenteil davon zu versuchen. Etwas, das nicht – oder nur sehr unbefriedigend – funktioniert, solltest Du Dir nicht zum Vorbild nehmen. Mache nicht den Fehler und überschätze die Konkurrenz und unterschätze Dich selbst.

„Ich bin kein Karrieretyp" – eine „realistische" Einschätzung eines Menschen, der in seinem Job zufrieden ist, angemessen bezahlt wird und kein Risiko eingeht. Er bleibt wie er ist und findet darin die Bestätigung seiner Aussage. So funktioniert eine sich selbst erfüllende Prophezeiung. Auf diese Weise schaffen sich die Menschen ihre Realität. Und so lange sie nicht gezwungen werden, Steine zu klopfen, hat kein Job ausschließlich Schattenseiten.

Durchschnittliche Ziele sind langweilig und obendrein schwer zu erreichen. Es ist leichter und viel aufregender das Unrealistische zu tun. Wenn Du Dir ein hohes Ziel setzt, führt dies zu einem Energieschub. Du wirst ganz nervös und aufgeregt, als wäre Weihnachten und Du wieder fünf Jahre alt. Der Energieschub führt dazu, dass Du Dein Ziel mit mehr Ausdauer verfolgst. Du begegnest den Hindernissen mit mehr Motivation und Durchhaltewillen. Durchschnittliche Ziele dagegen haben nur eine begrenzte Motivation zur Folge. Du wirst einige kleinere Probleme überwinden, aber irgendwann wirfst Du das Handtuch. „Die Mühe lohnt sich einfach nicht." Wenn Deine Ziele und die in Aussicht gestellten Gewinne nur mittelmäßig sind, wird auch Deine Anstrengung dort hin nur mittelmäßig sein.

Ein Scheitern unmöglich machen –
Das Ziel an den Anfang stellen

Willst Du Rockstar sein, einen Nr.1-Hit in den Charts, ein Super-star-Produzent wie Dieter Bohlen, die deutsche Antwort auf Lady Gaga? Als Plattenboss viel Geld verdienen oder einfach berühmt werden?

Um Deine kostbare mentale Energie in die richtigen Bahnen zu lenken, solltest Du sicher sein, dass Du nicht das falsche Ziel an-steuerst. Wer Vollgas gibt ohne genau zu wissen wohin, der kommt nur schneller ans falsche Ziel. Je genauer Du weißt was Du willst, desto leichter wird es daraus eine Methode zu entwi-ckeln. Niemand wird durch Zufall berühmt. Viele erfolgreiche Menschen – die Gestalter – setzen dazu regelmäßig eine Strategie ein, um sich wieder ins Kindesalter zu versetzen und ihren Kurs zu korrigieren. Sie führen ein Tagebuch – und zwar ein ganz spe-zielles Tagebuch – ein so genanntes Traumtagebuch. Dieses Traumtagebuch verbindet Träume mit einer konkreten Zeitpla-nung. Also die Erfüllung eines persönlichen Traumes, mit klar de-finierten Teilschritten, innerhalb einer gesetzten Frist. Für einen großen Traum planen sie einige Monate oder sogar Jahre ein, klei-nere Träume erfüllen sie sich sofort – in einigen Wochen oder Monaten. Ein Traumtagebuch funktioniert ähnlich wie ein Poesie-album, wie viele von uns es als Kinder geführt haben. Genau das ist auch der Grund für ein Traumtagebuchs: Wieder zu träumen wie ein Kind. Du hältst damit schriftlich fest, was Du in der Zu-kunft haben, sein und tun willst.

Der zweite Grund warum Du Deine Träume und Ziele unbe-dingt schriftlich festhalten musst, ist die menschliche Schwäche sich Dinge vorzunehmen und sie kurze Zeit später zu 100 Prozent wieder zu vergessen. Wenn Du Dich daran erinnern möchtest, was Du heute getan hast, um ein Ziel zu erreichen, so wird Dir Dein

Gewissen keine ehrliche Antwort geben. Es wird Dir eine Mischung aus Unwahrheit und Entschuldigung bieten. Der Grund ist simpel: Die Logik versagt hier. Mit erstaunlicher Regelmäßigkeit brechen wir unsere guten Vorsätze. Wie willst Du auch Dein Vorhaben aus dem Kopf heraus führen? Es gibt dazu einfach zu viele Zahlen, Daten und Fakten, Informationen und Details. Überlasse die Erreichung Deiner Ziele nicht Deinem Gedächtnis und arbeite mit schriftlicher Eigenkontrolle. Wie willst Du Dir Ziele für morgen setzen, wenn Du heute nicht weißt was Du getan hast.

Ergänze die „Strategie" Traumtagebuch also mit einer schriftlichen Planung und Dokumentation. Du wirst sehr schnell feststellen, dass Du weit mehr Motivation aufbringst, sobald Ergebnisse messbar werden. Außerdem benötigst Du auf diese Weise weniger Disziplin, da sich die gewünschten Resultate ganz automatisch einstellen.

Je größer Dein Traum, desto mehr musst Du ihn in kleine handliche Etappenziele und Zwischenschritte zerlegen. In einem ersten Schritt könntest Du festlegen, bis wann Du beispielsweise dieses Buch zu Ende gelesen haben willst. Dazu notiere ein zukünftiges Datum in Deinem Traumtagebuch – entsprechend Deinem Lesetempo. Jedes Deiner Etappenziele sollte sich in so kleine Schritte zerlegen lassen, dass ein einzelner Schritt innerhalb von 10 Minuten bewältigt werden kann. So forderst Du Deinen inneren Schweinehund weniger heraus und minimierst die Wahrscheinlichkeit, frühzeitig aufzugeben. Die erreichten Ergebnisse sorgen dafür, dass Du Dein nächstes Ziel mit mehr Motivation in Angriff nimmst.

Eine durchgängige Dokumentation wird Dich also 1) daran erinnern, Dein Ziel nicht aus den Augen zu verlieren und Dich 2) rechtzeitig darauf aufmerksam machen, wenn Du vom Weg abkommst. Wenn Du ein Scheitern ausschließen willst, solltest Du alles, wirklich alles dokumentieren.

In den letzten Jahren wurden unzählige Ratgeber verfasst und auf den Markt gebracht, die sich ausschließlich dem Thema „Ziele" gewidmet haben. Aus einem gutem Grund: Ziele zu haben und sich immer neue und größere zu setzen, ist ungeheuer wichtig. Ich halte es für das wichtigste Lebensplanungsinstrument überhaupt. Ich führe mein persönliches Traumtagebuch in einer simplen Excel-Tabelle. Der Unterschied zwischen einem Traum, den ich in meinem Traumtagebuch notiere und einem alltäglichen Ziel, beispielsweise eine Stunde zu joggen, ist nur ein einziger: Er muss unrealistisch sein – nur dann lohnt er sich. Je größer das Ziel ist, desto weniger kann alles so bleiben wie es ist. Wenn Du einen großen Traum verwirklichen willst, dazu aber nur gewöhnliche Methoden einsetzt, wirst Du scheitern.

Die meisten Menschen handeln jedoch genau so. Sie blicken von sich auf ein Ziel, nur um dann festzustellen, dass sie es nie erreichen können. Sie sehen nicht die Person, zu der sie werden können und die schließlich ihr erklärtes Ziel erreicht. Sie können sich nicht vorstellen so sehr zu wachsen und eines Tages das Wunder zu vollbringen. Sie sehen nur die Person, die sie jetzt gerade sind und die wird es in ihren Augen niemals schaffen.

Das ist jedoch leichter gesagt als getan, denn große Ziele sind nicht nur schwer zu erreichen, sondern auch schwierig zu setzen. Die Schwierigkeit besteht darin, dass wir zwar wissen, dass unsere gegenwärtige Art der Lebensbewältigung nicht perfekt ist, glauben jedoch, dass wir schon ziemlich nahe an der optimalen Lösung sind. In den allermeisten Fällen stellen die Menschen dann jedoch das Ziel in Frage, anstatt sich selbst.

Wenn Du noch keine konkrete Vorstellung von dem hast, was Du gern tun würdest, wer Du sein willst oder was Du haben willst, so hast Du zwei Möglichkeiten: Du kannst andere Menschen fragen, was diese für Deine größten Träume halten oder Du richtest den Blick auf Deine Kindheitsträume und beginnst Deiner inneren Stimme zu lauschen.

Nimm Dir Zettel und Stift und beantworte die folgenden Fragen. Auf diese Weise kommst Du auf erste Ideen.

Was würdest Du tun, wenn Du unmöglich scheitern könntest? Wenn Du alles Geld der Welt zur Verfügung hättest und tun könntest was Du willst?

Nimm Dir dafür ein paar Minuten Zeit, lege eine Tabelle an und schreibe „Haben", „Sein" und „Tun" darüber. Denke nicht zu lange über einen Traum nach, gib Deiner inneren Stimme freie Bahn und sammle zunächst nur. Bewerte noch nicht, was Dir gerade einfällt, sondern schreibe alles auf.

Was würde ich gerne haben?
(einen Hit in den Charts, Erfolg, Ruhm, viel Geld usw.)

Was würde ich gern sein?
(Plattenboss, erfolgreicher Musiker, Künstler, Millionär usw.)

Was würde ich gern tun?
(um die Welt reisen, Autogramme geben, ein Vorbild treffen usw.)

Setz Dir keine Grenzen und denke nicht sofort darüber nach, wie Du die Ziele erreichen kannst – Du kannst ja gar nicht scheitern. Wenn Du Schwierigkeiten hast konkret zu benennen, was Du gern tun, sein und haben willst, so stell Dir einfach das Gegenteil vor: Dinge, die Du hasst und niemals tun würdest. Da die meisten Menschen es gewohnt sind, sich an den Dingen zu orientieren, die sie für realistisch halten, ist diese Übung schwieriger als sie aussieht. Es geht darum, sich seine Wünsche und Träume einzugestehen und sich dabei nichts vor zu machen. Wenn Du also Millionär werden willst, dann schreibe das auf und nicht, „etwas Gutes für die Menschen tun". Fang an, zu Deinen Wünschen und Bedürfnissen zu stehen. Ich wollte mit achtzehn Jahren unbedingt ein Motorrad haben und einige Jahre später einen englischen Oldtimer fahren. Beide Wünsche habe ich mir erfüllt, aus dem einfachen Grund, weil ich es wollte und mich damit gut gefühlt habe. Es belohnt Dich niemand dafür, wenn Du Dir selbst Regeln auferlegst und besonders vernünftig bist.

Die meisten Menschen beschweren sich ständig über die Dinge und Umstände, von denen Sie sich eingeschränkt fühlen. Aber konkrete Träume zu benennen, an denen Sie scheinbar gehindert werden, fällt ihnen schwer. Wenn Du also keine Idee hast, frage Dich, was für eine Aktivität Du gleich morgens nach dem Aufstehen am liebsten tun würdest. Woran würdest Du Dich gern erinnern und dies Deinen Kindern erzählen? Wenn Du nur noch ein halbes Jahr zu leben hättest, was würdest Du auf jeden Fall noch tun wollen?

Plane Deinen Traum

Mach diese Übung regelmäßig. Frag Dich am besten täglich, was Du gern tun, haben und sein willst. Notiere in Deinem Kalender eine feste Zeit, mindestens einmal pro Woche, in der Du keine anderen Verpflichtungen hast. Mach einen Termin mit Dir selbst, denn zwischendurch kann man nicht kreativ sein. Geh an einen Ort, an dem Du ungestört bist. Schneide Fotos von Dingen aus, die Du gern haben willst oder von Vorbildern, die da sind, wo Du hin willst. Klebe die Bilder in Dein Traumtagebuch. Wenn Du eine Zeitung liest, Fern siehst oder an Plakaten in der Stadt vorbei gehst, halte Ausschau nach Deinen Träumen.

Such jedoch nicht nach Hinweisen für einen neuen Job oder eine neue Aufgabe, sondern nach Futter für Deine Fantasie. Welche Bilder und Ideen fallen Dir auf und warum? Denke bei all dem nicht: „Das kann ich auch im Kopf machen." Erinnerungen werden verfälscht und geraten in Vergessenheit. Du musst sie daher aufschreiben. Du machst ja auch Urlaubsfotos und benutzt einen Terminkalender zur Erinnerung. Du solltest es Dir wert sein, Dich möglichst oft mit Dir selbst zu beschäftigen und auch daran zu erinnern. Auf diese Weise programmierst Du Dein Unterbewusstsein auf die Dinge, die Du tun, sein und haben willst. So hast Du Deine Träume immer bei Dir und kannst sie jederzeit abrufen. Lies nicht weiter, bevor Du notiert hast, was Du sein, tun und haben willst. Ich weiß, dass Du es bis hier noch nicht getan hast.

Wie geht es weiter?

Du hast jetzt eine ganze Liste Deiner Träume vor Dir liegen. Du weißt was Du tun, sein und haben willst. In Deiner Fantasie träumst Du bereits von den Vorzügen eines neuen Lebens. Du hast zwar noch keine genaue Vorstellung davon, wie es jetzt weiter geht, willst aber nach so viel Brainstorming endlich die ersten Schritte tun.

Mach Deinen Traum zu einem Muss

Lass uns für die kommenden Schritte in diesem Buch eine Vereinbarung treffen: Beispielhaft nehmen wir an, Dein Traum sei die Erreichung eines Hits in den Charts. Für die kommenden Kapitel ist das unsere Zielmarkierung. Wenn Du in Deinem Traumplan ein anderes Ziel notiert hast, so ist das kein Problem. Ersetzte Dein Ziel in Deiner Fantasie einfach für unser hier angenommenes Ziel von einem Hit. Also jedes Mal, wenn von einem Hit die Rede ist, setzt Du im Geiste schnell Dein eigenes Ziel als Vorgabe ein. Mit einer angenommenen, beispielhaften Zielvorgabe, sind viele der vorgestellten Schritte und Übungen einfacher umzusetzen. Es sollte Dir nicht allzu viel Mühe machen, die vorgesehenen Schritte entsprechend zu variieren und für Dein persönliches Ziel zu nutzen. Wenn Du willst kannst Du das Buch auch erst einmal zu Ende lesen und später noch mal auf Dein Ziel zurückkommen.

Ein sehr gutes Hilfsmittel, um die Umsetzung Deines Traumes zu planen, ist die so genannte S.M.A.R.T. Formel. Anhand von fünf einfachen Kriterien kannst Du Deinen Traum einem ersten Check unterziehen und evtl. hier und da korrigieren. S.M.A.R.T. planen bedeutet: spezifisch, messbar, attraktiv, realisierbar, terminiert.

Spezifisch: Was Du haben, sein und tun willst, muss absolut eindeutig und unmissverständlich formuliert sein. Wenn Du planst „irgendwann einmal" einen Hit zu landen reicht das nicht aus. Du musst wissen in welcher Sparte, ob Du Produzent oder Künstler sein willst? Soll es eine Ballade oder ein Up-Tempo Song sein? Wann willst Du mit den ersten Schritten beginnen.

Eine Anleitung, wie Du dabei vorgehen kannst, erhältst Du in diesem Buch. Wenn Du beispielsweise ein Instrument lernen willst, musst Du ebenso vorgehen. Nimmst Du Dir vor, es vielleicht irgendwann einmal zu tun, wirst Du es nie tun. Du musst wissen welches Instrument Du lernen, wann und wie Du dies tun willst.

Messbar: Nutze für die Erreichung Deines Traumes Dein Traumtagebuch. Trage dort regelmäßige Teilschritte ein – mögen diese auch noch so unscheinbar und für andere nicht messbar sein. Es reicht, wenn Du kleine Erfolge an Dir bemerkst. Kleine Erfolge, wenn man sie benennt, motivieren genau so wie die großen Meilensteine. Rede über Deine Träume und mach Deine Ziele öffentlich. Auf diese Weise setzt Du Dich selbst unter Erfolgsdruck und kannst jederzeit überprüfen, ob Du Deinem Ziel näher kommst oder auf der Stelle trittst

Attraktiv: Ein Ziel muss Spaß machen. Der Gedanke an die Umsetzung Deines Traumes sollte Vorfreude bei Dir auslösen. Tut er das nicht, war es unter Umständen nicht Dein Traum – Du hast Dir vielleicht einen Traum von jemand anderem geliehen. Das kommt häufiger vor als Du denkst. Menschen eifern ihrem Vorbild nach und halten das, was Ihr Vorbild tut, auch für den eigenen Traum. Sie glauben dann lediglich es wäre ihr Traum. Eine andere Möglichkeit – wenn Dein Traum keine Vorfreude auslöst – ist die, dass Dein Traum noch nicht spezifisch genug formuliert ist.

Realisierbar: „Erwischt! Jetzt muss ein Traum also doch realistisch sein!" Aber darum geht es nicht. Es geht nicht um Realität, sondern um Vernunft. Du solltest Dich an dieser Stelle fragen, ob Du Energie und Zeit in einen Traum investierst, dessen Umsetzung von Anfang an zum Scheitern verurteilt ist. Du musst zum Beispiel über sehr viel unentdecktes Talent verfügen, wenn Du mit 50 Jahren noch Teil einer Boygroup werden willst. Derartige Ziele werden Dich wahrscheinlich eher frustrieren als motivieren.

Terminiert: Setz Dir eine Deadline, wann Du Deinen Traum erreicht haben willst. Triff dazu eine Vereinbarung mit Dir selbst und trag dieses Datum in Deinen Kalender oder Traumtagebuch ein. Terminiere Teilschritte und zerlege die Erreichung Deines Traumes in viele kleine Abschnitte. Jeder dieser Schritte sollte zunächst nicht mehr als zehn Minuten Zeit in Anspruch nehmen. Setz Dich dabei ruhig ein wenig unter Druck – ist ein Zeitplan jedoch von Anfang an nicht einzuhalten, wird er Dich eher demotivieren und die Erfüllung Deines Traumes gefährden.

Für die Erfüllung Deines Traumes überschlage jetzt, wie lange Du Dir dafür Zeit nehmen willst. Überlege, wie viele Stunden Du jeden Tag dafür aufwenden willst und kannst. Wenn Du beschließt in Deinem Job weniger zu arbeiten oder eine Auszeit zu nehmen, so überschlag Deine Lebenshaltungskosten und berechne, wie lange Du ohne Verdienst überleben könntest. Du hast ja trotzdem Deine Ausgaben. Setz Dir eine vorsichtige Deadline von etwa zwölf Monaten. Notiere den Tag, an dem Du den fertigen Song in der Hand halten willst.

Denk daran, das Ziel nicht zu weit in die Zukunft zu legen, allerdings auch nicht zu nahe. Zu hoher Zeitdruck wird Dich zwangsläufig demotivieren. Plane einen Termin mit ausreichend Zeit für das Unvorhersehbare. Wenn Du eine Deadline jedoch allzu leicht nach hinten verschiebst, handelst Du unentschlossen. Überprüf in regelmäßigen Abständen, ob Du noch an Deinem Ziel fest hältst oder ob sich das Ziel verändert. Lies zur Motivation die Biografien einiger bekannter Musiker oder Musikproduzenten. Bekomme eine Vorstellung von Deinem Traumgebiet, leg die ersten Schritte fest und tue den ersten jetzt – oder wenn es gerade unmöglich ist, innerhalb der nächsten 72 Stunden.

Ein Traum, der alles verändert

Sobald Du beginnst an Deinem Traum zu arbeiten und Vollgas zu geben, wird folgendes passieren: Du wirst zu einem Magneten für andere Menschen. Du entwickelst eine ungeheure Anziehungskraft, fast so, als ob das Universum Menschen mit starken Zielen unterstützen will. Warum ist es häufig so, dass manche Menschen andere für sich einspannen und andere sich einspannen lassen? Der Unterschied liegt in der Intensität, mit der wir unseren Träumen folgen. Es gibt im Leben keine größere Erfüllung als nach unseren Träumen und Visionen zu streben. Jeder Mensch hat dazu die Wahl: Entweder er lebt seine Träume oder er unterstützt andere, bei der Erfüllung deren Träume.

Je öfter Du Dir vorstellst Dein Ziel bereits erreicht zu haben, desto mehr wird Dein Ziel zu einem Muss. Du kannst die Freude darüber bereits vorher genießen. Unser Verstand macht keinen Unterschied zwischen der Realität und der Vorstellung davon. Du kannst Deinen Traum jederzeit mental vorweg nehmen, noch bevor Du ihn erreicht hast. Lehn Dich also von Zeit zu Zeit zurück und frage Dich: „Lebe ich meine Träume oder helfe ich anderen bei der Erfüllung ihrer Träume? Konzentriere ich mich auf große Ziele oder lebe ich ein Leben auf Sparflamme?"

1) Eliminiere:
Lass Dich nicht unterbrechen

„Unsere tiefste Angst ist nicht, dass wir ungenügend sind.
Unsere tiefste Angst ist, über das Messbare hinaus kraftvoll zu
sein.“
(Nelson Mandela)

Einen Hit zu produzieren ist ein ambitioniertes Ziel. Niemand mit einem voll gestopften Kalender hat Zeit für so ein Projekt. Es wird also höchste Zeit, dass Du den Inhalt Deines Kalenders einer Neubewertung unterziehst. Tausche die sinnlose Jagd nach dem schnellen Geld gegen etwas Neues ein. Geld und Besitz waren gestern, die neue Währung heißt Zeit. Es ist der Status quo in unserer Gesellschaft, jeden Tag irgendwelchen Beschäftigungen nachzugehen. Es geht um das Gefühl wichtig zu sein und etwas geschafft zu haben. Zeitmanagement ist ein wichtiges Thema. Den Tag möglichst voll stopfen mit allerlei Terminen und Beschäftigungen. Da wir nicht wissen, was wir mit der frei gewordenen Zeit anfangen sollen und diese reichlich vorhanden ist, arbeiten wir einfach weiter. Freie Zeit wird nicht mit der Suche nach neuen Herausforderungen und Zielen verbracht, sondern mit allerlei Beschäftigungen.

Es ist nicht nötig jeden Tag mehr zu tun. Jede Minute des Tages zu verplanen, um sich das Gefühl zu verschaffen, unentbehrlich zu sein. Du hast ein Ziel, das Du mit gewohnten Methoden des Zeitmanagements kaum erreichen wirst. Nicht, weil Du nicht stark genug daran glaubst, sondern weil weniger beschäftigt zu sein, die unbedingte Voraussetzung dafür ist, produktiver zu werden und mehr zu erreichen. „Ich bin einfach zu beschäftigt“, ist eine der häufigsten Ausreden, wenn es darum geht, wirklich wichtige Dinge in Angriff zu nehmen. Also schieben wir Papiere hin und her, optimieren zum xten Mal unser Outlook Terminsystem, suchen im Internet nach einer Antwort, dessen Frage sich mit einem einzigen Telefonanruf beantworten ließe oder vervollständigen sinnlos die Kontaktprofile in unserem Smart Phone.

Da wir kein Maß für die Bewertung unserer Arbeitsleistung haben, ziehen wir eine quantitative Größe als Gradmesser unserer eigenen Produktivität heran: Zeit. Je länger wir für eine Aufgabe benötigen, desto fleißiger fühlen wir uns. „Seht her, ich mache Überstunden!" Wenn Du so arbeitest, steigst Du in Deinem Unternehmen sicher schnell auf. Dumm ist nur, dass Dein Chef sich daran gewöhnen wird, dass Du gerne lange arbeitest. Du darfst dann in Zukunft noch mehr schuften, da sich Dein Chef ab sofort mit weniger Arbeitszeit nicht mehr zufrieden geben wird. Unternehmer kennen das Problem mit ihren Kunden. Der Kunde ist König und wenn ein Auftrag es verlangt, wird ein geplanter Kurzurlaub schnell mal abgesagt. So wird es natürlich schwierig – für Dich als angehenden Hitproduzenten – Dir Zeit für Deine neue Aufgabe zu verschaffen.

Effektiv und effizient

Effizient heißt die Dinge richtig tun, effektiv, die richtigen Dinge tun. Weniger beschäftigt zu sein, bedeutet nicht faul zu sein. Damit Du die Dinge tun kannst, die für die Ereichung Deines Zieles von höchster Wichtigkeit sind, ist es nötig weniger sinnlose Arbeiten zu verrichten. Dazu eine Wahrheit, die von den meisten übersehen wird: Eine Sache, Projekt oder Angelegenheit wird nicht wichtig, wenn ich mich möglichst lange mit ihr beschäftige. Etwas Unwichtiges wird nicht zu etwas Wichtigem, nur weil ich es gut erledige. Und die Tatsache, dass etwas viel Zeit in Anspruch nimmt, macht es nicht wichtig. Effizient zu sein heißt, eine anstehende Aufgabe so gut und ökonomisch wie möglich zu erledigen – ob diese Aufgabe nun wichtig ist oder nicht. In den meisten Unternehmen entscheidet der Chef über das, was zu tun ist, also erledigen die Menschen ihre täglichen Beschäftigungen möglichst effizient.

Hinzu kommt die Tatsache, dass wir Opfer grundsätzlich höher bewerten als Effektivität und Produktivität. Wenn jemand über die vielen Opfer jammert, die ihm das Leben abverlangt, so hat er unsere uneingeschränkte Solidarität. Ein mehr an geopferter Zeit führt zu mehr Selbstwertgefühl. Sieht man dagegen einen erfolgreichen Menschen, der das Leben genießt, ist man neidisch. Da als Gradmesser die eigene Geschäftigkeit zur Bewertung heran gezogen wird, können sich die meisten Menschen einfach nicht vorstellen, dass jemand seinen Reichtum mit effektivem und produktivem Handeln erworben hat.

Frage Dich am besten mehrmals am Tag, ob das, was Du gerade tust, Dich Deinem Ziel näher bringt oder lediglich eine Beschäftigung ist, die Dich davon abhält, eine wichtige Aufgabe zu erledigen. Klebe einen Zettel an Deinen Computer, auf dem steht, „Erfinde ich gerade Dinge, um mich von einer wichtigen Tätigkeit abzulenken? Wäre ich mit meinem Tag zufrieden, wenn dies das Einzige wäre, was ich heute erledige?"

Wichtig und dringend

Beschäftigungen nachzugehen ist verführerisch, da sie sich gern als vermeintlich dringend tarnen. Die meisten Menschen halten wichtig und dringend für ein und dasselbe. Doch das stimmt nicht. Ein neutrales Beispiel: Sicher stimmst Du mir zu, wenn ich Dir sage, dass Deine Gesundheit wichtig ist. Wenn Du jung bist, über eine gute Fitness verfügst, nicht rauchst und Dich gut ernährst, so ist Deine Gesundheit (noch) nicht dringend. Wenn Du dagegen übergewichtig bist, keinen Sport treibst, rauchst wie ein Schornstein und Dich hauptsächlich von Junk-Food ernährst, wird Deine Gesundheit eines Tages ziemlich dringend. Je länger Du also die Wichtigkeit Deiner Gesundheit aufschiebst, desto dringender wird sie früher oder später. Das ist eine mathematische Gewissheit.

Erfolgreiche „Gestalter" tun die wichtigen Dinge sofort – machen sie unglaublich dringend – und die unwichtigen tun sie überhaupt nicht. Das Geheimnis, um Deinen Lebenstraum möglichst schnell zu erreichen ist, die wichtigen Schritte dorthin unglaublich dringend zu machen.

Wenn Du nach dieser Gleichung auf Dein Ziel losgehst, so mache ich mir keine Sorgen. Der Alltag vieler Menschen sieht jedoch ganz anders aus. Sie sind den ganzen Tag beschäftigt, weil sie sich permanent um dringende Dinge kümmern müssen. Ein Meeting, Das Email Postfach quillt über, das Telefon klingelt, etc. Ständig erledigen sie die dringenden Dinge zuerst. Auf diese Weise fällt die Konzentration auf ein Ziel natürlich schwer. Noch schwieriger wird es, wenn ein erwartetes Ergebnis nicht unmittelbar eintritt oder wenn nicht klar ist, wann überhaupt das Ziel erreicht wird.

Sich von einem Ziel in der Ferne allzu leicht ablenken zu lassen, ist ein starker Grund für Geschäftigkeit. So kann alles kann zu einer Ablenkung werden. Sogar das Wetter. Drückt das schlechte Wetter aufs Gemüt, kann so mancher nicht produktiv arbeiten, scheint allerdings die Sonne, erwarten dieselben Leute Verständnis, dass sie sich jetzt erst recht nicht auf die Arbeit konzentrieren können.

Wenn Du Dir schon einmal etwas Wichtiges vorgenommen und es dann nicht umgesetzt hast, so hast Du Dir wahrscheinlich anschließend Vorwürfe gemacht, dass Du kein disziplinierter Mensch bist. Das Problem ist aber nicht unbedingt Deine Disziplin. Du stehst ja jeden morgen auf, gehst einkaufen, fährst zur Arbeit etc. Für all das braucht man Disziplin.

Der Grund warum viele Menschen an etwas für sie wichtigem immer wieder scheitern, ist die Tatsache, dass man einem Vorsatz innerhalb von 72 Stunden die erste Tat folgen lassen muss. Geschieht dies nicht, liegt die Chance bei 1 zu 99, dass man seinen Vorsatz jemals umsetzt. Unser Gehirn verhält sich dann so, als wäre es uns nicht wirklich ernst und vergisst den Vorsatz nach drei Tagen wieder. Damit Dein Traum nicht in Vergessenheit gerät, musst Du ihn unglaublich wichtig und die Schritte zu seiner Erreichung unglaublich dringend machen.

Ignoriere Zeitfresser

Zu lernen das Wichtige zu tun und das Triviale zu ignorieren ist deshalb so schwierig, da sich alle Welt verschworen zu haben scheint, Dir irgendwelchen Mist aufzuquatschen. Zum Glück gibt es einige wirkungsvolle Maßnahmen, die anderen Menschen den Zugriff auf Deine Zeit erschweren. Die am weitesten verbreiteten Unterbrecher sind Emails, Internet (Soziale Netzwerke) und Meetings. Du solltest Dir zuerst angewöhnen weniger Emails zu produzieren, Meetings überhaupt nur zu veranstalten oder daran teilzunehmen, wenn etwas entschieden wird und das Internet nur zu nutzen, wenn sich eine herausfinden lässt.

Die meisten Menschen überprüfen Ihre Emails im Minutentakt. Eingestellt auf automatischen Empfang, ertönt bei jeder eingehenden Email ein Signalton, der die Arbeit unterbricht. Du wirst Deine Produktivität sofort um 100 Prozent steigern, wenn Du Deine Emails nur zwei- bis dreimal am Tag liest und den Signalton sowie die automatische Senden/Empfangen-Funktion deaktivierst. Schaue niemals am Morgen als erstes nach Deinen Emails. Auf diese Weise umschiffst Du Rundmails und Diskussionsrunden. Ich habe in der Zeit zwischen elf und zwölf Uhr mittags die besten Erfahrungen gemacht. Das nächste Mal am Nachmittag und/oder am Abend – um dringende Dinge für den nächsten Tag noch bearbeiten zu können.

Internet: Was ist die erste Tätigkeit, die Du nach dem aufstehen tust? Öffnest Du zuerst Dein Schlafzimmerfenster oder Dein Facebook Chat-Fenster? Ich bin altmodisch und vertreibe zuerst den Puma aus meinem Schlafzimmer. Es ist nichts dagegen einzuwenden, wenn Du zuerst nach Deinem Telefon greifst, doch wie erklärst Du Dir, dass zahlreiche Arbeitgeber ihren Angestellten untersagen, während der Arbeitszeit auf Twitter oder Facebook aktiv zu sein? Selbst Apple, eines der weltweit größten Technologieunternehmen, das vom Aufstieg sozialer Netzwerke milliardenfach profitiert hat, verbietet seinen Mitarbeitern die Nutzung sozialer Medien.[6]

in Grund ist, die Verbreitung interner Firmen-Informationen zu unterbinden, egal ob dies nun bewusst oder unbewusst geschieht. Der entscheidende Grund aber ist: Die Zeit, die Menschen in sozialen Netzwerken verbringen, steht in keinem Verhältnis zu einem möglichen realen Nutzen. Da soziale Netzwerke über eine große Verführungskraft verfügen wird durch die permanente Ablenkung eine Menge Energie verschwendet. Aufmerksamkeit, die – nicht nur keinen Nutzen hat – sondern auch noch bei anderen Dingen fehlt.

---

[6] Die Formel der Macht, H.Katzmair, Harald Mahrer

Da eines der größten Anliegen sozialer Netzwerken darin besteht, sich selbst zu erhalten, gaukeln sie ihren Mitgliedern interessante Beziehungen und Einfluss vor. Und in der Tat ist es Nutzern und Mitgliedern möglich – unter beträchtlichem Einsatz von Zeit – einige Jobs und Referenzen aufzubauen, die sich irgendwann auch in Gewinnen beziffern lassen. Jedoch stehen diese in keinem Verhältnis zu den Gewinnen, die die Betreiber mit den User-Daten und ihrem Kommunikationsverhalten abschöpfen. Wer denkt, Xing, Facebook und Co. wären dazu geschaffen ihre Nutzer reich zu machen, der irrt. Es ist genau umgekehrt. Hier gilt der Grundsatz: „Wenn dir ein Produkt gratis angeboten wird, dann bist du als Kunde in der Regel selbst das Produkt."[7]

Aufmerksamkeit und Zeit sind die wichtigsten Güter, gleichzeitig sind sie begrenzt. Kein Mensch ist in der Lage, sich 24 Stunden am Tag zu konzentrieren. Zeit für Wichtiges muss im Kalender geblockt werden, damit die nötige Konzentration abrufbar ist, wenn sie gebraucht wird. Das ist aber nicht möglich, wenn sie durch triviale Beschäftigung verpufft. Mehr Kommunikation bedeutet nämlich nicht automatisch mehr Produktivität. Soziale Netzwerke sind überwiegend eine Spielwiese für Selbstdarstellung und Werbung in eigener Sache und als solches solltest Du sie auch behandeln.

Meetings: Meetings sollten nur stattfinden, um Entscheidungen zu treffen. Gewöhn Dir Meetings ab, die keinen klaren Zeitrahmen vorgeben. Diskussionsrunden, in denen ein Problem vorab noch geklärt werden muss, solltest Du ignorieren. Wenn Dich jemand zu einem Meeting oder Termin einlädt, bitte ihn, dass er Dir vorab eine Tagesordnung schickt. Eine schriftliche Einladung per Email zwingt Dein Gegenüber, die Fragen für das Meeting zu formulieren. In den meisten Fällen wird das Meeting dann überflüs-

---

[7] Die Formel der Macht, H.Katzmair, Harald Mahrer

sig. Ein Meeting zu einer ungeraden Zeit beginnen zu lassen, führt
eher zu Pünktlichkeit als zur vollen oder halben Stunde. Besser
11.20 Uhr statt 11.30 Uhr. Wenn Du selbst ein Meeting veranstalten musst, so halt dies unbedingt im Stehen ab. Die Gründe warum Meetings sich gerne über Stunden ausdehnen sind die, dass die
Leute es sich in ihren Sesseln so richtig bequem machen, tonnen-
weise Kekse in sich rein stopfen und so viel Kaffee trinken, dass
alle fünf Minuten die Sitzung unterbrochen werden muss, weil jemand zur Toilette eilt.

Wenn Du ein Meeting in Frage stellst und Dich beschwerst,
mach Dich jedoch auf Widerstand gefasst. Du solltest dann in der
Lage sein Alternativen anzubieten.

Das Parkinsonsche Gesetz

Die Welt ist sich darüber einig geworden, dass wir jeden Tag acht
Stunden arbeiten müssen. Da wir acht Stunden arbeiten müssen,
füllen wir acht Stunden aus. Benötigen wir für eine übertragene
Aufgabe statt acht Stunden nur fünf, verschwenden wir die restli-
che Zeit mit sinnlosen Beschäftigungen. Viel Zeit wird verschwendet, weil wir es gewohnt sind, acht Stunden zu arbeiten
ohne nach der Produktivität zu fragen. Wenn wir stattdessen daran
gewöhnt wären zwölf Stunden zu arbeiten, würden wir auch diese
Zeit ausfüllen. Wie kann es möglich sein, dass alle Menschen genau acht Stunden benötigen, um ihre Arbeit zu erledigen? Das Gesetz, das sich dahinter verbirgt, ist das Parkinson`sche Gesetz.

C.N. Parkinson war ein britischer Soziologe, der sich mit der
Frage von zunehmendem Bürokratiewachstum beschäftigt hat. Er
hat bewiesen, dass Verwaltungen einen regelmäßigen Zuwachs an
Personal verzeichnen, der unabhängig von der Menge der zu erle-
digenden Aufgaben ist. Das nach ihm benannte Gesetz lautet: Eine

Aufgabe dehnt sich genau in dem Maße aus, wie Zeit für ihre Erledigung zur Verfügung steht.

Angenommen Du bist gerade dabei, einen Text für einen Song zu verfassen. Die Musik ist fertig komponiert, die Band war bereits im Studio und hat alle Instrumentalparts aufgenommen. Du wurdest verpflichtet einen Text zu liefern und hast dafür bereits einen Vorschuss kassiert. Alle Beteiligten – das Label, das Management, der Verlag – warten nun gespannt auf Deinen Beitrag. Du hast in einem Anfall von Selbstüberschätzung angekündigt, diesen zum nächsten Tag zu liefern. Ausgerechnet jetzt stellt sich eine Schreibblockade ein. Unter Anwendung des Parkinson`schen Gesetzes würde ich Dir in dieser Situation folgendes empfehlen: Schalte alle Ablenkungen aus, Handy, Internet, Email etc. Such Dir einen Ort an dem Du ungestört bist und begib Dich erst wieder unter die Lebenden, wenn Dein Text soweit fertig ist, dass Du eine erste Fassung präsentieren kannst.

Wie durch ein Wunder wird ein bevorstehender Abgabetermin Einfluss darauf haben, wie lange Du für diese Aufgabe benötigst. Hättest Du für den Text eine Woche Zeit oder einen Monat, würdest Du höchstwahrscheinlich jeden Tag eine neue Ausrede vorschieben, um Dich der Aufgabe zu entziehen. Du würdest seitenweise Blätter mit Skizzen und Ideen füllen. Das Ergebnis ist in einer kürzeren Zeit jedoch häufig besser, da Zeitdruck uns dazu zwingt, uns auf die Aufgabe zu konzentrieren. Um an dieser Stelle eine Frage vorweg zu nehmen: Die Tatsache, dass die Produktion eines Songs viel Zeit in Anspruch genommen hat, macht ihn nicht zu einem Hit. Zeit ist kein Faktor, der darüber entscheidet, ob ein Song zu einem Hit wird und Zeit ist sicher kein Faktor für persönliche Produktivität.

Übe Dich in Nichtvollendung

Ich gebe zu, dass ich lange gebraucht habe und es mir nicht leicht gefallen ist, etwas prinzipiell nicht zu Ende zu bringen. Ich habe gelernt meinen Teller leer zu essen, Bücher zu Ende zu lesen, Filme bis zum Ende zu schauen, CDs komplett zu hören etc. Etwas anzufangen heißt jedoch nicht, dass man es auch zu Ende bringen muss. Wenn Du einen Film siehst, der Dich nicht unterhält und der Dich auch sonst nicht anspricht, dann verlass das Kino. Wenn Du eine Zeitung liest und der Artikel nicht halten kann was er verspricht, so lies ihn nicht zu Ende. Hast Du ein Buch gekauft, das Dich dann doch nicht interessiert, verschenke es lieber an jemanden, der sich dafür interessiert. Gewöhn Dir an, langweilige und unproduktive Dinge nicht abzuschließen. Pflichterfüllung ist kein guter Wert, wenn es um Deine kostbare Zeit geht. Tu lieber Dinge, die Dich Deinem Ziel näher bringen oder einfach mehr Spaß machen. Etwas durchzuhalten ist nicht besser und manchmal ist es sinnvoller etwas abzubrechen, statt es prinzipiell zu Ende zu bringen.

Sammle Zeitfresser

Notfälle sind selten echte Notfälle. Die meisten Menschen sind nicht in der Lage, die vermeintliche Wichtigkeit einer Sache richtig einzuschätzen. Nebensächlichkeiten werden unnötig aufgeblasen, um Zeit zu füllen und sich wichtig zu fühlen. Sammle daher Informationen, bevor Du sie abarbeitest. Dazu gehört das Lesen und Beantworten von Emails, Telefonrückrufe, Besorgungen und Botengänge – eben alle notwendigen wiederkehrenden Tätigkeiten. Überlege Dir, wie lange Du bestimmte Aufgaben sammeln willst bevor Du sie erledigst.

Rechne ruhig einmal aus, wie viel Zeit Du durch das Sammeln von Aufgaben sparst und wie viel Geld diese Zeit in Stundenlohn wert ist. Wenn Du allerdings feststellst, dass die Probleme, die entstehen, Dich mehr kosten als die gesparte Arbeitszeit, solltest Du Dich den Aufgaben öfter widmen. Mach jedoch nicht den Fehler, länger zu arbeiten, wenn die Lösung darin besteht, schlauer zu arbeiten.

Menschen dürfen allerdings nicht zu Unterbrechungen werden. Wenn jemand an Deine Tür klopft, Deine Mobilfunknummer wählt und ein Anliegen, eine Idee oder einen Vorschlag vorbringt, solltest Du das nicht ignorieren. Das Unerwartete nicht zu beachten, wäre ein Verpassen von Gelegenheiten. Ermuntre jedoch niemanden dazu, nur ein Schwätzchen zu halten. Möglicherweise hast Du Angst, Deine Kontakte auf ein Minimum zu beschränken und Aufgaben zuerst zu sammeln bevor Du sie erledigst. Du fürchtest damit vielleicht wichtige Anfragen zu verpassen und eine Katastrophe herauf zu beschwören. Probier es einfach aus, arbeite an den Feinheiten und pass die Umstände Schritt für Schritt Deinen Bedürfnissen an.

Wenn Du Deine Gewohnheiten auf diese Weise änderst, bringen sie Dir nicht nur mehr Zeit und Produktivität, sondern ermöglichen Dir überwiegend an wichtigen Dingen statt dringenden zu arbeiten.

Werde ein Unruhestifter

Um während des Studiums meinen Lebensunterhalt zu verdienen, habe ich zeitweise in einer Kfz-Werkstatt gearbeitet. Dort war es üblich, morgens den Beginn der Arbeitszeit mit einer Stempelkarte zu protokollieren. Dasselbe am Feierabend. Hatte man morgens nur eine Minute zu spät eingestempelt, musste man am Nachmittag eine Viertelstunde nacharbeiten. „Die Arbeitszeit kann nur im Viertelstundentakt abgerechnet werden.", hieß es aus der Lohnbuchhaltung.

Ich verstand diese Art der Arbeitszeitüberwachung schon damals nicht. Pünktlich zu sein ist wichtig, gewiss, aber es hat nichts mit Produktivität zu tun. Meistens schaffte ich meine Aufgaben in weniger als der vorgegebenen Zeit, also beschloss ich ein Experiment zu versuchen: Von einem Tag auf den anderen hörte ich mit dem Stempeln auf. Das war keine Kleinigkeit, die Firma hatte eine Menge Angestellte und ich riskierte damit zweifellos meinen Job. Dennoch war ich neugierig zu sehen was passieren würde. Ich fragte niemanden um Erlaubnis, verlor kein einziges Wort darüber und hörte von einem Tag auf den anderen einfach mit dem Stempeln auf.

Es dauerte bis zum Ende des Monats, als der Werkstattmeister mich schließlich in sein Büro zitierte. Der Mann war schwer in Ordnung und wusste, dass ich meinen Job gut machte. Bereits vorher hatte ich mir ausgerechnet, dass ich ihn leicht für meine Guerillataktik würde begeistern können. Er setzte sich bei der Personalabteilung für mich ein und ab sofort war ich vom Stempeln befreit.

Was ich damit sagen will, ist Folgendes: Lerne schwierig zu sein, wenn es darauf ankommt und Du Deine Interessen durchsetzen willst. Wer den Ruf hat durchsetzungsstark zu sein, wird bevorzugt behandelt und muss nicht jedes Mal um Erlaubnis fragen.

Frage um Verzeihung, nicht um Erlaubnis

Viele Menschen aus Deinem persönlichen Umfeld werden Dich vielleicht für verrückt erklären. Zweifel und Fragen werden auf Dich einprasseln. „Wie kannst du nur auf die vielen Vorteile eines sicheren Jobs verzichten?" „Du wirst Dir nichts mehr leisten können! Was ist mit der Altersvorsorge und Deiner Krankenversicherung?"

Menschen neigen dazu, aus einem spontanen Impuls heraus, Dinge zu verurteilen und zu kritisieren, die sie später ohne weiteres akzeptieren oder gar befürworten würden. Einen Rat bei diesen Leuten zu suchen, bringt Dich allerdings nicht weiter, da diese ihren Denkmustern entsprechend antworten werden. Bei der Suche nach Beratern, gewöhn Dir an, diese nach ihren Erfolgen auszuwählen und nicht nach ungebetenen Ratschlägen und bist Du erst einmal unterwegs, wird sich Dir so schnell niemand mehr in den Weg stellen. Übe Dich darin, den Status quo in Frage zu stellen und Dich einfach zu entschuldigen, wenn tatsächlich einmal etwas schief gehen sollte.

Überwinde die Hürden

Die wirklich wichtigen Dinge im Leben sind selten bequem. Gewohnheiten zu ändern und unproduktive Dinge aus unserem Alltag zu eliminieren fällt uns schwer. Trotzdem wirst Du nicht darum herum kommen einige tiefe Einschnitte in Deinen Gewohnheiten vorzunehmen, um Deinen Traum zu verwirklichen. Denke an unser Mantra: „Wer großes erreichen will, dazu aber nur gewöhnliche Mittel einsetzt, wird scheitern." Wenn Du es gewohnt bist, kontrolliert zu werden und nur unter Druck Deine Ziele erfüllst, so fehlen Dir wo möglich einige wichtige Angewohnheiten, die dafür sorgen, Dich selbst zu motivieren. Es ist ganz normal, dass Menschen den Druck und die Kontrolle eines Arbeitgebers brauchen, um Ihren Lebensunterhalt zu verdienen. Es fällt Ihnen leichter, wenn jemand über ihre Schulter schaut und sie antreibt. Erfolg oder Misserfolg ist also auch eine Frage Deiner Gewohnheiten. Wenn Du willst, dass sich die Dinge für Dich ändern, so musst Du alte Gewohnheiten, durch neue ersetzen. Gewohnheiten die Dich zum Erfolg führen.

Zum Thema Verhaltensänderung gibt es unzählige Motivationsseminare und Therapiemethoden. Ich beschränke mich hier auf einige praktische Auswirkungen von schlechten Angewohnheiten und – für alle die mehr wissen wollen – zusätzlich eine analytische Erklärung.

Zuerst die Praxis:

Das Problem ist, dass wir die Tragweite von „kleinen Unterschieden" unterschätzen. Es scheint so, als ob es sich nicht negativ auswirkt, ob wir pünktlich oder grundsätzlich eine halbe Stunde zu spät sind. Es scheint nicht viel zu bedeuten, wenn wir nur acht Sunden an unseren Zielen arbeiten, statt zehn. Und es ist ja auch nicht schlimm, wenn wir nur 2.000 Euro haben, statt 2.200.

Unglücklicherweise aber hat es eine Bedeutung. Es ist nämlich ganz entscheidend mit wie viel Konsequenz Du Deine nächste Aufgabe lösen wirst, denn die nächste Aufgabe ist immer die wichtigste. Viele Menschen behaupten jedoch Disziplin würde Ihrer Freiheit im Wege stehen. Das Gegenteil ist der Fall. Freiheit ist nicht zu tun und zu lassen was man will, sondern zu wollen was man tut. Niemand kann sich als frei bezeichnen, der nicht einmal in der Lage ist, das zu tun, was er sich vorgenommen hat. Einziger Trost: Je genauer Du eine Vorstellung von Deinem Ziel hast, desto weniger Disziplin brauchst Du. Leidenschaft ersetzt eiserne Disziplin.

Von der Ablenkung zur menschlichen Maschine

Und wie versprochen, nun der analytische Teil: Obwohl wir glauben, dass die Triebfeder unseres Handelns der Intellekt ist, sind unsere Emotionen die wahren Lenker. Der Verstand schafft es nicht, das Gefühl dauerhaft zu überreden. Wir verleugnen dies gerne, doch wenn Du einmal Raucher gewesen bist, weißt Du wovon ich rede. Wir wissen, dass Rauchen schadet, doch unser Gefühl redet uns ein, dass wir nicht ohne können. Wir werden also hauptsächlich von einer instinktiven Reaktion auf Schmerzvermeidung gesteuert. Das steckt einfach in unseren Genen. Der Neandertaler war darauf programmiert wegzulaufen, wenn Gefahr drohte. Er wollte Schmerz vermeiden. Kein Raucher der Welt wird also mit dem Vorsatz das Rauchen aufgeben: Oh, da liegt eine Chance für meine Gesundheit", sondern immer sagen: „Ich muss mir das verkneifen".

Es liegt in der Natur des Menschen zuerst das Negative zu sehen und davor fliehen zu wollen. Willst Du eine Gewohnheit loswerden, so muss die Vorfreude auf ein Leben ohne diese Gewohnheit größer sein, als der Schmerz die Gewohnheit aufzugeben. Nehmen wir tatsächlich einmal an, Du willst Dir das Rauchen abgewöhnen, um das gesparte Geld für Deinen Traum zu verwenden. Ohne Zweifel eine gute Entscheidung. Da die Erreichung Deines Traumes für Dich ein absolutes Muss ist, dürfte es Dir ziemlich leicht fallen dafür das Rauchen aufzugeben. Die Aussichten auf ein Leben ohne Zigarette sind stärker geworden, als ein Leben mit Zigaretten. Eine schlechte Angewohnheit für ein großes Ziel aufzugeben, fällt also leichter, als dies aus purem Willen zu tun.

Oft versuchen Menschen das System zu überlisten, bringen ihren ganzen Willen auf, halten eine Zeitlang durch und – geben schließlich auf. Dabei wäre alles was sie tun müssten, sich möglichst viele positive Vorstellungen zu „züchten". Die beste Methode für eine Verhaltensänderung ist also, den Blick auf das zu erreichende Ziel zu lenken.

Wenn Du einmal erlebt hast, wie Du das System austricksen kannst, wirst Du nie wieder anders handeln. Natürlich kannst Du Dir immer einreden, dass Du das nicht schaffen wirst und der menschliche Geist ist so aufgebaut, dass er glaubt, was er sich lange genug einredet. Wahr wird es dadurch noch lange nicht.

Betone Deine Stärken und versuche nicht Deine Schwächen auszumerzen

Jeder Mensch ist in irgendetwas richtig gut und in vielen anderen Dingen ziemlich miserabel. Ich zum Beispiel bin ein eher schmächtiger Typ, allerdings sehr gelenkig. Jahrelang habe ich mich abgerackert um Muskeln aufzubauen und damit meine Schwächen zu kaschieren. Der Gipfel der Selbstüberschätzung war der Versuch als Teenager einem Eishockey-Team beizutreten.

Du kannst Dir vorstellen wie kurz meine Karriere war. Schließlich habe ich nach einem Sport gesucht, der mir liegt. Im Yoga genieße ich regelmäßig neue Erfolgserlebnisse. Einfach aus dem Grund, weil Yoga meine körperlichen Stärken betont. Begehe jedoch nicht den Fehler, Stärken mit Genie zu verwechseln. Allzu oft hört man von Menschen: „Ich habe keine Talente." Das ist einfach falsch. Jeder von uns hat Talente. Ich schlage Folgende Definition für Talente vor: Talente sind Deine auf natürliche Weise wiederkehrenden Denk-, Verhaltens- und Gefühlsmuster. Deine spontanen Reaktionen bieten Dir eine deutliche Spur zu Deinen Talenten.

Es gibt zwei Gründe, warum so viele Menschen ihre Talente nicht entdecken: Erstens definieren sie Talente fälschlich als atemberaubende, geniale Begabungen. Das ist nicht nur nicht korrekt, es raubt auch jegliche Motivation. Zweitens entdecken viele ihre Talente nicht, weil sie sich nicht damit beschäftigen. Unsere Stärken sind tückisch - sie fallen uns nicht sofort auf. Wir halten sie für normal und selbstverständlich und übersehen dabei, dass viele Menschen diese Talente nicht haben.

Es ist nicht nur lohnender, es macht auch viel mehr Spaß seine eigenen Stärken zu betonen, statt Flickwerk zu betreiben. Je leichter Dir eine Tätigkeit fällt, desto eher wirst Du es darin zur Meisterschaft bringen. Die Ergebnisse werden sich schnell vervielfältigen, im Gegensatz zu den winzigen Verbesserungen an Deinen Schwächen, mit denen Du immer wieder nur mittelmäßige Resultate erzielst.

Jeden Tag Fallschirmspringen –
wie Du Stress vermehren kannst

Die meisten Menschen versuchen Stress in ihrem Leben zu vermeiden. Stress wird in der medizinischen Fachliteratur überwiegend als krankhafte Symptomatik behandelt und wir haben gelernt, Stress auf jeden Fall aus dem Weg zu gehen. Stress ist ein schlechter Stimulus, der uns krank, unsicher, schwach und leistungsunfähig macht. Er wird ausgelöst durch destruktive Kritik, Beleidigungen sowie jeglicher Art von Ängsten. Stress entsteht also immer dann, wenn unser inneres Gleichgewicht erschüttert wird. Entweder durch äußere Einflüsse oder der Reflektion unserer selbst. Aber ein Leben ohne Stress gibt es nicht. Die gute Nachricht, es gibt zwei Arten von Stress, destruktiven und positiven.

Destruktiven Stress kannst Du am ehesten vermeiden, in dem Du Dich nur auf eine Sache auf einmal konzentrierst. Vergiss Multitasking. Destruktiver Stress entsteht immer dann, wenn all die täglichen Aufgaben, Probleme und Herausforderungen, in Form von Gedanken kreuz und quer, übereinander springen und Du nicht weißt, was Du zuerst und zuletzt machen sollst. Die Konzentration auf eine einzige Tätigkeit, beendet die Ruhelosigkeit Deiner Gedanken und damit den Stress. Der Alltag bringt es zwar mit sich, dass wir permanent von Werbung, Medien, Telefon usw. abgelenkt werden. Das Problem sind aber nicht die Ablenkungen, sondern diesen Verführungen ständig nach zu geben. Auf diese Weise kann auch viel Arbeit keinen Stress verursachen. Der Glaube, lange Arbeitszeiten würden vermehrt Stress auslösen, trifft also nicht zu. Wer allerdings dauernd versucht Multitasking zu betreiben, wird früher oder später über Burn Out klagen.

Viel wichtiger als destruktiven Stress zu vermeiden ist jedoch, positiven Stress zu vermehren. Positiven Stress bekommen wir in

Situationen der Euphorie. Zum Beispiel wenn wir ein Risiko eingehen, unsere Komfortzone verlassen und uns einer Herausforderung stellen. Adrenalinausstöße in Extremsituationen sind konzentrierter positiver Stress. „Ich kann doch nicht jeden Tag Fallschirmspringen und Bungeejumping machen." Natürlich nicht, das habe ich auch gar nicht gesagt. Für den Anfang genügen auch kleinere Trainingseinheiten. Nutze die Trainings-Tipps in diesem Buch als Anregung für gesunden Stress. Die Kunst ist, beide Formen von Stress zu erkennen und auseinander zu halten, destruktivem Stress richtig zu begegnen und positiven zu vermehren.

Wie Du Angst und Sorgen an die Leine legst

Jeder, wirklich jeder Mensch hat gelegentlich mit Stress, Sorgen und Ängsten zu kämpfen. Sorgen und Ängste sind deswegen so mächtig, weil sie unkonkret und allumfassend daher kommen. Nun könnte man auf die Aussage eines Menschen: „Ich mache mir Sorgen." ganz relaxt antworten: „Dann mach Dir eben keine", aber so einfach ist es natürlich nicht. Menschen gehen mit gleichen Sorgen anders um. Was der eine als Herausforderung empfindet, lässt den anderen vor Angst kapitulieren.

Angst hat viele Formen, jedoch nur eine Ursache. Und die liegt darin, die diffuse Vorstellung von einem gesellschaftlichen Status Quo nicht erfüllen zu können. Gerade in der gut gestellten Oberschicht ist die Angst vor sozialem Abstieg besonders groß. Statusverlustängste und drohende Wohlstandseinbußen führen dazu, ein Risiko lieber zu meiden. Die Menschen dieser Schicht ergreifen daher gerne Berufe, die den Status der Familie repräsentieren, als etwas Neues zu wagen. Sie entscheiden sich dafür, eine Sache lieber nicht zu versuchen, wenn der Ausgang ungewiss ist. Aber

Hand aufs Herz, eine unbefriedigende Situation zwanzig Jahre zu ertragen ist Faulheit, die sich hinter Angst versteckt.

Ein Auslöser für die überwältigende Angst vor Imageverlust ist der Vergleich mit anderen. Wir vergleichen uns ständig mit anderen. Die Ansichten wie wir sein sollten, haben wir das erste Mal in der Schule gelernt. Diesen fühlen wir uns verpflichtet. Die Auseinandersetzung mit dem Ist-Zustand offenbart die Diskrepanzen zu unseren meist völlig überhöhten Idealvorstellungen. Die daraus erwachsende Selbstkritik stachelt im günstigsten Fall unseren Ehrgeiz an. Im schlechtesten Fall führt ein Vergleich zur Angst, den Anforderungen nicht zu genügen.

Das Problem ist der falsche Umgang mit der Angst. Da sie sowieso da ist und wir das nicht verhindern können, neigen wir dazu, sie verdrängen und wegschieben zu wollen. Sie stört unseren Alltag und steht unserem Glück im Weg. Wir können ihr nichts Positives abgewinnen. Die Folge ist nicht, dass sie verschwindet, sondern beginnt unser Leben zu beherrschen. Angst vor Jobverlust, Angst keinen Job zu bekommen, Angst vor dem Chef, Angst vor dem Lehrer, Angst, nicht gut genug zu sein, nicht gut genug auszusehen, unbeliebt zu sein usw. Dabei erfüllt Angst eine wichtige Funktion: „Habe ich genügend Sicherheiten eingeplant? Habe ich einen Plan B? Was tue ich, wenn etwas schief geht?" Angst weist uns den Weg, den wir gehen sollten. Früher hieß dieser Weg „Flucht vor Gefahr".

Da wir heute kaum noch einer realen körperlichen Gefahr gegenüberstehen, richtet sich Angst vor allem auf den Verlust des gesellschaftlichen Status. Wenn finanzielle Sorgen da sind, ist es natürlich schwer einen kühlen Kopf zu bewahren. Wenn Du Dich jedoch der Angst vor finanziellen Repressionen hingibst, wird die Pleite kommen. Nutze die Angst, um Dich Deiner Fähigkeiten zu besinnen. Frag Dich, wie es zu der Situation gekommen ist und wie Du sie zu Deinem Vorteil nutzen kannst. Überlege ob es ähnliche Situationen in der Vergangenheit gegeben hat und wie Du diese gelöst hast. Wenn Du auf diese Weise Deine Situation analysierst, wird sich auch eine Lösung auftun.

Wenn die dunkle Macht des Pessimismus Dich heimsucht, so nutze Dein Traumtagebuch. Gib Dich Tagträumen hin, wie Deine Zukunft aussehen wird. Das Gute an Tagträumen und dieser Art der Selbstprogrammierung ist: Die positiven Dinge treffen ebenso ein wie die negativen. Es kann also nicht schaden, dass Du Dich auf diese Weise mit Dir selbst beschäftigst. Und wenn Du nach einer schwierigen Phase in Deinem Leben feststellst, dass diese Dich nicht umgebracht hat, so wirst Du gestärkt daraus hervor gehen.

Definiere Deinen Albtraum

Jeder Mensch hat Ängste – auch der, der Großes bewegt. Mutig ist ja nicht derjenige, der keine Angst hat, sondern derjenige, der trotz seiner Angst handelt. Was ist das Gegenteil von Angst? „Das Gegenteil von Angst ist Mut" wirst Du denken. Mut ist jedoch lediglich die Kehrseite derselben Medaille, denn auch der Mutige hat Angst. Er handelt lediglich trotz seiner Angst – deshalb ist er ja mutig.

Das Gegenteil von Angst ist Wissen. Wissen um Deine Talente, Fähigkeiten und Fertigkeiten. Wissen um Deine Einzigartigkeit. Wissen um die Dinge, die Du bereits erreicht hast – und auch wie Du diese erreicht hast. Wenn Du in der Vergangenheit Ziele verwirklicht hast, warum sollte dieses Wissen Dir nicht auch in der Zukunft helfen?

Wenn der Gedanke an das Unbekannte Dich nervös macht, wenn die Angst vor dem Absprung größer ist als die Vorfreude auf Dein neues Ziel, dann definiere Deinen Alptraum: Was ist das Schlimmste, was Dir in dieser Situation passieren kann? Wie sieht Dein Worst-Case-Szenario aus, wenn Du tust was Du tun willst? Welche Folgen wird Dein Handeln haben und wie wahrscheinlich ist es, dass diese Folgen tatsächlich eintreffen?

„Ich werde kein Geld mehr haben."
Wenn Du Deine momentane Tätigkeit stark verändern oder kündigen willst, um mehr freie Zeit für die Erfüllung Deines Traumes zu haben, ist es normalerweise nicht schwer einige Ausgaben eine zeitlang zurückzufahren. Du könnest zum Beispiel Dein Auto verkaufen oder vorübergehend abmelden. Einen Teilzeitjob annehmen oder einige Zeit von Reserven leben. Überzieh Dein Konto und geh weniger auswärts essen. Erstelle eine Liste der Dinge, die Du angeschafft hast, aber nie benutzt. Verkaufe alle überflüssigen Dinge und rechne Dir aus, wie lange Du Dich damit über Wasser halten kannst. Eine vollständige Liste aller Ausgaben und Einnahmen sowie Deiner Vermögenswerte eröffnet Dir Möglichkeiten, eine zeitlang finanziell über die Runden zu kommen. Es gibt immer Möglichkeiten!

„Eine Lücke im Lebenslauf ruiniert meine Karriere."
Die meisten Personalverantwortlichen in Unternehmen schauen nicht auf eine Lücke im Lebenslauf, sondern interessieren sich dafür, was Du in dieser Zeit gemacht hast. Eine Reise, ein Babyjahr, ein Projekt ausprobiert, einen Traum verwirklicht etc. Wenn Du eine schlüssige Erklärung und eine kreative Formulierung für Deine Auszeit aufweisen kannst, wird dies in den seltensten Fällen der Grund für eine Ablehnung sein. Wenn Du allerdings nur faul die Zeit totgeschlagen hast, wird Dich dafür niemand einstellen.

Der Fahrradschuppeneffekt

Bevor wir weiter machen müssen wir noch über den Fahrrad-schuppeneffekt sprechen. Ursprünglich von C. Parkinson be-schrieben, tritt dieser Effekt immer dann auf, wenn Menschen sich an einer trivialen Fragestellung beteiligen. Parkinson dramatisierte sein Gesetz der Trivialität mit einem Vergleich über die Beratun-gen zum Bau eines Kernkraftwerkes mit denen zum Bau eines Fahrradschuppens.

In einer Diskussion über den Bau eines Atomkraftwerkes kön-nen die meisten Menschen keinen sinnvollen Beitrag liefern. Sie denken zu Recht, dass Sie davon nichts verstehen und halten sich mit Meinungen über ein so komplexes Thema zurück. Dafür den-ken Sie, dass Sie zum Bau eines Fahrradschuppens umso mehr beitragen könnten. Der Bau eines Fahrradschuppens ist ein über-schaubares Thema, also fühlen sich die Menschen – allerdings zu unrecht – berufen, mit Ihrer Expertenmeinung aufzutrumpfen. Sie diskutieren endlos jedes Detail und halten sich dabei für die Schöpfer des Universums.

Niemand in Deinem Bekanntenkreis würde sich trauen einem Superstar wie Madonna kluge Ratschläge für ihre Musik zu geben aber jeder wird ab jetzt eine Meinung dazu haben, wie Du Dein Vorhaben in die Tat umsetzen und einen Hit produzieren solltest. In den kommenden Monaten solltest Du Dich taub stellen und Dich weigern Gespräche im Fahrradschuppenstil zu führen. Du kannst davon ausgehen, dass alle Deine Bekannten, Freunde, Kol-legen sich berufen fühlen Dir gute Ratschläge mit auf den Weg zu geben. Damit werden sie allerdings nur eines erreichen: Dich zu verunsichern und irrezuführen. Bedank Dich also höflich und mach nach Deinem Plan weiter.

Wie Du Dir den Rest vom Hals schaffst

Bevor ich 2001 in Berlin meine erste Wohnung bezog, hatte ich mir verschiedene Dinge vorgenommen, die ich tun wollte. Ich kam in die Stadt mit ein paar Ersparnissen und hatte mir ausgerechnet, dass ich die erste Zeit meines neuen Lebens damit über die Runden kommen würde. Da ich weder einen Job noch irgendwelche anderen Verpflichtungen hatte, schien es mir von Beginn an wichtig, einen gewissen Alltag zu etablieren. Wenn es egal ist, wann man morgens aufsteht, neigt man dazu wichtige Dinge aufzuschieben und verfällt leicht in Lethargie. Ich stand also morgens pünktlich auf, besuchte eine Sprachschule, um meine Fremdsprachenkenntnisse aufzubessern, machte Sport usw. Eines der Alltagsrituale, das ich zu der Zeit etablierte, war das tägliche Lesen einer Tageszeitung. Keine große Sache, aber eine kleine Krücke, um den Tag sinnvoll zu strukturieren.

Jeden Morgen auf dem Weg zu meinem ersten Minijob las ich in der Bahn die neuesten Nachrichten aus aller Welt. Ich lebte in einer Weltstadt und dazu gehörte, umfassend informiert zu sein. Auf diese Weise verging gut ein halbes Jahr. Ich hatte mich halbwegs eingelebt und benötigte bald nicht mehr die Rituale, die meinem Leben den ersten Halt gegeben hatten. Als ich ein halbwegs sicheres Netz gespannt hatte, das mich im schlimmsten Fall wieder auffangen würde, war es Zeit, meine mentalen Krücken neu zu bewerten.

Zunächst stellte ich den Zweck des Zeitungslesens auf den Prüfstand. Es war mir aufgefallen, dass ich vom Lesen der täglichen Meldungen regelmäßig schlechte Laune bekam. Ich brauchte nicht lange um zu begreifen, dass dies an den Informationen lag, die ich jeden Morgen konsumierte. Ich beschloss, die Situation zu ändern und mir die tägliche Dosis Pessimismus zu sparen. Ich betrachtete es als ein Experiment. Zunächst kam es mir wie ein

Tauschhandel vor: Gute Laune gegen Dummheit. Ich war bereit, auf wichtige tagesaktuelle Meldungen zu verzichten, um damit meine gute Laune zurück zu erobern. Nicht nur das, nach und nach verzichtete ich auf Fernsehnachrichten und ignorierte das Radio. Im Internet reduzierte ich die Informationsdosis auf das Lesen meines Google Readers, eine halbe Stunde pro Woche.

Es mag Dir ignorant vorkommen, aber seit über zehn Jahren ignoriere ich nun weitestgehend Nachrichten aus Zeitung, Fernsehen, Radio und Internet. Wahrscheinlich wirst Du schockiert aufschreien, „Wie erfährst Du denn, was los ist auf der Welt? Woher nimmst Du die Informationen zu aktuellen politischen Fragen? Wie kann man nur?"

Ich machte eine erstaunliche Entdeckung. Ich bekam meine gute Laune zurück, aber das befürchtete Informationsvakuum blieb aus. Eine politisch fundierte und gebildete Meinung zu haben, hat nichts damit zu tun, ob man regelmäßig Zeitung liest oder Nachrichten konsumiert. Der schöpferische Output eines Menschen hat nichts damit zu tun, wie viel Input an Informationen er sich selbst zuführt. Wenn Du an meinem Verstand zweifelst, möchte ich Dir folgende Frage stellen: Wie lange beschäftigt Dich eine Meldung, nachdem Du sie gelesen hast? Eine Woche, einen Tag, zehn Minuten oder zehn Sekunden? Die meisten Menschen vergessen bis zum Abend, was sie morgens in der Zeitung gelesen haben. Gewöhn Dir daher an, Dich bei jeder Information zu fragen: „Ist diese Meldung wichtig für mich und werde ich sie sofort nutzen?" Eine Meldung irgendwann einmal gebrauchen zu können reicht nicht aus, Du wirst sie bis dahin vergessen haben.

Wie viel Zeit verbringst Du täglich damit, Nachrichten zu lesen, zu kommentieren oder selbst zu verbreiten? In wie vielen sozialen Netzwerken bist Du jeden Tag aktiv? Wie viele Nachrichten werden dort täglich verbreitet und wie viele davon kannst Du unmittelbar gebrauchen? Wir konsumieren zu viele Informationen, noch dazu ohne Relevanz und häufig aus falschen Quellen.

Durch maßlose Übertreibung wird aus etwas Banalem die nächste Sensation. Ein reifer Umgang mit Medien wird von Nachrichten über Promibanalitäten torpediert. Statusmeldungen werden reflexartig kommentiert und mit sinnlosem Gezwitscher in Micro-Blogs geht unsere kostbare Lebenszeit dahin.

Ich schlage Dir also vor, Dich mir anzuschließen. Genau wie zu viel Essen ungesund ist, sind auch zu viele Informationen ungesund. Sie bringen Dich weder Deinen Zielen näher, noch unterliegen sie Deinem Einfluss. Informationen sind nutzlos, wenn sie unwichtig sind oder nicht unmittelbar benötigt werden. Wenn Du eine Information nicht direkt verwenden kannst, ist ihr Konsum lediglich ein weiterer Indikator für Geschäftigkeit, Unproduktivität und Faulheit.

Gönn Dir jeden Tag zu einer bestimmten Tageszeit eine halbe Stunde Informationen und Nachrichten. Beende diese Angewohnheit sofort wieder, wenn Du merkst, dass sich Dein Verhalten dadurch überhaupt nicht ändert.

Trainings-Tipp:
Erobere Dir 80 Prozent Deiner Zeit zurück

Vilfredo Pareto war ein italienischer Ökonom und Soziologe der von 1848 bis 1923 lebte. Er begründete das Gesetz der Einkommensverteilung, das später nach ihm benannt wurde: Das Pareto Gesetz oder die Pareto Verteilung, auch als das 80/20 Prinzip bekannt. Pareto entdeckte, dass der Reichtum einer Gesellschaft extrem ungleich verteilt ist. So sind 80 Prozent des Reichtums, im Besitz von 20 Prozent der Bevölkerung und umgekehrt. Eine mathematische Gleichung die auch außerhalb der Wirtschaftsökonomie Anwendung findet und nahezu überall anzutreffen ist:

80 Prozent von Unternehmensgewinnen werden mit 20 Prozent der Produkte erzielt; 20 Prozent unserer Arbeitszeit sorgen für 80 Prozent unserer Einnahmen.

Die Liste ließe sich beliebig lang fortsetzen. Häufig sind die Verhältnismäßigkeiten sogar noch gravierender. 90/10 oder 95/5. Wenn Du auch nach dem Motto arbeitest: „Der Tag hat einfach nicht genug Stunden" und nicht weißt, wie Du diese Situation ändern kannst, so fordere ich Dich hiermit auf, Paretos Ideen einmal auszuprobieren:

Um Karriere zu machen hat ein Arbeitstag 8-15 Stunden, beginnt zwischen 6 und 9 Uhr morgens und endet zwischen 18 und 22 Uhr abends. Wir verdienen damit eine Menge Geld – aus dem einfachen Grund, weil uns nichts Besseres einfällt. „Warum sollte ich daran etwas ändern wollen?" Ganz einfach – um Dinge zu tun, die Dich Deinem Traum vom Hit näher bringen. Dazu stelle ich Dir folgende Fragen: „Welche 20 Prozent aller Tätigkeiten sorgen für 80 Prozent Deines Wohlbefindens und dafür, dass Du glücklich bist? Und aus welchen 20 Prozent Deines Lebens entstehen 80 Prozent Deiner Probleme und Sorgen?"

Betrachte Dein Leben und analysiere Deine Situation so leidenschafts- und emotionslos wie Du nur kannst. Stelle alles auf den Prüfstand: Gesundheit, Beziehungen, Finanzen, Deine berufliche Situation, Dein emotionales Wohlbefinden usw. Viele Entscheidungen, die Du treffen wirst, sind emotional schmerzhaft aber sinnvoll. Der Sinn einer solchen Analyse besteht darin zu erkennen, welche Umstände in Deinem Leben nicht, oder nur sehr wenig dazu beitragen, Deinen idealen Lifestyle zu finden. Du wirst erstaunt sein, wie sich dadurch Dein Leben ändern wird.

Nimm als Beispiel Deine berufliche Situation. Sicher gibt es Menschen, Partner oder Kunden in Deinem Arbeitsumfeld, mit denen Du Dich blind verstehst, die Kommunikation reibungslos funktioniert und mit denen Du gerne zusammen arbeitest. Es sind Menschen, denen Du weder dauernd hinterher telefonieren, noch überdurchschnittlich oft nachlaufen musst. Die Zusammenarbeit mit diesen Menschen macht aller Wahrscheinlichkeit nach 20 Prozent Deiner Arbeitszeit aus und sorgt für 80 Prozent Deiner Ergebnisse und Deines beruflichen Wohlbefindens.

Dann gibt es die Kunden, Partner oder Kollegen, mit denen der Umgang schwer fällt. Kunden, die nicht bezahlen und denen Du regelmäßig Mahnungen schicken musst. Partner, die unverlässlich Termine platzen lassen. Menschen, die Dich immer wieder im Regen stehen lassen. Menschen, die permanent Deine Zeit in Anspruch nehmen, aber nie Zeit für Dich haben. Kollegen, die hinter Deinem Rücken über Dich tratschen, Partner, die sich nicht partnerschaftlich verhalten etc. Diese Gruppe sorgt für 80 Prozent Deiner Arbeitszeit und 20 Prozent Deiner Produktivität.

Unter Anwendung der 80/20 Analyse tue nun Folgendes: Kümmere Dich ab sofort nicht mehr um diesen Personenkreis. Dieser sorgt nicht nur für den Hauptteil Deines beruflichen Ärgers, sondern ist sehr wahrscheinlich auch dafür verantwortlich, dass Du

Deine Gesundheit ruinierst. Ignoriere ab sofort diese Personen. Wenn Personen aus dieser Gruppe etwas von Dir wollen – schön – sollen sie ihr Anliegen per eMail schicken, faxen oder anrufen. Wenn nicht, laufe diesen Menschen ab sofort nicht mehr hinterher. Keine Anrufe, keine Emails, kein Kontakt, nichts mehr. Den finanziellen oder freundschaftlichen Verlust, den Du vielleicht erleiden wirst, ist der Mühe schlicht nicht wert.

Aus irgendeinem Grund meinen wir, Personen aus unserem beruflichen Umfeld – seien es nun Kunden, Kollegen oder Geschäftspartner – um jeden Preis zufrieden stellen zu müssen. Wenn Dich jemand darauf anspricht, sag ihm die Wahrheit: „Ich muss mich einfach um Ergebnisse kümmern." Fall erledigt. Das Schlimmste, was Dir passieren kann ist, dass Du einen angeblichen Freund oder Geschäftspartner verlierst. Die meisten Menschen nehmen sich jedoch zusammen, wenn sie mit einem Konflikt konfrontiert werden. Dein Seelenfrieden wird ab sofort wieder hergestellt sein. Es ist weder möglich noch nötig alle Menschen zufrieden zu stellen.

Es gibt nie den richtigen Zeitpunkt

Entscheidungen, deren Ausgang wir am meisten fürchten, sind normalerweise genau die Entscheidungen, die wir am dringendsten treffen sollten. Für wichtige Entscheidungen werden nie alle Sterne günstig stehen und die Bedingungen für Veränderung sind niemals vollkommen, aber sie könnten schlechter werden. Nur weil Dich in der Vergangenheit etwas viel Arbeit und Zeit gekostet hat, heißt das nicht, dass es auf ewig der Mühe wert ist. Erkenne den Punkt, an dem die Sache sinnlos wird. Wenn etwas dringend korrigiert werden muss, sollte die Furcht vor dem Ausgang Dich nicht daran hindern es zu tun.

Was schiebst Du also aus Angst vor Dir her? Worauf wartest Du? Was wird es Dich kosten – finanziell, emotional und körperlich – die Dinge zu belassen wie sie sind? Was wird aus Deinen Wünschen und Träumen? Irgendwann wird es zu spät für ihre Verwirklichung sein. Das, was Du später bereuen wirst, sind nicht etwa Deine Fehler, sondern die Dinge, die Du nicht getan hast. Wenn Du in zwanzig oder dreißig Jahren auf Dein Leben zurück blickst, wirst Du dann nicht enttäuscht sein, nicht ein wenig mehr Mut aufgebracht zu haben?

Erinnere Dich an Deine Schulzeit? Ruf Dir einen Augenblick Deine damaligen Ängste vor Prüfungen und Zeugnissen in Erinnerung. Wie würdest Du diese Ängste aus heutiger Sicht bewerten? Stimmst Du mir zu, dass diese aus der Ferne betrachtet, winzig und geradezu lächerlich waren? Hat die Fünf in Mathe wirklich dazu geführt, dass Deine Zukunft verpfuscht wurde – wie Lehrer und Eltern uns das so gerne einreden?

Du befindest Dich nun erneut in einer Situation, die Dir vielleicht unüberwindbar vorkommt. Alle Menschen um Dich herum reden wieder auf Dich ein – was Du Dir alles verbaust und welches Risiko Du eingehst. Wie würdest Du Deine momentane Situation in zehn Jahren bewerten? Wie hoch ist die Wahrscheinlichkeit, dass das Risiko einer Ungewissheit Dich völlig aus der Bahn wirft?

2) Gebe:
Werde der Kontaktmann

„Furcht besiegt mehr Menschen,
als irgend etwas anderes auf der Welt."
(Ralph Waldo Emerson)

Mein Vater hat in seinem Leben viel und gerne gearbeitet. Als gelernter Maschinenschlosser hat er unzählige Überstunden gemacht, um seiner Familie ein gutes Leben zu ermöglichen. Seine Welt bestand aus harter Arbeit gegen Lohn. Selbst heute noch, als Rentner, kann er an keiner Gelegenheit, mit Arbeit etwas Gutes für sich oder andere zu tun, achtlos vorbeigehen. Nach der Wende hat er beim „Aufbau Ost" mitgewirkt. Er war fast dreißig Jahre lang als Außendienstmonteur für Baumaschinen unterwegs.

Da er meistens alleine auf Montage war, manchmal auch für mehrere Tage, war er gezwungen zu improvisieren, wenn beispielsweise ein Ersatzteil fehlte oder die Maschine in unwegsamem Gelände ausgefallen war. Stets musste er selbst eine Lösung finden. Sein Job brachte es mit sich, dass er sich auf sich selbst verlassen musste. Sein Leitspruch war daher: „Wenn Du willst, dass es richtig gemacht wird, dann musst Du es selbst machen." Er legt noch heute viel Wert darauf, ein Allround-Handwerker zu sein.

Während meiner Ausbildung zum Mechaniker war mein Vater mein Held. Er brachte mir alles bei, was ich wissen musste. Er war stolz, dass ich wie er ein Handwerk erlernen wollte. Zweifellos wollten er und meine Mutter mir ein gutes Leben ermöglichen und alles tun, damit ich meinen eigenen Weg finde. Da mein Vater gut dreißig Jahre lang für eine einzige Firma gearbeitet hat, sind ihm in dieser Zeit jedoch wichtige gesellschaftliche und wirtschaftliche Veränderungen entgangen. Er hat nicht gelernt, dass man mehr erreichen kann, wenn man sich mit anderen zusammen tut. Er wusste nicht, dass der Experte den Allrounder abgelöst hat und er hat nicht gelernt, dass man in seinem Job umso besser ist, je leichter er einem fällt.

Obwohl mein Vater gern gearbeitet hat, musste Arbeit für in hart sein. Ein Job bei dem man nicht „ackern" musste, war in seinen Augen keine richtige Arbeit. Entgegen einer der wichtigsten Regeln aus diesem Buch, freie Zeit mit Geld zu kaufen, hat mein Vater stets Zeit eingesetzt, um Geld zu sparen. Er wusste nicht alles, was für mein späteres Leben einmal wichtig sein sollte, dennoch lernte ich von ihm eine der wichtigsten Regeln. Nämlich, dass man alles bekommen kann, wenn man nur danach fragt. Diese eine Lektion hat bisher alles, was ich in meinem Leben getan habe, mehr oder weniger direkt beeinflusst.

Wenn ich an meine Kindheit zurück denke, erinnere ich mich, dass meinem Vater einfach nichts peinlich war, wenn es um die Bedürfnisse seiner Familie ging. Ich erinnere mich: Damit wir ein oder zwei Mal im Jahr in den Urlaub fahren konnten, sammelte er Holz für unseren Ofen, um Geld für teures Heizöl zu sparen. Seit ich denken kann fragt er jeden in der Nachbarschaft, der Gartenabfälle abzugeben hat, ob er diese haben könne, um daraus Brennholz zu machen. Hat er davon gehört, dass jemand einen Baum gefällt hat, fuhr er hin und fragte nach dem Holz. Er fährt noch heute in den Wald und sammelt das Holz von abgestorbenen Bäumen ein. Wenn ihn jemand dabei ertappt, tut er einfach so, als hätte das alles seine Richtigkeit.

Mein Vater pflegte das Prinzip der freundlichen Dreistigkeit. Er wusste, wenn man höflich um etwas bittet, ist ein „Nein" das schlimmste, was passieren kann. Viele Erinnerungen an meine

Kindheit haben damit zu tun, dass mein Vater für sich und seine Familie immer das Beste wollte und diese Tatsache ganz selbstverständlich über die Meinung stellte, die andere sich über ihn machten.

Die Kühnheit, auf fremde Menschen zuzugehen, sie anzusprechen und um etwas zu bitten, lässt sich mobilisieren, sobald die Folge, wenn man es nicht tut, schlimmer ist, als die mögliche Ablehnung. Entweder man fragt oder man hat keinen Erfolg. Im Beispiel meines Vaters hieß dies, seiner Familie keinen Urlaub ermöglichen zu können. Wie ein Scheitern aussieht, muss sich jeder selbst vor Augen führen. Viele Menschen fürchten das Risiko einer Ablehnung durch andere jedoch weit mehr, als sie sich die Erfüllung ihrer Träume herbei sehnen. Der Unterschied zwischen jemandem, der Erfolg hat und jemandem, der ihn nicht hat, ist häufig nur die Fähigkeit ein „Nein" als Antwort akzeptieren zu können.

Geben ist seliger als nehmen

Dieter Bohlen ist sicher eine der umstrittensten Lichtgestallten der deutschen Musikwelt. Über den Geschmack seiner Arbeit als Künstler und Produzent lässt sich streiten, unbestreitbar ist jedoch, dass er einer der erfolgreichsten deutschen Musikproduzenten aller Zeiten ist. Wenn Du den Glamourstaub ein wenig wegpustest, kannst Du in seiner Biografie „Nichts als die Wahrheit" einen Menschen kennen lernen, der in seinem Leben unzählige Male ein nein zu hören bekam. Bevor er seinen ersten Erfolg mit Modern Talking feierte, verschickte Bohlen so viele Demos an eine Plattenfirma, dass diese nicht nur immer wieder absagten, sondern ihn sogar aufforderten, endlich mit dem ständigen Einsenden neuer Demo-Bänder aufzuhören. Wie viele Male er ein „Nein" zu hören bekam, entzieht sich meiner Kenntnis. Schließlich vermittelte ihm die Plattenfirma einen Sänger namens Thomas Anders – der Rest ist Geschichte.

Dieter Bohlen und mein Vater haben tatsächlich etwas gemeinsam: Beide kamen in ihrem Leben zu einer wichtigen Erkenntnis: Ein „Nein" bedeutet nicht den Untergang der Welt – man nimmt es hin – und macht weiter. Wenn Du denkst, dass mein Vater aber ein ziemlicher Geizkragen sein muss, so täuscht Du Dich. Stell Dir einen Menschen vor, der andere fragt, ob er im Prinzip ihren Müll haben darf. Mein Vater weiß aus eigener Erfahrung, dass es immer schwer fällt um etwas zu bitten, egal wie oft man es tut. Denn genau so häufig wie man auf diese Weise zum Ziel kommt, muss man lernen ein „Nein" zu akzeptieren. Jeder Mensch, der um etwas bittet, muss seinen Stolz für einen Moment beiseite schieben. Und weil mein Vater das niemals in seinem Leben vergessen hat, ist er bei weitem großzügiger als sparsam und immer bereit zu geben, wenn andere Menschen ihn darum bitten.

Viele Menschen halten sich selbst jedoch für eine Insel und leben nach dem Motto: „Ich kann keinen Gefallen annehmen, weil ich nicht weiß, ob ich ihn je zurückzahlen kann." Das Gefühl jemandem verpflichtet zu sein, ist für die meisten Menschen unerträglich. Dahinter steckt ein überholtes Bild von Unabhängigkeit und Autonomie. Tatsächlich kann ein Mensch, unabhängig von anderen, persönlichen Erfolg erzielen; als Teamplayer ist er jedoch nicht zu gebrauchen. Denn große Dinge lassen sich nur mit der Unterstützung anderer bewegen.

Der Schlüssel zum Erfolg

Noch ein Beispiel aus meiner Familie: Wenn Teenager ihre ersten Freunde oder Freundinnen mit nach Hause bringen und sie ihren Eltern vorstellen, sind diese in der Regel wenig begeistert. Viele Eltern betrachten die ersten Beziehungen ihrer Kinder als „erste Erfahrung" oder als „Übergangsbeziehung" nach dem Motto: „Vor den Göttern kommen erst noch die Halbgötter." So werden die ersten Gehversuche der Kinder auf dem Spielfeld der Liebe wenig ernst genommen und unter Umständen sogar bekämpft. Meine Eltern waren auf diesem Gebiet echte Teamplayer und stets darauf aus, all die Gestalten, die meine Schwester und ich mit nach Hause brachten, willkommen zu heißen. Sie zeigten echtes Interesse – wohlweislich, dass sie die meisten von ihnen nie wieder sehen würden. Ich erinnere mich, dass mein Vater einmal zu mir sagte: „Volker, ich habe zwei Möglichkeiten: Entweder ich verliere ein Kind oder ich kann eins dazu bekommen." Da hatte ich es verstanden. Der Schlüssel zum Erfolg heißt Großzügigkeit.

Wer aufrechnet und seine Beziehungen wie ein Konto führt, auf dem nach jeder Auszahlung sofort eine Einzahlung kommen muss, hat folgendes nicht verstanden: Der Kuchen wird für alle größer, wenn man teilt und nicht kleiner. Einen Menschen, der seine Großzügigkeit stets an Bedingungen knüpft, wird irgendwann niemand mehr fragen. Und wer seine guten Beziehungen gegen die imaginäre Bedrohung der Schmarotzer abzuschotten sucht, wird bald feststellen, dass es nichts mehr abzuschotten gibt. Ein solcher Mensch verwechselt Heimlichkeit mit Wichtigkeit. Heute gewinnt man jedoch Einfluss, in dem man Informationen mit Menschen teilt und nicht, in dem man sie zurückhält.

Wer Beziehungen nur dann ermöglicht, wenn er selbst etwas davon hat, geht davon aus, dass nur eine begrenzte Menge an Glück und Erfolg für alle zur Verfügung steht und dass es unter denen aufgeteilt wird, die ihre Großzügigkeit sorgfältig einteilen. Dahinter steckt ein Komplex, der einen prinzipiellen Mangel an allem unterstellt: Zu wenig Zeit, zu wenig Geld, zu wenig Freizeit, zu wenig Urlaub usw. Einem Menschen, der nach diesem Mangelprinzip lebt, wird es immer an irgendetwas fehlen. So funktionieren aber keine Beziehungen. Auf allen Gebieten stellt sich der Erfolg immer dann ein, wenn man mit Menschen zusammenarbeitet und großzügig gibt, ohne sofort etwas zurückzufordern.

Sei großzügig – knüpf Kontakte, bevor Du sie brauchst

Erinnere Dich an das Beispiel von Dieter Bohlen, der jeden „wichtigen" Menschen im Musikbusiness, mit einem Demo versorgte und auf diese Weise um Unterstützung flehte. Man kann diesen Weg gehen und das Beispiel von Dieter Bohlen zeigt, dass dieser Weg auch funktionieren kann. Allerdings verbirgt sich hinter dieser Methode der Glaube, dass man sich erst dann um die Hilfe anderer Menschen bemühen sollte, wenn man aus eigener Kraft nicht mehr weiterkommt. Die Menschen mit den meisten Kontakten, Freunden und Beziehungen wissen jedoch, dass man auf andere Menschen zugehen muss, lange bevor man sie braucht.

Mark Ronson gilt als einer der am besten vernetzten Musikproduzenten der Gegenwart. Sein Netzwerk ist legendär und Teamwork seine Philosophie. Er hat Stars wie Amy Winehouse groß gemacht, mit Lily Allen, Robbie Williams und der Band Gossip zusammengearbeitet. Auf seinem Solo-Album: „Record Collection" hat er Gäste wie Boy George, Jake Shears von den Scissor Sisters, Simon Le Bon von Duran Duran oder den Rapper Q-Tip um sich geschart. Dabei betont Ronson all die Berühmtheiten ganz zufällig kennen gelernt zu haben, in Bars, auf Partys, Festivals etc.

Seine drei Grundregeln für erfolgreiches Networking lauten: Erstens, am besten networkt, wer nicht networken will; zweitens, mache einen guten Job und drittens, sorge dafür, dass die Leute das merken. Ronson leugnet jegliches Kalkül und führt seine vielen Kontakte auf seine Arbeit als DJ in New York zurück: „Ich kenne niemanden, der fünf Tage die Woche in einem Hip-Hop-Club in New York auflegt und dabei nicht irgendwann Jay-Z oder Puff Daddy kennen gelernt hätte. Die gehen viel aus, da lässt sich das gar nicht vermeiden. Ich habe meinen ersten Produzentenjob wohl bekommen, weil ich einfach draußen war, viel unterwegs und überall auflegte", sagt Ronson. „Außerdem glaube ich, dass sich Leute anziehen, die einfach miteinander arbeiten sollten."[8]

Wenn Du auf direktem Weg Menschen kennen lernen willst, die Dir später einmal nutzen könnten, so ist die beste Möglichkeit sich dort aufzuhalten, wo diese Menschen einen Großteil ihrer Zeit verbringen. Eine Möglichkeit ist, vor einem Publikum Platten aufzulegen. Auf diese Weise lernst Du nicht nur Deine Zielgruppe, sondern auch „nützliche" Menschen kennen. „Ich soll umsonst arbeiten, nur um ein paar Kontakte zu bekommen, die mir vielleicht einmal nutzen könnten?" Genau darum geht es und genau das ist gemeint, wenn ich Dir rate, Dir Großzügigkeit anzugewöhnen.

Bis jetzt bist Du vielleicht noch unerprobt und tust Dich schwer, aber mit der Zeit gewinnst Du einen größer werdenden Kreis von Menschen, die Dich und Deine Fähigkeiten anerkennen und die an Dich glauben. Der Aufbau eines eigenen Netzwerkes ist jedoch keine einmalige Aktion und auch keine kurzfristige Lösung, die man notwendigerweise durchführt. Der Aufbau von Beziehungen verläuft in kleinen Schritten. Man kann sich das Ver-

---

[8] Business Punk 2/2010

trauen und das Engagement eines Menschen nur mit der Zeit und Stück für Stück erarbeiten. Es gibt unzählige Möglichkeiten, wie Du anfangen kannst eine Gemeinschaft um Dich zu scharen, die Deine Karriere fördert. Ob Du Deine ersten Erfolge im networken durch einen Job als DJ erreichst, durch die Mitarbeit bei einer Zeitung oder dadurch, dass Du ein Unternehmen gründest. Alles kann Dir helfen, neue Menschen kennen zu lernen. Und sehr wahrscheinlich wächst die Zahl der Gelegenheiten, in denen Du um Hilfe bitten kannst.

So kommen andere Menschen dazu

Wusstest Du, dass zwischen Dir und jeder beliebigen Person auf der Welt, nicht mehr als sechs Personen liegen. Der Sozialpsychologe Dr. Stanley Milgram verfolgte diesen Umstand und wies die „sechs Separationsgrade" in einem Experiment nach.[9] Der Grund ist, dass es Menschen gibt, die viel mehr Menschen kennen als andere. In diesem Experiment verschickte Milgram Kettenbriefe an mehrere hundert ausgewählte Personen, mit der Bitte, diesen Brief einer bestimmten, allerdings unbekannten, Person zukommen zu lassen. Jeder durfte den Brief nur an eine weitere Person verschicken, von der sie glaubte, dass diese die Zielperson eher kennen würde als man selbst. Bei der Auswertung des Experiments kam heraus, dass ein Großteil der Briefe im Verlauf irgendwann einmal, durch die Hände von drei bestimmten Personen ging. Offensichtlich drei Vermittler, die über ein großes Netzwerk aus verschiedenen Gruppen, Szenen und Subkulturen verfügten. Das Experiment bewies, dass es gar nicht so schwer ist, eine bestimmte Personengruppe zu erreichen, weil die Welt – nicht nur im sprichwörtlichen Sinne – ein Dorf ist.

---

[9] Geh nie alleine essen, Keith Ferrazzi

Wie Du die Großzügigkeit fremder Menschen einforderst

Bist Du ein Inselmensch oder ein Kontaktmensch? Fällt es Dir leicht auf fremde Menschen zuzugehen oder bekommst Du bereits Schweißausbrüche bei dem bloßen Gedanken daran? Die meisten Menschen meiden den Kontakt zu Fremden, entweder weil sie im Smal Talk keinen Nutzen sehen oder sich nicht trauen auf fremde Menschen zuzugehen. Die Hilfe von Freunden in Anspruch zu nehmen ist leicht, daher halten wir uns allzu gern an Menschen, die wir bereits kennen. Als zukünftiger Kontaktmann solltest Du jedoch ab sofort die Bereitschaft signalisieren, Deinen vertrauten Kreis zu erweitern.

Für die Erfüllung Deines Traumes musst Du sogar noch einen Schritt weitergehen. Du musst nicht nur lernen, die Großzügigkeit fremder Menschen anzunehmen, Du musst hingehen und sie regelrecht verlangen. Menschen, die Dich nicht kennen und die nicht wissen wer Du bist, musst Du um deren Großzügigkeit bitten. Dazu musst Du Dich einbringen.

Es gibt einen Haufen Benimmregeln, die Du bei der ersten Begegnung mit einer unbekannten Personen beachten könntest. Wie beginnst Du eine Unterhaltung? Wie führst Du richtig Small Talk? Solltest Du Deine Referenzen darlegen oder versuchen Dein Gegenüber zu umschmeicheln? All diese Benimmregeln haben eines gemeinsam: Die Vermeidung von persönlichen Themen. Dahinter steckt der Versuch, seinem Anliegen mehr Wichtigkeit und damit mehr Wirkung zu verleihen. Nichts ist in einer solchen Situation schlimmer, als mit Statusbekundungen punkten zu wollen. Wenn Du schneller zum Ziel kommen willst, so hebe Dich ab, von der Masse der Schwätzer, Schleimer und Arschkriecher. Dein Gegenüber interessiert sich für Dein Anliegen und Dich als Person – nicht dafür, ob Du einen auswendig gelernten Text herunterbeten kannst.

Die wichtigste Lektion, die Du im Umgang mit anderen Menschen verstehen musst ist: Sei Du selbst! Der Autor Keith Ferrazzi geht in seinem Bestseller „Geh nie alleine essen" sogar noch einen Schritt weiter und stellt fest: „Seien Sie verletzlich!" Er hält Verletzlichkeit für einen der am meisten unterschätzten Vermögenswerte in der heutigen Geschäftswelt.

Du wirst sofort alle Schranken einreißen, wenn Du Deinem Gegenüber signalisierst, dass Du nicht vorhast ihn zu beeindrucken, sondern ihm sofort Deine verwundbare Seite, mit einer Prise Humor, offenbarst.

Verletzlichkeit siegt vor Perfektionismus. Schwächen zeigen siegt vor inszenierter Perfektion. So schafft man eine Win-Win-Situation. Offenheit zeugt von Selbstbewusstsein und ist daher stets ein Kompliment an Dein Gegenüber. Du signalisierst damit Ehrlichkeit und Aufrichtigkeit – im Gegenzug ist es Deinem Gegenüber nun möglich, sich ebenfalls offen und ehrlich zu zeigen. Mit nichts erreichst Du schneller Vertrautheit als mit einem ehrlichen Einblick in Dein Leben.

Je eher Du Dir angewöhnst, die strickte Trennung von beruflichen und privaten Erlebnissen aufzulösen, desto eher wirst Du erkennen, dass die meisten Deiner Geheimnisse den Aufwand der Geheimhaltung schlicht nicht wert sind.

Das letzte, was ein für Dich wichtiger Mensch gebrauchen kann, ist eine weitere Unterhaltung zu führen, die ihn zu Tode langweilt. Er will hören, wofür Du Dich begeisterst und Deinen Standpunkt erfahren.

Trainings-Tipp: „Fuck it"
Genieße, dass es Dir nichts mehr ausmacht

Für die meisten von uns ist Networking kein bisschen einfach und schon gar nicht etwas, das sich nebenbei ergibt. Auch wenn es Menschen gibt, die dank ihres Selbstvertrauens und ihrer sozialen Kompetenz scheinbar leichter Anschluss finden als wir – die anderen. Von meinem Vater habe ich gelernt, dass Unverfrorenheit etwas mit Kühnheit und Freundlichkeit zu tun hat. Daher denke ich jedes Mal, wenn mich die Angst vor einer Peinlichkeit oder Zurückweisung überkommt, an das Holz für den Ofen. Da die wirklich wichtigen Dinge im Leben selten bequem sind, ist es nötig, ihnen ins Auge zu sehen. Die gute Nachricht ist, man kann üben seine Komfortzone zu verlassen.

Achtung, jetzt kommen Trainings-Tipps in geballter Form! Im Folgenden findest Du einige Übungen in Sachen, „Komfortzone verlassen", für Fortgeschrittene:

Sammle Telefonnummern

Sprich in der nächsten Woche an jedem Tag mindestens zwei attraktive Personen des anderen Geschlechtes an und frage diese nach deren Telefonnummern. Denk daran, dass das Ziel nicht die Telefonnummern sind, sondern die Überwindung der Angst, danach zu fragen. Das Ergebnis ist also nicht so wichtig. Gleichzeitig kannst Du trainieren, Deine verletzliche Seite zu zeigen und Deinem Gegenüber freundlich und humorvoll gegenüber zu treten. Such Dir für die Übung einen gut besuchten Ort aus. Ein Einkaufszentrum ist dafür hervorragend geeignet. Die Personen, die Du ansprichst, werden sich im Schutz der Öffentlichkeit sicherer und weniger bedrängt fühlen. Baue den Erstkontakt nach folgendem Muster auf: „Entschuldigen Sie, dass ich Sie anspreche. Ich weiß, das hört sich jetzt ein bisschen komisch an, aber wenn ich es nicht tue, ärgere ich mich den ganzen Tag darüber. Ich führe gerade ein kleines Experiment durch und arbeite daran, meine Schüchternheit zu überwinden. Ich spreche dazu einige fremde Menschen an und frage nach deren Telefonnummern. (Sei ironisch und deute im Tonfall an, dass es sich um ein spielerisches Experiment handelt. Achte darauf, Augenkontakt zu halten und lache die Person unbedingt an!). Würden Sie mir Ihre Telefonnummer geben? Ich weiß, es klingt bescheuert und wenn Sie Bedenken haben, geben Sie mir einfach eine falsche Nummer. Es geht mir darum, dass ich Sie gefragt habe.“[10]

Wenn Du nicht nach einer Telefonnummer fragen willst, weil Du Bedenken hast, dass das Ganze zu sehr nach „anbaggern“ aussieht, so frag die Person stattdessen nach ihrem Namen. Dabei ist es egal, wen Du kennen lernst. Benutze wieder das Einkaufszentrum und sprich eine Person folgendermaßen an: „Entschuldigen Sie, darf ich Sie nach Ihrem Namen fragen? Ich werde bald Vater

---

[10] Vgl. Die 4-Stunden Woche, Tim Ferriss

und habe keine Idee, welchen Namen ich meinem Kind geben soll. Jetzt frage ich hübsche Personen nach ihrem Namen. Mein Kind soll nämlich genau so hübsch werden wie Sie. (Trag ruhig ein bisschen dick auf. Je übertriebener, desto eher machst Du deutlich, dass es sich um ein Spiel handelt.) Lach die Person an, vergiss aber nicht Dich selbst vorzustellen.

Andere Menschen verwirren

Wir sind es gewohnt in gesellschaftlichen Konventionen zu denken und diese für die Wirklichkeit zu halten. Nur selten nehmen wir beispielsweise Blickkontakt mit Fremden auf. Wir sprechen auch selten jemand fremdes an. Wir reden, wenn wir gefragt werden und schweigen, wenn es nichts zu sagen gibt. Es gibt aber kein Gesetz, das vorschreibt, wie man sich in der Öffentlichkeit zu verhalten hat – solange man niemanden verletzt. Andere zu verwirren ist also erlaubt. Aus diesem Grund ist es ein umso größeres Vergnügen, diese Konventionen neu zu definieren. Ich fordere Dich also dazu auf, andere Menschen zu verwirren. Ich nenne dieses Training eine „Musterunterbrechung". Ich persönlich wende sie häufig an, wenn ich der Meinung bin, eine Situation entwickelt sich in die völlig falsche Richtung oder eine Diskussion benötigt einen Kick, weil ich sonst vor Langeweile einschlafe. Die einzige Vorgabe für diese Übung ist, dass sie Spaß machen soll.

Los geht's:

Achte in den nächsten Tagen verstärkt darauf, wann sich eine Situation ergibt, in der Du andere Menschen verwirren kannst. Du kannst eine Unterhaltung oder ein Meeting, dass Dich langweilt zum Anlass nehmen oder es einfach in der Öffentlichkeit tun. Fange ohne jeden Grund einfach laut an zu lachen. Gackere wie ein Huhn, spring in die Luft und gib einen Glückslaut von Dir. Egal was es ist – nach wenigen Sekunden machst Du einfach weiter, wie vorher. Erkläre nichts und genieße, dass es Dir nichts ausmacht. Übrigens erkennst Du, dass es Dir doch noch etwas ausmacht, wenn Du den Wunsch verspürst Dich zu rechtfertigen.

Dein eigener Erfolg wächst in dem Maße, in dem Du anderen zum Erfolg verhilfst

Wenn Du es geschafft hast, dass eine „wichtige" Person Dir Gehör schenkt, gratuliere ich Dir. Die meisten Menschen scheitern bereits an der „Vorzimmer-Hürde". Wenn Du bei einem Fernseh- oder Radiosender, einer Agentur, einem Verlag etc. anrufst, ist es sicher hilfreich, selbstbewusst aufzutreten. Aber vergiss nicht, dass Dein Gesprächspartner Dich nicht kennt, Dein Vorhaben nicht kennt, Dein Unternehmen nicht kennt, Deinen Ruf nicht kennt und – Du ihn außerdem gerade bei einer wichtigen Tätigkeit störst. Obwohl es mit der Hilfe von Google und sozialen Netzwerken relativ einfach ist, die wichtigen Personen an den Schaltstellen der Macht ausfindig zu machen, scheitern die meisten doch an der grundsätzlichen Frage: Was habe ich anzubieten und wie bekomme ich die nötige Aufmerksamkeit dafür? Wenn Du diese Fragen nicht beantworten kannst, werden Dir alle Kontakte der Welt nichts nützen.

Du stehst nicht mit leeren Händen da

Die Frage, die Du Dir vor einer möglichen Kontaktaufnahme mit jemand „Wichtigem" stellen solltest, lautet also: „Warum sollte mich derjenige überhaupt kennen lernen wollen?" Und die einfachste Antwort auf diese Frage ist: Löse ein Problem für diesen Menschen. Wenn Du herausgefunden hast, wie Du jemand für Dich wichtiges kontaktierst, musst Du jetzt noch herausfinden, was für ein Problem diese Person haben könnte. Ein Problem, das Du lösen könntest, oder um es weniger dramatisch auszudrücken, welchen potentiellen Nutzen hast Du für diesen Menschen? Dazu rate ich Dir, Dich etwas ausführlicher über die Person und das Unternehmen, in dem diese tätig ist, zu informieren. Was genau, hat das Unternehmen für einen Zweck und was ist der Job der Person? Wie lange ist sie bereits in dem Unternehmen tätig? Und wie lange auf ihrem Posten? Anhand dieser Überlegungen, formuliere einige Fragen, mit denen sich die Person aller Wahrscheinlichkeit nach im Moment beschäftigen wird.

Berlin, November 2001

Endlich, ich war Teil des Projektes „Mellowpark". Die Strahlkraft dieses einzigartigen Projektes führte innerhalb weniger Jahre zu großer Bekanntheit über Berlin und Deutschland hinaus.[11] Das Netzwerk, das sich hinter diesem Projekt verbirgt ist eine bunte

---

[11] Der „Mellowpark" in Berlin ist ein 60.000 qm großer Sport-, Kultur-, und Freizeitpark. Zahlreiche Szenen und Subkulturen haben dort eine Heimat gefunden. HipHop, Grafitti, DJ, Rap, BeatBox, Breakdance; ein Tonstudio, Übungsräume für Bands; Skateboarding, Streetball, BMX etc. Bereits 1999 und 2000 gewann der Betreiberverein des Mellowpark, den Berliner Ideenwettbewerb: „Jugend entwickelt das neue Berlin". Bis heute ist der Mellowpark Vorbild und Pate für zahlreiche Nachahmerprojekte in ganz Deutschland. Die ursprüngliche Motivation war jedoch, einen Ort zu schaffen, auf dem Jugendliche ihre Freizeit verbringen können.

Mischung aus engagierten Menschen und Start ups, die es sich zum Ziel gesetzt haben, ihre Umgebung selbst zu gestalten. Musiker, Produzenten, Sportler, Grafiker, Fotografen, Künstler etc. alles auf einem Gelände, unter einem Dach. Es war das innovativste Projekt, das ich seit langem entdeckt hatte. Aber noch viel wichtiger: Ich wollte Teil dieses Netzwerkes werden. Ich informierte mich über den Projektstand, traf mich mit einigen Verantwortlichen und erfuhr wichtige Hintergrundinformationen sowie aktuelle Schwierigkeiten.

Die Finanzmittelaquise stand im Fokus der damaligen Aktivitäten des Projektes, also bot ich meine Fähigkeiten in diesem Bereich an. Fähigkeiten, die ich allerdings erst lernen musste, nachdem ich sie großzügig angeboten hatte.

Zugehörige des Netzwerkes „Mellowpark" verband nicht nur der Gedanke, dass mehrere Köpfe kreativer sind als einer. Es war die Art von Zusammenhalt, bei der jeder Einzelne, alles in seiner Macht stehende getan hätte, um den anderen vor einem Scheitern zu bewahren. Was ich in dieser Zeit über Zusammenhalt und Loyalität gelernt habe, hat mein ganzes weiteres Leben geprägt. Dutzende meiner heutigen Beziehungen verdanke ich Menschen, die ich zu dieser Zeit kennen gelernt – und die mich wiederum anderen vorgestellt haben.

Wie viel Du bereit bist, den Menschen zu geben, entscheidet darüber, wie viel Du zurückbekommen wirst. Wenn Du neue Kontakte knüpfen und Freundschaften schließen willst, musst Du Dich zuerst aufraffen und etwas für andere tun. Etwas, das Dich Zeit, Energie und Fantasie kostet. Und meiner Meinung nach gibt es dazu nur eine Währung, die diesen Weg ermöglicht.

Wissen – die Währung, die Türen öffnet

Wenn Du kein Geld, kein eigenes Netzwerk, keine Kontakte und nichts anderes anzubieten hast, was Dein Gegenüber interessieren könnte, was ist dann die Währung, die Du anbieten kannst?" Die Antwort auf diese Frage lautet: „Wissen". Nie zuvor war Wissen leichter zu erreichen und in so großen Mengen kostenlos verfügbar wie heute. Man findet es in Internetforen, sozialen Netzwerken, Büchern, Zeitungen usw.

Wenn Du erst einmal eine Frage zu einem bestimmten Thema formuliert hast, musst Du diese lediglich veröffentlichen. Das Internet ist der Ort, wo Informationen unbegrenzt verfügbar sind und Menschen großzügig davon abgeben. Es gibt fast keine Frage, die sich dort nicht schnell und kostenlos beantworten ließe. Alles was Du tun musst, ist eine Frage zu stellen. Die Antwort, dann an die richtige Person zu senden ist einfach.

Finde die Email-Adresse einer für Dich wichtigen Person heraus und maile ihr die Antworten auf ein paar branchentypische Fragen. Dazu musst Du die Welt nicht neu erklären – es geht darum zu zeigen, dass Du bereit bist etwas zu tun. Schicke eine Buchempfehlung, mit einer kurzen Inhaltsangabe und Deinen Gedanken dazu, kopiere einen Artikel aus einem Fachmagazin und erkläre, warum der Artikel für die Person interessant sein könnte. Schreib dazu kurz und knapp: „Hier ein paar Ideen, die Sie interessieren könnten."

Diese Art der Kontaktanbahnung erfordert natürlich Arbeit. Allerdings ist das genau der Grund, warum sie so gut ankommt. Eine gezielte Wissensvermittlung lässt sich schnell etablieren: Gründe eine Facebook- oder Xing-Gruppe zu einem Thema, in dem Du ein Experte bist. Erstelle einen regelmäßigen Newsletter und gib darin Buchempfehlungen, interessante Webseitenlinks oder Zeitschriftenartikel weiter.

Mach es Dir zu einer selbstverständlichen Gewohnheit, Wissen umsonst anzubieten und weiterzuleiten. Du wirst sehen, wie Dein Netzwerk wächst und wie Du allmählich auch von anderen als eine „Vermittlungszentrale" wahrgenommen wirst.

Werde der Kontaktmann

Die beste Vorgehensweise, neue Verbindungen zu schaffen, besteht darin, zwei Menschen aus völlig verschiedenen Lebenswelten zusammenzuführen. Wenn Du zufällig mitbekommst, wie ein Kollege sich über ein Problem äußert, mit dem er zur Zeit zu kämpfen hat, empfehle eine Person aus Deinem Netzwerk, die genau für das Problem eine Lösung hat. Rufe diese Person sofort an – warte nicht auf den richtigen Augenblick – sondern vermittle auf der Stelle einen Kontakt zwischen diesen beiden Menschen. Egal ob es sich um ein berufliches oder privates Problem handelt. Frage nicht, was Du möglicherweise davon hast, sondern hilf einfach, weil Du es Dir zur Gewohnheit machen willst, anderen zu helfen.

Wenn ich mit einer Person zum ersten Mal spreche, egal ob es ein flüchtiger Bekannter oder ein geschäftlicher Kontakt ist, versuche ich so viel wie möglich über Werte, Einstellungen und Motivation dieser Person herauszubekommen. Die Frage, was einen Menschen antreibt, dass zu tun was er eben tut, ist die spannendste Frage im Umgang mit anderen Menschen überhaupt. Jemandem bei der Erfüllung seiner tiefsten Bedürfnisse zu helfen, ist der beste soziale Klebstoff, den es gibt. Mehr noch, Du wirst auf diese Weise Loyalität erzeugen – eine fast vergessene Tugend – und Loyalität ist das beste Qualitätsmerkmal für eine Beziehung überhaupt.

Networken ist also immer auch der Versuch, einen Einblick in die Werte eines Menschen zu bekommen. Gewöhn Dir daher an, andere Personen um Dich herum zu beobachten. Eine scharfe Beobachtungsgabe wird Dir helfen, einen zuverlässigen Blick für menschliche Bedürfnisse und Sorgen zu bekommen. Im Allgemeinen laufen diese ohnehin auf vier Themen hinaus: Geld, ein erfülltes Liebesleben, Gesundheit und Karriere. Wenn Du mir nicht glaubst, frag Dich einfach selbst, was Deine tiefsten Wünsche und Sehnsüchte sind: Selbstverwirklichung, Partnerschaft, der nächste Urlaub, gutes Aussehen, ein neues Auto? Handelt es sich hier nicht allesamt um Spielarten der vier genannten Themen? Jeder Mensch möchte einen bleibenden Eindruck von sich auf der Welt zurücklassen, Menschen um sich scharen, die ihn lieben und die er liebt, Geld verdienen, um sich ein angenehmes Leben zu ermöglichen und sich dabei bester Gesundheit erfreuen. Erfolgreiche Networker sind daher eine Mischung aus Therapeut, Finanzexperte, Fitnessberater und Karrierecoach. Es gibt meines Wissens keine bessere Methode, anderen Menschen zum Erfolg zu verhelfen als ihre Einstellung zu diesen vier Themen zu kennen und zu berücksichtigen.

Lerne zu verstehen,
um selbst verstanden zu werden

Vielleicht hast Du Dich beim Lesen der letzten Absätze bereits gefragt, was das alles mit Dir zu tun hat. Schließlich willst Du einen Hit verkaufen und nicht den Knigge auswendig lernen. Letztendlich läuft es jedoch darauf hinaus. Wenn Du andere Menschen von Dir und Deinem Vorhaben überzeugen willst, musst Du lernen wirkungsvoll zu kommunizieren. Dafür musst Du keine Managementschule besucht und kein Studium der Kommunikation absolviert haben. In 99 Prozent aller Situationen reicht es aus, die einfachsten Regeln von Anstand und Höflichkeit (wieder) zu entdecken.

Sei einen Augenblick ehrlich mit Dir selbst und frage Dich, wie andere Dich wohl als Gesprächspartner wahrnehmen? Plapperst Du gerne drauf los ohne den anderen ausreden zu lassen? Wartest Du ungeduldig darauf, dass Du wieder an der Reihe bist mit reden? Kennst Du den Unterschied zwischen hören und zuhören? Beherrscht Du nonverbale Sprache und kannst diese sogar bewusst einsetzen?

Wer verstehen will, der muss zuerst zuhören und erst dann darauf aus sein, selbst verstanden zu werden. Doch oft sind wir beim Zuhören damit beschäftigt darüber nachzudenken, was wir selbst als nächstes sagen könnten. Das Zuhören beschränkt sich dann lediglich auf ein Hören – etwa so, wie man einer Fahrstuhlmusik lauscht. Zuhören ist etwas ganz anderes. Es demonstriert Deinem Gegenüber den Versuch, Dich in seine Gedankenwelt hinein zu versetzen. Du schenkst dem Gespräch und Deinem Gesprächspartner Deine volle Aufmerksamkeit. Der Fokus liegt nicht nur auf dem Inhalt des Gespräches, sondern auch auf der Körpersprache. Durch Nachfragen versuchst Du den Kern des Gespräches einzugrenzen und gezielt Hilfe anzubieten. Deine eigene Körperhaltung und Dein Ausdruck signalisieren, dass es in diesem Moment nichts Wichtigeres gibt, als das was Dein Gesprächspartner Dir zu sagen hat.

Wie Du Deine Wirkung auf andere durch nonverbale Sprache verstärkst

Es ist allgemein bekannt, dass die Zeit, die wir benötigen, um eine für uns fremde Person sympathisch oder unsympathisch zu finden, sehr kurz ist. Häufig müssen wir dazu nicht einmal mit der betreffenden Person sprechen. In weniger als zehn Sekunden entscheiden wir, ob wir eine fremde Person mögen oder nicht. Umgekehrt gilt natürlich das gleiche: Schnell hat eine Person entschieden, ob sie Dich mag oder nicht. Dementsprechend kurz ist die Zeit, die Du hast, um Dein Gegenüber für Dich zu gewinnen.

Wie bringst Du also jemanden dazu, Dich sympathisch zu finden? Du kannst davon ausgehen, dass mehr als 80 Prozent Körpersprache sowie die Art und Weise, wie Du etwas gesagt hast, darüber entscheiden, wie Deine Botschaft aufgenommen wird. Nur ca. zehn Prozent des tatsächlichen Wortinhalts sind relevant. Unsere Sprache kann lügen, unsere Körpersprache nicht. Da wir in den ersten Sekunden vor allem Signale der nonverbalen Sprache aussenden, entscheiden diese darüber, ob sich uns jemand annähert oder abwendet. Signale wie: Gang, Haltung, Händedruck, Tonfall, Ausdruck, Gestik, Blick etc. tragen maßgeblich zum Verlauf eines Erstkontaktes bei und führen zu Sympathie – oder eben Antipathie.

Körpersprache bestimmt den Großteil unserer Kommunikation, daher kommt ihr eine so hohe Bedeutung zu. Womit Du immer richtig liegst ist, eine Person zuerst anzulächeln. Es bringt nichts, den Unnahbaren zu spielen. Coolness bringt Dir keine Sympathiepunkte ein, sondern führt dazu, dass sich die Person von Dir abwendet. Halte stets Augenkontakt. Vermeide jedoch ein Anstarren, denn das löst Angst und Fluchtgedanken aus. Irgendwo dazwischen liegt das richtige Maß für Augenkontakt. Eine gelegentliche Berührung, die über ein Hände schütteln hinausgeht, etwa am Unterarm oder der Schulter, erzeugt Nähe und bekundet freundliche Absichten. Doch Vorsicht: Jemanden oberhalb seines Ellbogens zu berühren kann auch als Geste der Macht gedeutet werden. Schnell signalisierst Du Deinem Gegenüber damit: „Hier übernehme ich die Führung."

Versäume am Ende eines Gespräches nicht, einen höflichen und ehrlich gemeinten Widersehenswunsch zu äußern, egal ob privat oder geschäftlich.

So machen es die Profis

Es gibt Menschen, die allem Anschein nach über eine hervorragende Menschenkenntnis verfügen. Wir schließen dies aus der Tatsache, da sie erfolgreich mit Menschen arbeiten, mühelos mit anderen ins Gespräch kommen, die richtigen Personalentscheidungen treffen und offensichtliche Kommunikationswunder sind. Diese Menschen – so vermuten wir – sind mit einem besonderen Blick, einem sechsten Sinn in Bezug auf andere Menschen ausgestattet. Sie scheinen ein besonderes Gespür dafür zu haben, wie Menschen angesprochen werden müssen und wie mit ihnen umzugehen ist.

Wenn man jedoch etwas genauer hinsieht, steckt hinter der wundersamen Urteilskraft von Kommunikationsexperten und Networking-Genies etwas ganz anderes: Sie gehen mit ganz besonderer Sorgfalt an die Beurteilung von Menschen heran. Dafür verwenden sie kein kompliziertes und von Psychologen entwickeltes

Beurteilungssystem, sondern ein ganz einfaches und simples Hilfsmittel: Ein „kleines schwarzes Büchlein", in dem sie alles festhalten, was ihnen auffällt und was sie als notierenswert erachten. Wie oft sie dies tun, hängt vom Kontext und dem Grad der Beziehung ab. Sie tun es jedoch kontinuierlich – immer wenn ihnen etwas auffällt.[12]

Natürlich muss es kein schwarzes Büchlein sein – ich bevorzuge eine Excel-Tabelle – aber die Methode verdeutlicht, worum es geht. In meine Excel-Tabelle trage ich alle Namen der Personen ein, mit denen ich zusammenarbeite, mit denen ich je zu tun hatte oder die einfach meine Freunde sind. Hinter die Namen schreibe ich von Zeit zu Zeit einige Kommentare. Ich beschränke mich dabei ausschließlich auf positives und tue dies immer dann, wenn mir an der Person etwas Gutes aufgefallen ist. Da es immer auf die Stärken eines Menschen ankommt, um wirkungsvoll mit ihm zu kommunizieren, fallen seine Schwächen nur insoweit ins Gewicht, als dass sie mir sagen, wo diese Person eben ihre Schwächen hat.

Ein Beurteilungssystem – wie es viele Führungskräfte benutzen – das einen ganzen Katalog an möglichen Kriterien aufzeigt, nach denen eine Person zu beurteilen ist – ist nicht nur unbrauchbar, sondern kontraproduktiv. Diese Systeme werden in der Regel von Psychologen entworfen und Psychologen beschränken sich schon aufgrund ihrer Ausbildung auf Krankheiten, sprich Schwächen.

Der individuelle Blick darauf, wie Menschen sich in bestimmten Situationen verhalten, ist durch kein System zu ersetzen. Wie sich jemand verhält, wenn er sich unbeobachtet fühlt oder betrunken ist, sind kleine und scheinbar bedeutungslose Vorkommnisse. Sie zeigen jedoch, wie ein Mensch „wirklich" ist. Wie sich eine Person in bestimmten Situationen zu Wahrheit, Anstand und Inte-

---

[12] Führen, Leisten, Leben, Fredmund Malik

grität äußert, gibt Gelegenheit zu Rückschlüssen auf seine Überzeugungen und Werte. Die Beobachtungsgabe erwiesener Men-
schenkenner ist also nicht die Fähigkeit des Erkennens auf den
ersten Blick – oder die Wahrnehmung der menschlichen Aura
(was auch immer das heißt) – sondern penible Fleißarbeit. Es ist
ein häufig über Jahre geschulter Umgang mit Menschen und eine
reflektierte, immer wieder in Frage gestellte Beobachtung.

Kontaktiere Vorbilder

Alecia Moore ist eine junge Sängerin mit mäßigem Erfolg. Ihr
großes Vorbild ist die Sängerin Linda Perry von den „4 Non Blon-
des". Musik ist das allerwichtigste in Alecias Leben. Sie hat einen
Plattenvertrag und bereits ihr erstes Album veröffentlicht. Sie ist
jedoch unzufrieden mit ihrem Erstlingswerk und der Meinung,
dass die Musik nicht recht zu ihr passt. Sie macht dafür den Einfluss ihrer Plattenfirma verantwortlich, die sie als Künstlerin nicht
ernst nimmt. Als Folge erkämpft Sie sich die volle Kontrolle für
ihr zweites Album zurück. Was ihr jedoch fehlt, ist ein guter Produzent. Schließlich bekommt Pink – wie sie sich inzwischen nennt
– die Telefonnummer ihres Idols Linda Perry in die Finger. Aufgeregt ruft sie die Produzentin an, spricht ihren gesamten Anruf-
beantworter voll und fleht sie an, ihr nächstes Album zu produzieren. Wider erwartend meldet sich Perry zurück und hat beim ersten Treffen bereits einen Song für Pink dabei. Eine Dance Nummer, die bereits einige Jahre vorher entstanden war und deren Text
von einer nie endenden Party handelte. Es war der erste große Erfolg von Pink: „Get the Party started".[13]

---

[13] Pop Splits

Es genügt nicht, nur außerhalb der Konventionen zu denken, Du musst lernen, außerhalb der Konventionen zu handeln. Telefonnummern von Prominenten und bekannten Persönlichkeiten zu bekommen ist weniger schwierig als Du denkst. Du wirst Deine Angst vor einer Kontaktaufnahme überwinden, wenn Du daran glaubst, dass es tatsächlich geht. Ruf in den nächsten Tagen einige bekannte Produzenten und Musiker an, die bereits einen Hit in den Charts hatten.

Versuch es zuerst per Telefon und nur, wenn Du keinen Erfolg hast, schickst Du eine Email. Dein Ziel ist, eine Person zu finden, die Dein Mentor oder Pate sein könnte. Falls Du Angst hast, am Telefon zu stottern, schreibe vorher genau auf, was Du sagen wirst und übe dies vorab. Finde die entsprechende Telefonnummer heraus und ruf an. Halte ein bis drei wichtige und gute Fragen bereit, auf die Du keine Antwort weißt und die Du der Person stellen willst.

Nimm Dir berühmte Persönlichkeiten vor und widerstehe der Versuchung eine Ausrede zu erfinden es nicht zu tun, nur um Deiner Angst aus dem Weg zu gehen. Ich empfehle Dir entweder morgens vor zehn Uhr anzurufen oder am späten Nachmittag nach achtzehn Uhr. Du wirst auf diese Weise einer Vorzimmerblockade leichter aus dem Weg gehen. Baue das Gespräch folgendermaßen auf:

Telefonstimme: Hier das Büro von Plattenfirma X (oder das Büro von Popstar Y).
Du: Hallo, hier spricht Volker Vorndamme, ich würde gern mit Stefan Raab sprechen.
Telefonstimme: Worum geht es?
Du: Es mag Ihnen ein wenig komisch vorkommen, aber ich bin gerade dabei meinen ersten Hit zu produzieren. Ich habe kürzlich

ein Interview von Herrn Raab in der SZ gelesen. Jetzt habe ich endlich meinen Mut zusammen genommen und angerufen, da ich ihn in einer wichtigen Sache um Rat fragen möchte. Besteht die Möglichkeit ihn ans Telefon zu bekommen? Ich wäre ihnen sehr dankbar, wenn Sie es versuchen.

Telefonstimme: Einen Moment, ich will sehen, ob er Zeit hat. (Kurze Zeit später) Ich stelle Sie durch.

Stefan Raab: Stefan Raab hier.

Du: Hallo Herr Raab. Mein Name ist Volker Vorndamme. Es mag Ihnen etwas merkwürdig vorkommen, dass ich sie anrufe aber ich bin gerade dabei, meinen ersten Hit zu produzieren. Ich habe ihr Interview in der SZ gelesen und wollte Sie in einer bestimmten Sache um Rat fragen. Ich habe dazu all meinen Mut zusammen genommen und Sie endlich angerufen – die Angelegenheit sollte nicht länger als zwei Minuten Ihrer Zeit in Anspruch nehmen.

Stefan Raab: Ok, fragen Sie. Aber machen Sie es kurz.

Du: (Trage Dein Anliegen vor) Ende des Gesprächs: Haben Sie vielen Dank für Ihre Zeit. Wenn ich bei meiner Hitproduktion unter Umständen noch einmal vor einer schwierigen Frage stehe, dürfte ich mich dann eventuell schriftlich bei Ihnen melden?

Das Bemühen um mächtige und berühmte Personen hat bei den meisten Menschen einen schlechten Ruf. Es wird als ein billiges Mittel angesehen, um schnell vorwärts zu kommen. Menschen, die sich in die Nähe von Stars begeben, sind entweder hysterische Stalker oder karrierebewusste Arschkriecher – so die vorherrschende Meinung. Um trotzdem vom Glanz der Berühmtheiten ein wenig abzubekommen sehen die Menschen lieber Promi-Shows, lesen Klatsch-Zeitungen und halten sich am Rand von roten Teppichen auf, um Autogramme und Fotos abzugreifen.

Doch die brennende Frage: „Wie schaffe ich es selbst erfolgreich und berühmt zu werden?" wird in den Medien nicht beantwortet. Die Antwort ließe sich bei weitem schlechter verkaufen, als all der Glamour in Hochglanzmagazinen. Häufig ist das, was die Menschen an Prominenten bewundern, die Fähigkeit hohe Risiken einzugehen, hart zu arbeiten, über lange Zeiten gewaltige Entbehrungen auf sich zu nehmen und schließlich – ein Ziel zu erreichen. Die meisten Prominenten haben mit großer Wahrscheinlichkeit Zeiten voller Selbstzweifel und Phasen des Scheiterns erlebt. Und viele werden sich noch gut daran erinnern, wie es war, kein dickes Bankkonto gehabt zu haben und keinen roten Teppich ausgerollt zu bekommen. Das, was jedoch zählt und was alle Erfolgreichen zum Durchhalten motiviert ist: Ein Ziel vor Augen. Etwas, für das sich die Mühe und der Aufwand lohnen. Eine Vision, wie das Leben in Zukunft sein wird.

Die Gemeinschaft der Erfolgreichen zeichnet sich unter anderem durch die Fähigkeit aus, auf ein konkretes Ziel hinarbeiten zu können und nicht eher aufzugeben, bis das Ziel erreicht ist. Und aus genau diesem Grund brauchst Du keine Scheu davor zu haben, berühmte Menschen zu kontaktieren. Du kannst ruhig erwähnen, dass Du ebenfalls auf ein Ziel hinarbeitest und dies auf jeden Fall erreichen wirst. Auf diese Weise deutest Du unmissverständlich darauf hin, dass Du Dich bereits zur Gemeinschaft der Erfolgreichen zählst. Die meisten Berühmtheiten werden sich noch an die Tiefpunkte ihrer Karriere erinnern und daher gern bereit sein, Dir eine Auskunft zu geben.

Sei Dir dem Einfluss bewusst, den berühmte Personen auf Dich und Dein Netzwerk haben können. Achte jedoch darauf, nicht zu viel Aufheben um eine berühmte Person zu machen, um nicht den Eindruck eines hysterischen Fans zu erwecken. Bleib cool und locker.

Der richtige Umgang mit der Prominenz

Im Folgenden erzähle ich Dir eine Geschichte von meinem Freund „Ivo" und seinem ersten Zusammentreffen mit der Hip-Hop-Crew „Die Fantastischen Vier". Ivo war zu der Zeit selbst Rapper in der Berliner Hip-Hop-Crew „KHS" (Keine halben Sachen). Eine Band, die es in ihrem Umfeld zu einiger Berühmtheit gebracht hatte. KHS spielten Konzerte in Jugendclubs und auf Partys. In der Zeit ihres Bestehens veröffentlichte die Band zwei Alben. Die Gagen begannen zu steigen, der Bekanntheitsgrad ebenfalls und eines Tages bot sich die Möglichkeit, an einem Coaching mit den Fantastischen Vier teilzunehmen. KHS hatten einen Nachwuchs-Wettbewerb gewonnen und das Coaching war ihr Preis.

Die Band traf sich also mit ihren Coaches. Ivo stellte sich ordentlich vor: „Hallo, ich bin Ivo" und machte eine Pause – ich glaube es war Smudo, der daraufhin sagte: „Hallo" – ohne sich selbst vorzustellen. Stars scheinen so etwas gerne zu tun, wenn sie davon ausgehen, dass ihr Name allgemein bekannt ist. Ivo erwiderte daraufhin: „Und Du bist wer?" Zweifellos wusste Ivo, dass sich ihm soeben Smudo vorgestellt hatte, sein Stolz verlangte es jedoch, dass dieser sich ebenfalls vorstellte. Das Eis war gebrochen.

Auf Augenhöhe

Da berühmte Personen sehr häufig in einer Welt von Schmeichelein und Lobhudeleien leben, verlieren sie manchmal den Bezug zwischen privater und öffentlicher Rolle. Sie vergessen ihre Manieren, fühlen sich auf ihre öffentliche Rolle beschränkt und für das, was sie wirklich sind, zu wenig anerkannt. Sie spüren, dass sie jeden Tag von vielen Menschen beobachtet werden und verschließen daher oft einen Teil von sich vor der Öffentlichkeit.

Wenn Du einen prominenten Menschen triffst, den Du vielleicht schon immer einmal treffen wolltest, so schaffst Du sofort eine Brücke, wenn Du ihn von seiner öffentlichen Rolle wegführst. Sag etwas anderes zu ihm, als er erwartet und üblicherweise zu hören bekommt. Sei diskret und integer und lass die Person spüren, dass hinter Deinem Annäherungsversuch nicht die Absicht steckt, ihn zu bewundern, mit ihm anzugeben oder von seinem Glamour etwas abzubekommen. Betrachte Dich als Gleichrangiger, der eine gute Unterhaltung auf Augenhöhe führen will. Gib Deinem Gegenüber das Gefühl, dass beide von einem guten Gespräch profitieren können.

Denk daran: Nähe und Vertrauen erzeugt man nicht durch die Dauer einer Bekanntschaft, sondern durch ihre Intensität. Mach die Zeit, die Du hast, wertvoll. Egal ob es zehn Sekunden sind oder eine Stunde.

Der Einfluss eines Mentors oder Coach

Wenn Du einen überaus erfolgreichen Sportler nach den Gründen für seinen Erfolg befragst, wird dieser ohne Umschweife seinen Trainer oder Coach benennen. Jeder gute Sportler weiß, dass er nur sein bestes geben kann, wenn er einen guten Coach in seiner Ecke weiß. Im Sport ist die Mentorenschaft eine der wichtigsten Strategien überhaupt, um einen Athleten oder ein Team zum Erfolg zu führen. Gleichzeitig wird die Wichtigkeit eines guten Trainers in keinem anderen Betätigungsfeld so sehr anerkannt wie im Sport. In den Medien wird von einem Fußballtrainer beinahe so viel berichtet, wie von den Leistungen seiner Mannschaft.

In Konservatorien oder Kunst-Akademien, an denen klassische Musiker und Künstler ausgebildet werden, gibt es ebenfalls Mentorensysteme. Ein Schüler bekommt, bei entsprechendem Nachweis von Talent und Fleiß, einen Meisterschüler oder Meister zugeteilt. In der Pop-Musik übernehmen Produzenten häufig diese Funktion. In spirituellen Glaubensrichtungen ist von einem Guru die Rede und Priester lernen viele Jahre von älteren und weiseren Priestern, um schließlich ihre eigene Bestimmung zu suchen usw.

Erfolgreiche Menschen aus fast allen Bereichen wissen um den positiven Einfluss, den ein Mentor oder Coach auf ihre Karriere haben kann. Mit keinem anderen Verfahren wurden so viele Fertigkeiten, Wissen und Erfahrungen weitergegeben, wie mit dem System des Mentoring. Da wir nicht mehr im Mittelalter leben – wo Wissen nur über Buchabschriften und persönliche Kontakte weitergegeben werden konnte – sondern in einer Wissensgesellschaft, ist es theoretisch wesentlich einfacher sich einen Mentor zu suchen. Dazu ist es nicht einmal notwendig, diesen persönlich zu kennen. Die Beschäftigung mit dem Leben eines anderen, der mehr weiß als wir, kann unseren Horizont enorm erweitern. Ob Du eine Biografie liest, an einem Seminar teil nimmst oder einen

Workshop besuchst – Menschen, die Herausragendes geleistet haben, hinterlassen Spuren, denen Du nur zu folgen brauchst. Du musst kein Genie sein, um Dir einen Mentor zu suchen. Mentoren sind theoretisch überall um Dich herum. Es muss nicht unbedingt eine ältere Person oder ein Vorgesetzter sein.

Eine Mentorenschaft ist ein nicht-hierarchisches Verhältnis und orientiert sich an den Fähigkeiten, die ein Mensch hat und nicht an seinem Status. Ein gegenseitiger Nutzen und Sympathie sind die Voraussetzungen für eine erfolgreiche und langjährige Mentorenschaft. Wenn Du Dich auf die Suche nach einem persönlichen Mentor begibst, musst Du Geduld aufbringen, bis Du den passenden gefunden hast. Halte Ausschau, denn der Aufbau einer persönlichen Mentorenbeziehung braucht Zeit. Du kannst nicht einfach von jemandem verlangen, dass er sich für Dein Weiterkommen engagiert. Eine solche Beziehung beruht auf dem Prinzip der Gegenseitigkeit. Für kurzfristige Ziele kannst Du beinahe jedermann bitten, Dir behilflich zu sein. Aber wenn es um das Verfolgen langfristiger Ziele geht ist es sinnvoll und nötig, sich den richtigen Menschen ganz bewusst auszusuchen.

Viele Menschen ärgern sich jedoch über den Erfolg anderer Menschen und suchen sich daher lieber gebildete statt erfolgreiche Vorbilder. Gebildete Menschen scheinen über jeden Zweifel erhaben zu sein. Sie scheinen es nicht nötig zu haben ihren Erfolg zu benennen. Gebildete und Intellektuelle werden daher häufig zu Idealfiguren hochstilisiert und bekommen den Status von Heiligen angedichtet. Bewunderung wird Dich aber nicht weiterbringen.

Für eine Mentorenschaft musst Du bereit sein, Dein Ego an der Tür abzugeben und wieder Schüler zu werden. Wenn Du einen Mentor für Dich gewinnen möchtest, musst Du wissen, dass Du selbst etwas bieten musst, bevor Du etwas bekommst. Wie kannst Du dieser Person also von Nutzen sein? Unter Umständen kann sich das als eine schwere Aufgabe herausstellen, da Dein zukünftiger Mentor mehr Wissen, mehr Vermögen und mehr Erfahrung hat als Du.

Das erste was Du Deinem Mentor spüren lassen musst, ist die Entscheidung, dass Du niemals aufgeben wirst. Wenn Du nicht die Entscheidung getroffen hast, niemals aufzugeben, brauchst Du bei einem Mentor gar nicht erst „vorzusprechen". Er wird Dich mit wenigen Fragen sofort durchschauen. Zeit ist für diese Menschen das Kostbarste was sie besitzen, sei Dir also im Klaren darüber, was Du von dieser Person verlangst.

Wenn Du jedoch einen Mentor für Dich gewonnen hast, so gratuliere ich Dir – die wenigsten wissen, worauf es dabei ankommt: Ein Mentor wird niemals zulassen, dass Du Dich mit weniger zufrieden gibst, als Du tatsächlich leisten könntest. Der Erfolg, den Du innerhalb einer Mentorenbeziehung erreichst, ist immer auch ein Erfolg für Deinen Mentor.

Wenn ich einige Jahre zurückschaue, dann erinnere ich mich insbesondere an die Menschen, die viel von mir verlangt haben. Bis an die Grenzen gefordert zu werden, ist mir im Gedächtnis geblieben, und zwar durchweg positiv. Auch wenn mir das in den Situationen nicht immer klar war..

Überlege einmal selbst an welche Namen früherer Lehrer Du Dich am ehesten erinnerst. Die, die eine ausgeprägte Kuschelatmosphäre in ihrer Klasse gepflegt haben oder die, die etwas von Dir verlangt haben.

Investiere in soziales Vermögen

Nach allem, was Du in diesem Kapitel über Networking gelesen hast, kann es sein, dass Du Deine bisherigen Ansichten über Netzwerken überdenken musst. Wenn Du bisher der Meinung warst, es sei ausreichend, in möglichst vielen sozialen Netzwerken des Web 2.0 präsent zu sein, so weißt Du jetzt, das „richtiges" Netzwerken etwas anderes ist.

Nie zuvor gab es eine bessere Zeit als heute, um auf fremde Menschen zuzugehen und neue Verbindungen zu schaffen. Erfolg ist demnach nicht an komplizierte Technologien gebunden, sondern hängt davon ab, wen man kennt und wie man mit diesen Menschen umgeht. Technologie wird menschliche Beziehungen niemals ersetzen, sie passt sich vielmehr dem Kommunikationsverhalten ihrer Nutzer an – nicht umgekehrt. Schon bald wird jeder Mensch sein eigenes Blog haben. Eine Visitenkarte im Netz, die den Lebenslauf ersetzt und seinem Betreiber ermöglicht, über seine Leidenschaft zu bloggen.

Je einzigartiger dies jemand tut, desto mehr Menschen werden ihm folgen. „Anders zu sein" wird nicht länger etwas sein, das man verstecken, sondern etwas, das man betonen muss. Wir legen sehr viel Wert auf unsere Mobilität und Individualität. Doch wenn uns zwischendurch das einsame Leben einholt, greifen wir schnell zu esoterischen Selbsthilfe-Büchern, die aussagen, dass wir uns mehr mit uns selbst beschäftigen sollen.

Das Problem liegt jedoch nicht darin, dass wir zu viele Menschen in unserem Leben haben, sondern zu wenige.[14] Das richtige wäre, die Hilfe von anderen zu suchen und anzunehmen. Beziehungen müssen gepflegt werden damit sie ihre Wirkung entfalten können. Dazu gehört nichts weiter, als sie zu nutzen. Sie sind wie ein Muskel – je mehr man sie benutzt, desto stärker werden sie.

---

[14] Geh nie alleine essen, Keith Ferrazzi

Soziales Vermögen ist dabei die entscheidende Ressource, die es zu managen gilt, um von ihren positiven Effekten profitieren zu können.

3) Produziere:
Hackerguide zum Hit –
Die Kraft der zwei Hirne

„Nützliches annehmen, unnützes weglassen
und hinzufügen, was ganz aus Dir selbst kommt".

(Bruce Lee)

Du hast Dein persönliches Traumtagebuch angelegt, notierst Dir regelmäßig Etappenschritte und hältst die erreichten Ziele schriftlich fest. Du hast den Wert von Zeit neu schätzen gelernt und beschlossen Dein Netzwerk zu erweitern. Herzlichen Glückwunsch!

Die eigene Komfortzone – also all die Lebensbereiche, die Du durch Gewohnheiten und Routine bisher gut kontrollieren konntest – zu verlassen ist wie ein neuer Sport. Zu Anfang ist die Erfahrung erst einmal aufregend und interessant. Und wenn Du mit dem Training begonnen hast, wird Dir schnell klar werden, dass viel Übung nötig ist, um ein passabler Athlet zu werden. Aber mach Dir keine Sorgen. Dies ist erst der Anfang; Noch bewegst Du Dich auf ungewohntem Terrain, hast jedoch Blut geleckt. Schon bald wirst Du nie wieder etwas anderes tun wollen, als jede Herausforderung, sofort durch eine neue zu ersetzen. Dein Kontrollbereich wächst auf diese Weise rasant und schließlich wirst Du Dich nur noch außerhalb Deiner Komfortzone wirklich lebendig fühlen. Dir wird dann regelrecht langweilig, wenn Du ein Problem nicht sofort durch ein neues ersetzen kannst. Beginne also damit Dich außerhalb Deiner Komfortzone wohl zu fühlen. Fange klein an, aber denke groß.

„Ich kann aber kein Instrument spielen und musikalisch begabt bin ich auch nicht." Kein Problem, lies einfach weiter. Wenn musikalische Begabung nicht zu Deinen Stärken zählt, so tritt einfach als Produzent in Erscheinung und nutze dieses Kapitel, um Dir die 20 Prozent an Wissen anzueignen, die 80 Prozent der Fähigkeiten eines Hit-Produzenten ausmachen. Vielleicht kannst Du gut mit Menschen umgehen und andere motivieren. Oder Du bist fit in der Erstellung von Zeit- und Budgetplänen und weißt genau, wie viel Zeit und Geld man für bestimmte Dinge einplanen muss, um rechtzeitig zum Ziel zu kommen.

Wenn Du in einer Band spielst oder bereits Musik veröffentlicht hast – allerdings irgendwie „fest hängst" – so nutze die folgenden Seiten, um Deine Musik auf Hit Niveau zu pimpen. Es gibt unendlich viele Fähigkeiten, die nötig sind, um einen Hit zu produzieren. Ob Du als Künstler oder als Produzent in Erscheinung treten willst, bleibt Dir überlassen. Denke daran, Du musst nicht alles selber tun was nötig ist. Konzentriere Dich auf Deine Stärken und hole Dir Hilfe für alles andere.

Brainstormen – Welche Sparte und welcher Stil?

Es gibt eine Weisheit: „Wenn jeder dein Kunde ist, dann ist niemand dein Kunde." Wenn Du vorhast, einen Hit an alle und jeden zu verkaufen, dann vergiss es. Du konkurrierst mit zu vielen Anderen. Wenn Du Dich jedoch darauf verlegst einen Hit in der Sparte „Dance", „R´n´B", „Rock" oder „House" zu produzieren, werden Markt und Wettbewerb kleiner. Du wirst potentielle Hörer leichter erreichen und schneller Resonanz erzeugen.

Definiere also in einem ersten Schritt die musikalische Sparte, mit der Du von jetzt ab Deine freie Zeit verbringen wirst:

Zu welcher gesellschaftlichen und beruflichen Gruppe gehörst Du, welche musikalische Sparte kennst oder verstehst Du gut?

Dazu wirf einen kreativen Blick auf Deinen Lebenslauf, Deine Berufserfahrung, Deine Hobbies und musikalischen Vorlieben. Gibt es Vorbilder oder Musiker, die Du besonders bewunderst? In welchen Bereichen gibt es oder gab es in der Vergangenheit Anknüpfungspunkte? Welche Musik hörst Du gerne? Stell eine Liste zusammen mit allem, was Dir dazu einfällt. Fang an bewusster Musik zu hören. Vielleicht gehörst Du auch zu den Menschen, die noch einen Schallplattenspieler besitzen? Lassen sich durch Medien, die Du regelmäßig konsumierst, Rückschlüsse schließen auf eine Sparte, in der Du Dich auskennst? Wozu würdest Du gern etwas beisteuern wollen? Wem würdest Du Deinen eigenen Hit gerne vorspielen?

Musik ist ein Begleitmedium, welches uns ständig umgibt. Ob im Radio, Fernsehen, Supermarkt oder Fahrstuhl, Musik ist omnipräsent. Dies führt dazu, dass die meisten Menschen Musik, die sie permanent hören, zwangsläufig auch für Ihren Geschmack halten. Ein Song muss Dir also nur oft genug im Radio vorgespielt werden, bis er Dir irgendwann gefällt. Das muss aber nicht unbedingt die Sparte Musik sein, mit der Du Dich ab sofort beschäftigen und in der Du einen Hit produzieren willst. Herauszufinden, in welcher Sparte Du Dich wohl fühlst, ist deshalb so wichtig, da Du schnell die Lust verlieren wirst, wenn Du Dich mit Musik beschäftigst, die Du eigentlich nicht magst.

Wenn Du Vorfreude empfindest, die nächste Zeit intensiv in eine Sparte Musik einzutauchen und Dich mit dessen Kultur und Zielgruppe auseinander zu setzen, ist dies ein untrügliches Zeichen dafür, dass Du auf dem richtigen Weg bist. Lerne auf Dein Bauchgefühl und Deine Intuition zu hören.

Welche Zeitungen und Fachmagazine gibt es in Deiner Sparte? Was sind die erfolgreichsten Hit-Veröffentlichungen, jetzt und in der Vergangenheit?

Jede musikalische Sparte hat ihre eigenen Fachzeitschriften und Fanzines. Besuch eine Buchhandlung mit großem Zeitungssortiment oder eine Bahnhofsbuchhandlung. Diese eignen sich am besten, da Reisende auf Bahnhöfen am Liebsten Zeitschriften kaufen und seltener Bücher. Aus dem Grund, weil dort das größte Sortiment zu finden ist. Große Buchhandlungsketten eignen sich ebenfalls, denn oft kann man hier gemütlicher stöbern und lesen.

Auf welche Sparte Musik willst Du Dich festlegen? Wähle eine oder zwei Zeitungen aus, in denen die Zielgruppe dieser Sparte angesprochen wird. Es ist nicht wichtig, ob diese Zielgruppe viel Geld hat, es ist nur wichtig, dass sie Geld für ihre Lieblingsmusik ausgibt. Ruf die Anzeigenleiter der ausgewählten Zeitungen an, erwähne, dass Du erwägst Anzeigen zu schalten und bitte um die aktuellen Anzeigenpreise, Auflagen und Leserzahlen. Bitte auch darum, dass man Dir einige Exemplare zur Ansicht schickt.

Nimm Zeitungen mit nicht weniger als 10.000 Lesern. Suche darin nach wiederkehrenden Anzeigen von Künstlern oder Plattenlabels. Je häufiger Anzeigen wiederkehren, desto profitabler ist die jeweilige Musik – und wird es auch für Dich sein. Besorg Dir eine Auswahl von Alben und Singles der Labels und Künstler, die Du bei Deiner Anzeigenrecherche ausfindig gemacht hast. Gehe jetzt in große Kaufhausabteilungen und stöbre in den CD-Regalen Deiner gewählten Sparte. Höre Dir einige CDs an und frage das Personal der Musikabteilung nach aktuellen Hits dieser Künstler. Frage nach weiteren CDs mit Musik von vergleichbaren Interpreten. Suche kleinere Plattengeschäfte auf, die auf Deine Sparte spezialisiert sind. Hier wird man Dir bereitwillig Auskunft geben über anstehende CD-Veröffentlichungstermine, Konzerte und weitere Infos, die für Dich von Nutzen sein werden. Notiere Dir einige Kontaktadressen von Künstlern, Labels und Agenturen. Diese sind in der Regel auf den Booklets der Tonträger aufgeführt. Ruf dort an und bitte auch dort um die Zusendung einiger älterer und aktueller Hit-Singles.

Gib Dich als DJ aus und sag, dass Du die Hit-Singles gern für Dein DJ Set nutzen würdest. Erwähne auch einige szenerelevante Clubs oder Diskotheken, in denen Du gelegentlich als DJ arbeitest. Beachte jedoch, dass es je, nach musikalischer Sparte üblich ist, als DJ mit Vinyl Maxi Singles, CDs oder MP3s zu arbeiten. Im Bereich „Elektro" ist es zum Beispiel ein Standard, Vinyl-Maxi Singles zu benutzen. Dies schließt Spielarten wie Drum `n´ Bass, House, Dubstep, Twostep, Jungle etc. mit ein. Im Bereich „Rock und Pop" sind CDs oder MP3s üblich und völlig akzeptabel. Achte also darauf, dass Du bei einem Elektrolabel die letzten Veröffentlichungen in Vinyl orderst.

Man wird Dir automatisch mit mehr Respekt begegnen, wenn Du die für Deine Sparte übliche Sprache sprichst. Lerne so viel wie möglich über Deine Sparte. Recherchiere im Internet nach erfolgreichen Produzenten und lies einige Biografien von Künstlern mit dem Thema „Wie ich es geschafft habe!" Wenn Du Dir bezüglich Deiner ausgewählten Sparte nicht absolut sicher bist, sorgt das nur dafür, dass Du in Zukunft unehrlich auftrittst und für Befremdung sorgst.

Aber ich habe doch gar keine Ahnung!

Keine Sorge! Ein Experte in einer bestimmten musikalischen Sparte zu sein bedeutet zunächst einmal nur, dass Du mehr über einen Musikstil wissen musst als die meisten. Du musst nicht der Beste sein, nur besser als die meisten. Ein Expertenstatus ist kein geschützter Begriff und lässt sich zudem innerhalb kürzester Zeit erreichen. Du musst wissen, wie Du glaubwürdig rüber kommst und womit Du die Menschen am besten überzeugen kannst.

Es ist allerdings ein Unterschied, ob man ein Experte ist oder als ein solcher angesehen wird. Du kannst alles über ein Thema wissen aber trotzdem kann es sein, dass Du ohne einen Doktortitel kein Gehör findest. Für unsere Zwecke lässt sich Glaubwürdigkeit und ein Expertenstatus mit relativ einfachen Mitteln erzeugen:

Besuche angesagte Clubs in Deiner Umgebung und stelle Dich als DJ vor.

Sag, dass Du neu bist in der Stadt und Cluberfahrung sammeln willst. Biete dem Clubmanager, zu Testzwecken an, in seinem Club ohne Bezahlung eine Stunde aufzulegen. Du kannst die CDs und Schallplatten benutzen, die Du bei Deiner Recherche gesammelt hast. Wirb mit Flyern für Deinen Auftritt. Nimm das DJ-Set mit einem Computer und einer Musiksoftware auf, Du kannst es später bearbeiten und als Referenz für den Ausbau Deines „Expertenstatus" verwenden.

Suche in Fachzeitschriften und Internetportalen nach passenden Themen Deiner Sparte und biete der Redaktion an, einen Artikel zu veröffentlichen.

Wenn Du damit keinen Erfolg hast, biete an, einen anerkannten Experten oder eine Musikgröße zu interviewen. Die Erwähnung

Deines Namens als Autor wird Dir zusätzliche Referenzen einbringen.

Tritt einigen Internetportalen oder Chatrooms bei, in denen sich Personen Deiner Sparte austauschen und externe Journalisten nach Fachleuten suchen.
Suche nach Journalisten in themenspezifischen Foren und biete an, Ihre Fragen zu beantworten.

Öffentliche Anerkennung und Aufmerksamkeit zu bekommen ist gar nicht so schwer. In der Musikbranche wird ein Expertenstatus mit öffentlichen Auftritten, Erwähnung in den Medien und der Zugehörigkeit zu einer bestimmten Subkultur bzw. Netzwerk erreicht und weniger durch Doktortitel und Diplome. Du sollst Deinen Expertenstatus natürlich nicht erfinden, sondern nur ins rechte Licht rücken.

Finde Dein „Hit-Feeling"

Rock, Elektro, HipHop, Pop sind die populärsten Sparten innerhalb der Popmusik. Es gibt eine Vielzahl weiterer Sparten, die mehr oder weniger alle aus den bereits genannten hervor gehen oder von diesen direkt beeinflusst wurden. Wenn Du die Sparte Deines persönlichen Hits definiert hast, so musst Du im nächsten Schritt ein Thema bzw. ein „Song-Feeling" finden. Dein Song-Feeling muss sich wie ein roter Faden durch alle Bestandteile des Songs ziehen und besonders im Text Ausdruck finden. „Aber wie soll ich denn das Feeling festlegen, ich hab noch nicht mal eine Idee und ein Feeling entsteht außerdem beim Hören von Muslk?" Flippe nicht gleich aus, es ist einfacher als Du denkst.

Wenn Du zum Beispiel einen Sommerhit produzieren willst, musst Du dazu ein anderes Feeling erzeugen, als bei einem aggressiven Rocksong. Das Hören eines Sommerhits erzeugt Emotionen von Unbeschwertheit und guter Laune, animiert zum Tanzen und geht leicht ins Ohr. Im Idealfall hat der Hörer direkt Bilder von Sonne, Strand und Meer vor Augen und sieht sich bereits in einem Liegestuhl am Pool mit einem Cocktail in der Hand. Rockmusik dagegen animiert das Temperament. Sofort haben die Menschen Bilder von ausgelassenen Partys, tätowierten Körpern, Drogen und Alkohol im Kopf. Die Medien unterstützen die Menschen in ihrer Fantasie.

Sommerhit oder Rocksong – beides können Hits werden. Ein „Hit-Feeling" zu erzeugen bedeutet ein Lebensgefühl aufzugreifen. Es geht um den Transport von Emotionen. Die Zutaten, auf die es dabei ankommt sind in jeder Sparte gleich. Sie bestehen aus Songtempo, Rhythmus, Arrangement, Instrumentierung und einem Text. Jeder Künstler legt bei der Komposition von Musik und dem Verfassen eines Textes eine bestimmte Palette an Emotionen fest. Die Emotionen, die er damit beim Hörer erzeugt, müssen zwar nicht unbedingt die sein, die er beabsichtigt hat – aber seine Musik erzeugt in jedem Fall Emotionen.

Im Idealfall schafft es der Komponist, die Emotionen, die er beim Zuhörer auslösen will, vorher festzulegen. Er kann damit die Größe der Zielgruppe – und damit auch die zu erwartende Käuferschicht – relativ gut einschätzen. Natürlich ist eine erfolgreiche Nr.1-Hitproduktion von vielen Faktoren abhängig. Und auch wenn man nicht alle kalkulieren kann, so kann man mit der Beachtung einiger „Hit-Facts" die Wahrscheinlichkeit eines Treffers erheblich steigern.

Hit Facts, die Du wissen musst

Für die Schaffung eines Hit-Feelings gibt es kein Patentrezept. Beziehe jedoch so viele Faktoren wie möglich in Deine Strategie ein.

Nicht den perfekten Popsong, sondern einen Hit

Walter Becker und Donald Faggen hatten Ende der 1970er Jahre die Idee, den perfekten Popsong zu konstruieren. Die beiden amerikanischen Musiker hatten mit Ihrer Band „Steely Dan" bereits Erfolge mit der Kombination von Jazz,- Pop- und Rockelementen. Beide waren als musikalische Perfektionisten bekannt. 1977 gelang ihnen mit dem Song „Peg" ein kleinerer Hit, den Sie auf dem Reißbrett konstruiert hatten. Für dieses Projekt bezogen sie all ihre Erfahrung und musikalisches Fachwissen ein, das Ihrer Meinung nach notwendig war, um den perfekten Popsong zu schaffen. Sie luden die besten Studiomusiker für die Aufnahmen zu diesem Song ein und gaben ein Vermögen für Werbung und Marketing aus. So sehr Becker und Faggen auch nach der perfekten Methode für einen Hit gesucht haben – verbunden mit der Phantasie von „perfekter Musik wie sie sein sollte" – es besteht keine Notwendigkeit diesen Anspruch zu erfüllen.

Den perfekten Popsong erschaffen zu wollen ist weder nötig noch möglich. Zu viele Faktoren spielen dabei eine Rolle. Alles „richtig" zu machen ist keine Garantie für einen Hit – ganz im Gegenteil. Häufig erzeugt Perfektion sogar Lähmung. Eine von Menschen geschaffene Perfektion gibt es nicht. Ein Perfektionist verbringt 90 Prozent seiner Zeit damit, an irgendwelchen Details herum zu feilen und 99 Prozent der Menschen werden nie den Unterschied hören. Du solltest Dich also nicht durch übertriebenen Perfektionismus von Deinem Vorhaben abhalten lassen. Erfolgreich ist nämlich nicht derjenige, der keine Fehler macht, sondern derjenige, der etwas leistet.

Das Rad nicht neu erfinden

Einen Trend zu schaffen ist schwer, einen Trend zu bedienen schon einfacher. Mache nicht den Fehler, den viele Menschen zu Beginn einer neuen Aufgabe machen: Sie versuchen zunächst, in den fundamentalsten Dingen kreativ zu sein, anstatt ein etabliertes System mit bewährten Zutaten zu übernehmen und es erst einmal darin zur Meisterschaft zu bringen. Häufig weichen die Menschen damit der eigentlichen Arbeit aus und verlieren sich in vermeintlich kreativen Grundsatzphilosophien. Besonders am Anfang Deines Projektes solltest Du keine Energie darauf verschwenden, das Rad neu zu erfinden.

In Krisenzeiten funktionieren die Klassiker

Wenn die Menschen wirtschaftlich schwere Zeiten erleben, verändert sich ihr Konsumverhalten. Die Bereitschaft Geld für neue oder unbekannte Produkte auszugeben sinkt ganz erheblich. In dieser Lage konsumieren die Menschen zurückhaltender und verkneifen sich kleine Extras, die sie sich sonst problemlos gönnen würden. Sie greifen häufiger auf Bekanntes zurück und beschränken sich auf das Nötigste. Der Rückzug auf Bewährtes gibt Sicherheit. Ein Phänomen, das sich auf alle Konsumbereiche auswirkt: Kleidung, Lebensmittel, Freizeit etc. Auch beim Kauf von Musik wird eher auf Tradition statt Innovation gesetzt.

Ich möchte Dir nicht raten Dein Ziel in einer wirtschaftlichen Rezession aufgeben. Jedoch kann der erwartete Gewinn schmaler ausfallen. Das Phänomen der schwankenden Kaufkraft gilt natürlich auch umgekehrt. Sind die Zeiten gut, sitzt das Geld lockerer. Damit steigt automatisch auch die Bereitschaft, neue Musik zu kaufen.

****

Expertenwissen:

Die Wirkung von Musik auf das menschliche Gehirn.

Sobald Musik erklingt, sucht das Gehirn in dem akustischen Signal nach emotionaler Bedeutung. Dazu braucht es nicht viel. Schon ein Musikschnipsel von wenigen Sekunden Länge reicht aus, um bestimmte Gefühle zu erzeugen. Jedes Musikstück transportiert eine spezifische emotionale Botschaft, die von den Menschen unterschiedlich interpretiert wird.

Musiktheoretisch erzeugbares Glück.

Innerhalb der Musiktheorie unterscheidet man zwölf verschiedene Tonarten. Das System, in dem die Tonarten angeordnet sind, nennt man: den Quintenzirkel. Es gibt zwölf Dur- und zwölf Moll-Tonarten. Alle Tonarten werden im Quintenzirkel nach aufsteigenden Quinten angeordnet, so dass man nach zwölf Schritten wieder beim Ausgangspunkt ankommt. Dur-Tonarten haben einen „harten" Klang. Moll-Klänge sind eher weich und finden eher in Balladen Verwendung. So gut wie alle harmonischen Strukturen in populärer Musik lassen sich auf den Quintenzirkel zurückführen. Atonale Strukturen wie zum Beispiel die Zwölf-Tonmusik von Kurt Weill und Bert Brecht haben sich nicht durchgesetzt, da das Gehirn in dieser Musik mehr verwirrende denn verwertbare emotionale Bedeutungen fand.

Emotionen haben einen praktischen biologischen Zweck.

Jeder Mensch verfolgt bewusst oder unbewusst mehrere Ziele. Ein Ereignis, das eines dieser Ziele befördert oder ihm entgegensteht, erzeugt im Gehirn entweder eine positive oder eine negative Emotion. Emotionen sind ein Mittel, um uns „auf den richtigen Weg"

zu bringen. Verliebtheit fördert die Fortpflanzung, Angst mobili-
siert den Fluchtreflex, Ekel verhindert, dass wir uns vergiften
usw.

Aber was hat Musik damit zu tun?

Wenn Musik Emotionen hervorruft, dann nur, weil wir sie mit den
„richtigen" Ereignissen assoziieren. Das Gedächtnis verbindet
Musik mit einer Situation, in der wir sie zum ersten Mal gehört
haben. Da das Gehirn Informationen nicht wie einen Sachverhalt
speichert, sondern sich an eine ganze Situation erinnert, können
Dialoge entstehen wie zum Beispiel: „Hörst Du, sie spielen unser
Lied!" – ein Paar verbindet eine Melodie mit dem Tag, an dem sie
sich kennen gelernt haben. Mit dem Hören des Liedes gelangt die-
se besondere Situation wieder zurück in das Bewusstsein. Musik
kann uns auf diese Weise regelrecht konditionieren. Wer in seiner
Kindheit sonntags beim Frühstück immer die Lieblingsschlager
seiner Eltern hören musste, dem steigt unter Umständen noch
Jahre später beim Hören dieser Musik der Frühstücksduft in die
Nase. Die Konditionierung funktioniert aber auch umgekehrt:
Beim Frühstücken können unbewusste Assoziationen zu Schlager-
musik entstehen. Musik, insbesondere ihr rhythmischer Anteil,
fährt direkt in den Hirnstamm, den ältesten Teil unseres Denkor-
gans. Dort arbeiten von der Evolution festgelegte Schaltkreise.
Schnelle, laute, kreischende Töne treiben den Herzschlag in die
Höhe, langsame Rhythmen und tiefe Töne wirken beruhigend.

Das Gehirn unterscheidet nicht zwischen simulierten und ech-
ten Emotionen

Musiker stecken uns mit den von ihnen erzeugten Emotionen an.
Dafür ist unsere Fähigkeit zur Empathie verantwortlich. Diese

kann uns die gleichen Emotionen fühlen lassen, die der Musiker hat – oder uns gekonnt vorspielt. Der Effekt ist allerdings nicht gänzlich vorhersagbar. Musik spielt mit unseren Erwartungen. Da sie eine Kunst ist, die in der Zeit abläuft, spekuliert das Gehirn ständig darüber wie eine gehörte Melodie weiter verläuft. Trifft eine Vorhersage ein, gibt es eine Extraportion Glücksgefühle für das Belohnungszentrum. Wird allerdings jede Erwartung erfüllt, tritt der gegenteilige Effekt der Vorhersagbarkeit ein und führt zum Abschalten der Aufmerksamkeit. Bei der Komposition von Musik besteht die Kunst darin, eine Ausgewogenheit aus vorhersagbaren und überraschenden Elementen im Arrangement zu kombinieren. Aus allen Faktoren – wie der Klang einer Stimme, die Auswahl der Instrumente, die Songlänge und das Tempo – die Musik emotional wirken lassen, ist nur ein Element kulturunabhängig: Der Rhythmus. Er wird weltweit von allen Menschen verstanden.

Rezept und Zutaten für Deinen Hit

Mach Dir klar, ebenso wie die Zutaten zum Backen eines Kuchens, ist auch Musik immer die Zusammenstellung von schon mal da gewesenem. Die notwendigen Zutaten für einen Kuchen bestehen seit Jahrzehnten aus Mehl, Eier, Butter, Zucker etc. Auf das richtige Mischungsverhältnis kommt es an. Die Zutaten, die Du für Deinen Hit in das richtige Verhältnis bringen musst, bestehen aus: Songtempo und Rhythmus – zusammen der Groove – Arrangement, Instrumentierung (auch die Stimme ist ein Instrument) und den Text. Die Vorgabe für die Dosierung aller Zutaten liefert Dir Dein Hit-Feeling.

Stell Dir vor, Du würdest einen Kirschkuchen backen. Bevor Du anfängst nach den nötigen Zutaten zu suchen, hast Du schon den Geschmack von Kirschen und Sahne auf der Zunge. Du hast eine Vorstellung davon, wie der Kuchen aussieht und wie er schmecken wird, noch bevor Du ihn gebacken hast. Erst dann schaust Du auf das Rezept und bringst Mehl, Eier, Butter und Früchte in das richtige Mischungsverhältnis.

Dein Rezept ist Dein Hit-Feeling. Dies solltest Du, ähnlich wie den Vorgeschmack auf einen Kirschkuchen, vor Deinem geistigen Auge mit Leben füllen. Du kannst Dir einen Videoclip vorstellen, in dem Du selbst die Hauptrolle spielst. Du kannst darin alles sein, tun und haben, was Du Dir wünscht. Vielleicht gefällt Dir die Idee von Sonne, Strand und Meer. Oder Du siehst Dich in einem Elektro-Club, umgeben von tanzenden Menschen, die zu Deinem Beat in Ekstase geraten. Vielleicht gefällt Dir auch die Vorstellung ein Rockstar zu sein. Mit einem Tourbus auf Tournee zu sein und jeden Tag auf einer großen Bühne vor tausenden Menschen zu spielen. Lass diesen Film zu Deinem täglichen Einschlaf- und Aufwachprogramm werden. Mal Dir aus, wo und was Du sein wirst, wenn Du Dein Ziel erst erreicht hast.

Hit-Mathematik – das Arrangement

„Last Christmas", ein Hit der Popgruppe „Wham" aus dem Jahre 1984 ist einer der bekanntesten Weihnachtshits aller Zeiten. Jedes Jahr begleitet dieser Song die Menschen weltweit durch die Weihnachtszeit. Bekannter und öfter gesungen ist nur „Stille Nacht, heilige Nacht", allerdings geht dieses Weihnachtslied auf ein Gedicht aus dem Jahre 1818 eines Predigers zurück und war noch nie in den Charts. Es gibt viele Gründe warum „Last Christmas" so erfolgreich ist und warum es bislang keine andere Weihnachtshymne geschafft hat, diesen Song vom Thron zu stoßen. Liebe, Schmerz, Enttäuschungen und unerfüllte Wünsche passen perfekt in die Weihnachtszeit. Weihnachten ist ein gefühlsüberladenes Fest und zu keiner Zeit im Jahr sind die Menschen empfänglicher und empfindlicher gegenüber ihren eigenen Emotionen.

Neben der psychologischen Ebene lässt sich der Erfolg von „Last Christmas" zusätzlich auf einige musikalischen Regeln zurückführen. Ich rede hier allerdings nicht von musikwissenschaftlichen Gesetzen, die man zweifellos ebenso zu Erklärungsversuchen heran ziehen könnte, sondern von Regeln, die ich als „Bauernregeln" bezeichne. Bauernregeln deshalb, da die meisten Hits, die es je in die Charts geschafft haben, von Menschen produziert wurden, die Musik nicht studiert, sondern sich angeeignet haben. Genau so, wie Du es mit diesem Buch gerade tust. Menschen, die Spaß daran hatten, musikalische Regeln zu brechen. Menschen, die miteinander Musik machen wollten, ohne zuvor eine Wissenschaft daraus zu machen.

Es gibt Dinge, die muss man lernen, um sie auszuführen und es gibt Dinge, die muss man ausführen, um sie zu lernen. Die wichtigste Bauernregel lautet: Konzentriere Dich auf das zu erzielende

Ergebnis und lerne was Du wissen musst, um mit minimalem Einsatz Dein Ziel zu erreichen.

Wann immer Du Dir die größten Hits aus der Vergangenheit vornimmst und diese zu analysieren versuchst, wirst Du feststellen, dass es immer gerade die Schlichtheit der „Zutat" Arrangement war, die maßgeblichen Anteil am Erfolg eines Hits hatte. „Last Christmas" schafft es über die komplette Songlänge, mit lediglich drei Teilen auszukommen: Eine Strophe (A-Teil oder Vers), ein Refrain (B-Teil oder Chorus) und ein Zwischenspiel bzw. C-Teil. Der komplette Song besteht aus vier Harmoniewechseln bzw. Akkordwechseln. Vielleicht kannst Du ein wenig Gitarre oder Klavier spielen und weißt, wie einfach es ist, vier Akkorde zu spielen. Allerdings kennst Du bestimmt auch den Unterschied zwischen einfach und leicht. Vier Akkorde in derselben Reihenfolge, über eine Länge von drei Minuten zu spielen ist leicht, daraus einen Hit zu basteln aber nicht unbedingt einfach.

Wenn Du „Last Christmas" in der Playlist Deines iPods hast, so hör Dir den Song jetzt einige Male an. Kannst Du die Strophen und Refrains ausmachen? Wie viele Strophen kannst Du zählen? Wie oft kommt der Refrain? „Last Christmas" ist ein Song, der nach dem Schema: „Strophe/Refrain" aufgebaut ist. Du kannst auch A/B Schema dazu sagen. Das A/B Schema, in dem sich eine Strophe und ein Refrain abwechselnd wiederholen, ist die am häufigsten benutzte Songstruktur. Ein simples Arrangement ohne viel Schnörkel. Außerdem sprechen wir bei „Last Christmas" von einem „First-line-title Chorus". Was nichts anderes bedeutet als, dass die markanteste Textzeile – oder die Hook – an den Anfang des Refrains gesetzt wurde. Eine andere Möglichkeit wäre, die wichtigste Textzeile an das Ende des Refrains zu platzieren, um einen starken Abschluss im Refrain zu erzeugen Ein populäres Beispiel dafür liefert uns der Song: „Walk the line", von Johnny

Cash. Ob Du Dich in Deinem Hit für einen „First-line-title Cho-rus" oder einen „Back-line-title Chorus" entscheidest, ist abhängig vom Thema des Songs und dem Textfluss. Entscheidend ist, dass man sich an den Anfang und das Ende eines Refrains am besten erinnert. Komm Deinem Zuhörer und seiner Erinnerung entgegen und setz die Kernaussage Deines Hits an den Anfang oder das Ende des Refrains.

Doch schauen wir uns jetzt das Hit-Raster von „Last Christmas" genauer an. Es dürfte Dir nicht allzu schwer fallen das Arrangement-Schema: Strophe/Refrain bzw. A/B zu erkennen und herauszuhören: Gleich zu Beginn hören wir das markante Läuten der Glöckchen – das musikalische Thema wird vorgestellt. Ein perfekter Einstieg mit sehr klug gewählten Instrumenten um Bot-schaft und Hit-Feeling sofort zu verstehen. Zwangsläufig tun sich beim Hörer Bilder von Schnee und Weihnachten vor seinem geis-tigen Auge auf. Direkt im Anschluss, der erste Refrain – die Hook – um die sich der ganze Song aufbaut. Das Intro wird wiederholt, es folgt die erste Strophe, der zweite Refrain, eine weitere In-tro-Wiederholung, die zweite Strophe und ein Zwischenspiel, dass ich als C-Teil bezeichne. Es setzt sich zusammen aus der Introme-lodie und einigen Gesangseinwürfen. Das Ganze wird ausgeblen-det, fertig ist ein Welthit. Vereinfacht sieht das Arrangement von „Last Christmas" folgendermaßen aus:

Intro – 1. Refrain – Intro Whlg. – 1. Strophe – 2. Refrain – Intro Whlg. – 2. Strophe – 3. Refrain – C-Teil. So schnell sind vier Mi-nuten vorbei.

Der Vollständigkeit halber muss man dazu sagen, dass jeder Refrain eigentlich ein Doppelrefrain ist. Du denkst, dass es so ein-fach nicht sein kann und dass dieser Song eine Ausnahme ist. Aber glaub mir, er ist es nicht. Zu 99 Prozent besteht ein Hit aus dem Arrangement „Strophe/Refrain" und einem Zwischenteil bzw. C-Teil. Der Schlussrefrain ist häufig ein Doppelrefrain, um die Wirkung der Hook am Ende noch mal zu verstärken. Manchmal kommt noch ein Outro zum Einsatz, häufig identisch mit dem Intro. Mehr ist nicht dabei.

Das Arrangement von „Last Christmas" liefert uns drei wichtige Hinweise darauf, wie man einen guten Popsong in einen Hit verwandeln kann:

1) Eine angemessene musikalische Form und Instrumentierung, die das Thema des Textes unterstützt und das zu erzielende „Hit-Feeling" fördert (Die Weihnachtsglöckchen im Intro)

2) Ein starker Anfang, der den Zuhörer sofort „in den Song zieht" und bereits nach 30 Sekunden Aufschluss darüber gibt, wer was mit wem zu tun hat.

3) Ein schlichtes A/B Arrangement, das für einen hohen Wiedererkennungseffekt sorgt.

Trainings-Tipp: Mit anderen Worten

Es ist bequem im Alltag immer die gleichen Worte zu benutzen. Wenn Du es gewohnt bist Dich mit wenigen Wörtern auszudrücken, gerätst Du nicht so schnell ins Stottern und vermeidest peinliche Gesprächspausen. Du weißt, was Du sagen willst und hast schnell die richtigen Worte parat. Leider führt dies dazu, dass sich häufiger Floskeln und Phrasen einschleichen, was Deinen Gesprächspartnern auf Dauer das Gähnen ins Gesicht treiben wird. Benutze einen Tag lang keines Deiner gewohnten Worte- und Sprachmuster, keine Standardfloskeln und keine ausgelatschten Phrasen.

Bemühe Dich Worte zu finden, die besser zum Ausdruck bringen, was Du wirklich meinst. Benutze neue Worte, um bekannte Dinge zu beschreiben. Wenn Du dabei ins Stocken gerätst, sagst

Du einfach: „Ich muss erst das Wort erfinden, dass ausdrückt, was ich meine."

Nutze Gesprächspausen, um Spannung aufzubauen und fülle sie nicht gleich wieder mit Floskeln und Smal Talk, um eine peinliche Gesprächspause zu vermeiden. Du wirst sehen, wie schnell Du zu einem interessanten Gesprächspartner wirst und wie rasant sich Dein Wortschatz erweitert. Dass es Dir mit dieser Übung gelingen wird, eine packende Text-Botschaft für Deinen Hit zu formulieren, ist dann nur noch eine Frage des Trainings.

Der Tanzfaktor – der Groove

Die wichtigste Hitkomponente ist der Groove. Der Groove ist das Fundament, auf dem alles andere aufbaut. Als Groove bezeichnet man im Wesentlichen das Zusammenspiel zwischen Schlagzeug und Bass. Er geht direkt in den Hirnstamm, jener Bereich des Gehirns, der sich unabhängig von Sozialisation und genetischen Anlagen, seit Jahrhunderten nicht verändert hat.

Der Groove ist kulturübergreifend und wird daher weltweit von allen Menschen verstanden. Er sorgt für die erotische Komponente eines Songs – den Tanzfaktor. Der Groove sorgt dafür, dass die Menschen sich näher kommen. Im angesagten Club Deiner Stadt findest Du die richtigen Grooves. Achte auf den Hit, der alle auf den Dancefloor treibt.

Technisch gesehen besteht ein Groove aus zwei Komponenten: Dem Takt und dem Tempo in bpm (beats per minute). In den allermeisten Hitproduktionen wird auf eine Zählung im 4/4-Takt zurückgegriffen. Dabei wird die Zeitspanne, in der ein Song abläuft, nicht in Sekunden und Minuten unterteilt, sondern in Takte. Du kannst bei einem Song im 4/4-Takt immer wieder bis vier zählen. Es folgt ein Takt auf den anderen – daher der Name 4/4-Takt. Die beste Orientierung bietet das Schlagzeug. Die Anzahl der Takte bestimmt die Länge von Strophen und Refrains.

Typische Längen von Strophe und Refrain sind acht, zehn oder 16 Takte. In einem 16 Takte langen Refrain zählst Du also 16 mal bis vier, bevor wieder die Strophe einsetzt. Das Klatschen auf die Zählzeiten 1,2,3,4 wird es Dir erleichtern das Arrangement zu verfolgen. Nimm Dir einige bekannte Songs vor und versuch mit der Methode „Klatschen" das Arrangement zu entschlüsseln. Konzentriere Dich zunächst nur darauf wie viele Einzelteile ein Song hat. In der Regel gibt es ein bis drei Strophen, zwei bis drei Refrains und ein Solo bzw. einen einmaligen C-Part. Der Part, der Dir sofort im Gedächtnis bleibt ist die „Hook" – die Hitmelodie. Beantworte die Fragen: Wie viele Takte hat eine Strophe? Wie viele der Refrain? Gibt es ein Intro oder ein Instrumentalsolo?

Notiere Dir die Reihenfolge und die Anzahl von Refrains und Strophen. Zähle auch die Gesamtanzahl der Takte – Du kannst dazu immer wieder bis vier zählen und nach jedem Takt beispielsweise einen Strich auf ein Stück Papier aufzeichnen – so fällt es leichter mitzuzählen und nicht die Übersicht über die Gesamtanzahl der Takte zu verlieren. Auf die gleiche Weise kannst Du die Länge von Strophen und Refrains bestimmen. Finde heraus, wie oft Du im Refrain bis vier zählen kannst, bis die Strophe einsetzt. Höre darauf, wann die Strophe und der Refrain wiederholt wird, und wie oft sie wiederholt werden. Schreibe alles auf und bestimme auf diese Weise die Arrangements einiger bekannter Songs. Hilfe bieten Dir die Zählzeiten, die durch markante Betonungen des Schlagzeugs zu hören sind. Die tiefen Bass-Drumschläge und die Snare-Drum bieten eine gute Orientierung.

Mit ein wenig Übung wirst Du einen Song schnell in seine Einzelteile zerlegen und das Arrangement bestimmen können. Ein Song im 4/4-Takt liefert die Sicherheit, dass der Zuhörer beim

Tanzen niemals aus dem Takt kommt und beim Hören nie den roten Faden verliert.

Kuscheln oder Headbangen – das Songtempo

Die zweite Komponente des Grooves ist das Songtempo. Mit der Festlegung des Tempos kannst Du zur Verstärkung des Songfeelings entscheidende Weichen stellen. Ein langsames Tempo führt zu einer Beruhigung des Herzschlages und findet Verwendung für Balladen, melancholische Songs und Liebesliedern. Ein hohes Tempo führt zu einem Ansteigen der Herzfrequenz und weckt das Temperament. Es bietet also eine gute Orientierung zur Bestimmung des Songfeelings.

Aber das Tempo liefert uns noch weitere Informationen, die von Bedeutung sind. Gemessen in bpm (beats per minute) lässt es ebenfalls Rückschlüsse auf die musikalische Sparte zu. Sehr brauchbar, um sich in der Flut von Musikstilen zurechtzufinden. Ein Groove im unteren Tempo-Bereich trifft man am ehesten im Jazz oder Funk an. Als Orientierung kannst Du von einem Tempo unter 90 bpm ausgehen. Auch langsame Rockballaden, Singer Songwriter Musik oder Chansons entfalten ihre Wirkung auf den Zuhörer am besten im unteren Tempobereich.

90 bis 110 bpm ist ein gemäßigtes Tempo, das es zum Beispiel im HipHop einem Rapper ermöglicht, zwischen den Worten noch Luft zu holen. Schnellerer Rap verliert seine typischen Vibes und ist eher dem R´n´B zuzuordnen.

120 bpm ist das klassische Tempo für House oder Rockmusik. Hier beginnt der Bereich, der die Tanzlust weckt. Elektro hat zwischen 130 und 150 bpm.

Darüber liegende Tempi sind für unsere Zwecke unbrauchbar. Sie finden Verwendung im Bereich Metall, Hardcore oder Drum ´n´ Bass. Kaum ein Song über 130 bpm hat die Chance in die

Charts zu gelangen. Die Leute sind dann nicht mehr in der Lage zu tanzen und dabei noch cool auszusehen.

Ein guter DJ pendelt sich beim Aufbau seiner Performance auf den Herzschlag ein und steigert dann unmerklich das Tempo. Die Unmerklichkeit, mit der dies geschieht, ist das Wichtigste. Er weiß: „Schnapp dir zuerst ihren Herzschlag und führe sie dann zur Ekstase".

Die Farben des Arrangements – die Instrumentierung

Die Zutat, welche aus Groove und Arrangement schließlich einen Song werden lässt, ist die Instrumentierung. Mit dem Einsatz bestimmter Instrumente sorgst Du dafür, dass alle beabsichtigten Emotionen Deines Hit-Feelings auch tatsächlich beim Zuhörer ankommen.

Die richtigen Instrumente auszuwählen, ist wie das Malen eines Bildes. Du hast eine Palette an Farben vor Dir, einen Pinsel und eine Leinwand. Der Pinsel ist der Groove – das Fundament, das die Farben trägt. Die Leinwand ist das Arrangement – das Raster, das Du mit Klangfarben füllen musst. Die Instrumente sind die zur Verfügung stehenden Farben. Jedes Instrument ist in der Lage bestimmte Klangfarben zu erzeugen und damit das Hit-Feeling zu beeinflussen.

„Aber im Groove sind doch bereits die Instrumente Bass und Schlagzeug enthalten?" Das ist richtig, jedoch erzeugen Groove-Instrumente für sich genommen nur einen Rhythmus und noch keine Musik. Rhythmus ohne Melodie ist wie Trommeln im Urwald. Für einen Hit außerhalb des Urwaldes brauchen wir zusätzlich Melodieinstrumente. In modernen Hit-Produktionen kommen gut und gerne ein Dutzend Instrumentengruppen zum Einsatz. Das ist nicht die Welt und bei der Anzahl der in Frage kommenden Instrumente ist es relativ einfach den Überblick zu behalten. Es genügt die Einteilung in Rhythmus- und Melodieinstrumente. In diese beiden Gruppen lassen sich alle, für unseren Zweck benötigte Instrumente einsortieren. Du wirst sehen, dass die Reduzierung auf zwei Instrumentengruppen extrem hilfreich ist, wenn Du beispielsweise mit fremden Musikern kommunizieren musst.

Komplizierter wird es allerdings, wenn man weiß, dass ein Instrument beide Rollen ausfüllen und sowohl Rhythmus- als auch Melodieinstrument sein kann. Die meisten Instrumente können beides sein. Spätestens jetzt benötigst Du ein einfaches und unabhängiges System zur Kategorisierung. Da wir lediglich zwei Instrumentengruppen definiert haben – Rhythmus- und Melodieinstrumente – schlage ich folgende Eselsbrücke vor: Immer dann wenn Du nicht sicher bist, ob ein Instrument die Funktion eines Melodieinstrumentes oder die eines Rhythmusinstrumentes erfüllt, teste, ob Du das Instrument mitsingen kannst oder nicht. Bist Du in der Lage eine Melodie zu erkennen, die Du ohne weiteres mitzusummen kannst, handelt es sich aller Wahrscheinlichkeit nach, um ein Melodieinstrument; spielt ein Instrument keine ortbare Melodie, die Du ohne weiteres erkennen und mitsingen kannst, erfüllt das Instrument in diesem Augenblick die Funktion eines Rhythmusinstrumentes. Warum kompliziert, wenn es auch einfach geht.

Expertenwissen
Welches Instrument für was?

Die wichtigste Instrumentengruppe zur Erzeugung eines Groove besteht aus dem **Schlagzeug**. *Das Schlagzeug bzw. Drumset kommt in nahezu allen Musikproduktionen zum Einsatz, entweder gespielt von einem Drummer an einem „echten" Schlagzeug oder aus der Datenbank eines Drumcomputers. Zur Erzeugung eines Groove in einem 4/4-Takt erfolgen die markanten Schläge durch die Bass-Drum und die Snare-Drum. Die Snare-Drum ist in fast allen Pop-, Rock-, und Elektroproduktionen das lauteste Instrument und schlägt auf die Zählzeiten zwei und vier. Die Bass-Drum hingegen zielt auf die Magengegend und weniger auf das Gehör. Sie entfaltet ihre Wirkung auf den Zählzeiten eins und drei. Je nach Groove kann das Schema auch umgekehrt sein. Hi-Hat, Becken, Toms und weitere Instrumente des Schlagzeugs kommen je nach Geschmack und Stil zum Einsatz und ergänzen den Groove.*

Zu den **Percussioninstrumenten** *gehören Shaker, Bongos, Marimbas, Klangstäbe, Triangel usw. Man hört sie bevorzugt in Lateinamerikanischen Rhythmen. Um einen Songpart rhythmisch hervorzuheben eigenen sich Percussioninstrumente ebenfalls gut. Sie können den Groove – und damit den Tanzfaktor eines Songs – kurzzeitig in den Vordergrund stellen. Innerhalb dieser Instrumentengruppe lassen sich keine Instrumente mitsingen, sie kommen daher ausschließlich als Rhythmusinstrumente in Frage.*

Die **Bass-Gitarre**, *entweder als E-Bass oder als Akustik-Bass, ist das wichtigste Bindeglied zwischen den Rhythmusinstrumenten und den Melodieinstrumenten. Sie erfüllt beide Funktionen, Rhythmus und Melodie. Das Frequenzspektrum einer Bass-Gitarre kommt der tiefen Bass-Drum eines Schlagzeugs am nächsten* und ist daher in seiner Wahrnehmung ein Rhythmusinstrument. Allerdings lassen sich auf einer Bass-Gitarre auch Melodien spielen. Manchmal nur an der Wahrnehmungsgrenze ortbar sorgt der Bass für den „grundsätzlichen" Melodieverlauf eines Songs. Im späteren Mix achte darauf, dass Bass-Drum und Bass-Gitarre perfekt „zusammengeschweißt" werden.

Als nächstes wenden wir uns dem Einsatzgebiet der Gitarren zu. Eine **Elektro-Gitarre** ist eines der vielfältigsten Instrumente überhaupt und kommt in den meisten Hitproduktionen zum Einsatz. Kein anderes Instrument ist in beiden Kategorien – Melodie und Rhythmus – universeller einsetzbar als die E-Gitarre. Ihr Klangspektrum kann durch stark abgedämpftes percussives Spiel die Rhythmik einer Hi-Hat simulieren, mit einer gleichmäßigen Anschlagstechnik den Groove antreiben, mit verzerrtem Sound den Melodieverlauf der Bass-Gitarre „andicken" oder als Solo-Instrument den Song dominieren. Je nach Sparte und Hit-Feeling agiert die E-Gitarre entweder Rhythmus unterstützend im Hintergrund oder dominierend im Vordergrund.

Immer dann, wenn einem Song eine orchestrale Note verliehen werden soll, der Sound mehr Volumen oder einen Hauch Glamour nötig hat, sind mit einer **Akustik-Gitarre** sehr gute Ergebnisse zu erzielen. Da eine Akustik-Gitarre, genau wie das Klavier, über einen Resonanzraum verfügt, wirkt der Klang gewaltig, kraftvoll und trotzdem edel. Die Akustik-Gitarre wird sehr gern in Balladen eingesetzt. Sie ist in nahezu allen Sparten einsetzbar, abhängig von Geschmack und erwünschtem Song-Feeling.

Zur Gruppe der **Tasteninstrumente** gehören: Klavier, Flügel, Keyboards, Synthesizer sowie analoge und digitale Klangerzeuger mit einer Klaviatur. Streng genommen sind Klavier und Flügel Saiteninstrumente. Im Inneren des Resonanzkörpers befinden sich gespannte Saiten, die für den Klang sorgen. Ein Flügel und ein

Klavier sind edle Instrumente und kommen als Melodieinstrument zum Einsatz. Beide verfügen über ein breites Frequenzspektrum und aufgrund ihrer Klangkörper über einen voluminösen Sound. Akustik-Gitarre und Klavier, bzw. Flügel, sind die am besten geeigneten Instrumente, um einen Song in seiner Roh-Fassung zu „testen". Ein Song, der mit minimaler Instrumentierung gut klingt, wird auch mit zusätzlichen Instrumenten ein guter Song werden.

Keyboards, Synthesizer, Sequenzer sowie analoge und digitale Klangerzeuger sind in der Lage, alle nur erdenklichen Phantasiesounds zu erzeugen und die meisten Stimmen und Geräusche aus der Natur nachzuempfinden. Wann immer ein Sound keinem natürlichen Instrument zugeordnet werden kann, stammt er zu 99 Prozent aus einem der genannten Instrumente. Die Bedienung bzw. die Abfrage der Sounds aus der Datenbank eines Synthesizers erfolgt in der Regel über eine Klaviatur bzw. Tastatur. Der Phantasie sind beim Spielen keine Grenzen gesetzt. Durch spielerischen Umgang und einer intuitiven Bedienung kann man nützliche und nie da gewesene Sounds erzeugen. An dieser Stelle wird die Liste der Soundmodule durch digitale, softwarebasierte Klangerzeuger komplettiert. Plug ins sind kleine Computerprogramme bzw. Sounddatenbänke, die in eine Musikbearbeitungssoftware integriert werden und dort als Werkzeuge für die Musikbearbeitung zur Verfügung stehen. Darüber hinaus besteht die Möglichkeit Plug ins als „Stand-alone-Programme" zu verwenden und über eine Klaviatur – angeschlossen an eine USB- oder Firewire-Schnittstelle – zu steuern. Jedes Jahr kommt eine Vielfalt neuer Software auf den Markt, die in der Lage ist, die echten Instrumente wie Bläser, Streicher, Percussioninstrumente, Schlagzeug, Flügel etc. in einer immer besser werdenden Qualität nachzuahmen und zu ersetzen.

Bläser kommen, vereinfacht gesagt, immer dann zum Einsatz, wenn im Arrangement Akzente und Betonungen gesetzt werden sollen. Mit einem Bläsersatz, bestehend aus Saxophon, Trompete und Posaune, lassen sich schön klingende und mehrstimmige Melodieverläufe erzielen, die einem Hit die entscheidende Note verleihen können. Jedoch gilt besonders bei Bläsern das Prädikat „weniger ist mehr." Ein Bläsersatz, der nicht sorgfältig arrangiert und hundertprozentig auf den Punkt gespielt wird, weckt leicht den Eindruck von „freiwilliger Feuerwehr". Bläser werden in Pop-, und Rockproduktionen überwiegend als Melodie-, bzw. Soloinstrumente eingesetzt. Typische Sparten für Bläser sind Jazz, Funk, Soul oder R´n´B. In den 1920er bis 1940er Jahren übernahmen Bläser zusätzlich den Part von Rhythmusinstrumenten. Die Tuba war der Vorläufer der Bass-Gitarre. Sie bildete, zusammen mit Pauke und Crash Becken, die Rhythmusgruppe aufkommender Big Bands.

Streichinstrumente eignen sich hervorragend, um einzelne Parts oder kurze Taktfolgen im Arrangement stark emotional „aufzuladen". Sie kommen daher besonders für Balladen und melancholische Song-Feelings in Frage. Mit einem mehrstimmigen Streichersatz erreichst Du die besten Ergebnisse.

Eine Geige, Cello oder Bratsche allein, wirken dominant und zerstören damit die eigentlich beabsichtigte Wirkung. Streicher sind Melodieinstrumente, die in der Lage sind, einem Song eine edle Note zu verleihen und damit erheblich zu prägen. In aufwendigen Studioproduktionen, zum Beispiel für eine Filmmusik oder Musikproduktionen mit hohem Budget, werden Streicher live im Studio eingespielt – für Produktionen mit schmalerem Budget können Streicher mit Hilfe digitaler Klangerzeuger oder Plug ins nachempfunden werden.

Je nach Sparte und Feeling eignen sich weitere exotische Instrumente, um Akzente zu setzen bzw. das richtige Feeling zu transportieren. Hierzu gibt es keine festen Regeln. Ich habe schon mit alten Bremsscheiben, Ölfässern und eingerissenen Crash-Becken sehr wirkungsvolle Ergebnisse erzielt. Erlaubt ist was gefällt.

Die Zutat, auf die es ankommt –
die Erfolgsmelodie oder die Hook!

Für unsere Zwecke kann die Erfolgsmelodie, bzw. die Hook, von einer Stimme oder einem Instrument erzeugt werden. In den meisten Fällen moderner Hit-Produktionen wird die Hook von einer Stimme erzeugt und wird als „First-Title-Line" oder „Back-Title-Line", in den Refrain eingebettet. Damit ist die Hook in 99 Prozent der Fälle identisch mit dem Refrain oder zumindest Teilen des Refrains. Die Hook ist der „Ohrwurmfaktor". Jener kurze Melodie- oder Wortschnipsel, der sich sofort in Deinen Gehörgängen festkrallt. Entscheidende Hinweise kann Dir der Vergleich mit anderen Hit-Melodien aus Deiner Sparte liefern.

In elektronischer Musik ist es weitestgehend üblich, eine Hook durch ein Instrument und einen charakteristischen Sound zu erzeugen. Die menschliche Stimme kommt weit seltener zum Einsatz. In nahezu allen anderen Sparten besteht die Hook eines Hits aus einer einfach nachzusingenden Gesangsmelodie. Ein simpler Textinhalt, verpackt in so wenige Worte wie möglich. Ein starker Refrain muss nicht besonders lang sein, sondern einprägsam. Je simpler Du Deine Hook in Text, Melodie und Rhythmus gestaltest, desto schneller erzeugst Du damit Ohrwurmcharakter.

2007 erreichte Paul Potts in einer britischen Talentshow den musikalischen Durchbruch. Von Kritikern als ein eher mittelmäßiger Tenor eingestuft, schaffte er es mit seinem Live-Auftritt im Fernsehen, Jury und Publikum zu überzeugen. Mehr noch, auf Youtube existiert ein Video, in dem er Zuschauern und Jury die Tränen in die Augen treibt. Seine Aufnahme der Opernarie „Nessun dorma" erreichte Platz drei der deutschen Charts. Die bis dahin höchste Platzierung eines reinen Downloadtitels in Deutschland.[15]

Die menschliche Stimme ist das Instrument, welches – vor allen anderen Instrumenten – in der Lage ist, Menschen zu berühren. Mit keinem anderen Instrument erreichst Du eine größere Präsenz als mit einer ausdrucksstarken Stimme. Du kannst Dir selbst unzählige Beispiele dafür in Erinnerung rufen. Auch in dem Weihnachtsklassiker „Last Christmas" besteht die Hook aus einer Gesangsmelodie.

Grundsätzlich besteht natürlich auch die Möglichkeit eine Hook mit einem Instrument zu erzeugen. Die amerikanische Band „The White Stripes" lieferte zur Fußballweltmeisterschaft 2010 die „etwas andere" Hook. Diese Hook, von der wohl niemand gedacht hätte, dass sie es zur Fußballhymne schaffen würde, war gleichermaßen simpel wie einprägsam: Tausende Fußballfans in deutschen Stadien und Millionen von Menschen vor den Fernsehapparaten, sangen in jenem Sommer die Intromelodie von „Seven Nation Army", dem ersten großen Hit der Band. Die Hook besteht aus einer simplen Melodie, gespielt von einer Bass-Gitarre. Eine Melodie, die im Verlauf des Songs mehrmals wiederholt wird und sich als Ohrwurm durch den ganzen Song zieht. Zuerst im Intro, allein von einer Bass-Gitarre gespielt, im weiteren Verlauf zusätzlich durch eine Elektro-Gitarre ergänzt. Meg und Jack White hätten wahrscheinlich nicht einmal im Traum daran gedacht, dass sie ihren weltweiten Erfolg ausgerechnet einer Bass-Melodie verdanken. Erfolg kommt manchmal auf eigenartigen Wegen daher.

Wenn Du das Gesagte bisher befolgt und umgesetzt hast, bleibt die Frage: Wie bekommst Du eine gute Hit-Melodie? Ab wann wird Deine Hook überhaupt zu einem Hit? Ähnliche Fragen wie

---

[15] (http://de.wikipedia.org/wiki/Paul_Potts)

diese gibt es viele. Ich beantworte sie alle auf die gleiche Weise – nämlich gar nicht. Denn letztendlich ist es unmöglich einen Hit genau vorherzusagen. Wenn Du jetzt noch keine Ahnung hast, wie Du zu einer eigenen Hook kommen kannst, so gibt es im Wesentlichen drei Möglichkeiten eine Melodie mit Hit-Potential zu kreieren:

Möglichkeit 1: Verwende Fragmente einer bekannten Melodie
Du kannst für Deinen Hit Melodiefragmente von einem anderen Song benutzen und diese variieren. Dazu höre Dir einige Erfolgsmelodien an und finde heraus, ob Du etwas Neues beisteuern kannst. Unbewusst erzeugst Du damit den Eindruck von „Hab ich schon mal gehört", was gut ist. Ein Problem, das bei dieser Methode auftreten kann, ist die mögliche Verletzung des Urheberrechts. Die Bestimmung welcher Teil von Dir beigesteuert wurde und welchen Teil Du Dir „geliehen" hast kann ziemlich kompliziert werden. Im Eifer des Gefechtes werden die Grenzen zwischen der eigenen Idee und der geliehenen Vorlage schnell verwischt. Unter Umständen lässt Du Dich damit auf einen Urheberrechtsstreit ein, der Dein Werk als Plagiat ausmacht. Dein ganzes Projekt wäre dann gefährdet. Ich halte diese Methode daher für die am wenigsten geeignete.

Möglichkeit 2: Lizenziere eine Melodie oder einen Song
Die zweite Möglichkeit besteht darin, eine bekannte Melodie oder einen ganzen Song zu covern bzw. zu lizenzieren. Einige der bekanntesten Hits weltweit sind irgendwo von irgendwem geliehen. Der Nr.1-Hit „Mambo Nr.5" von Lou Bega aus dem Jahr 1999, geht auf ein Mambo-Jive Tanzstück aus dem Jahre 1949 zurück. Der Mambo Nr.5 von Pérez Prado diente Lou Bega als instrumentale Vorgabe, aus der er seine eigene Version des „Mambo Nr.5"

kreierte. Tatsächlich war Lou Begas Single die erfolgreichste deutsche Hitproduktion aller Zeiten.

Lizenzvereinbarungen werden immer zwischen zwei Parteien getroffen. Der Urheber, Erfinder und Lizenzgeber der Melodie – der anderen das Recht einräumt, seine Melodie zu nutzen oder zu verkaufen. Und den Lizenznehmer, der ein Interesse daran hat, das Produkt des Urhebers neu aufzulegen, zu verkaufen und den Großteil des Gewinns für sich zu behalten. Das Lizenzieren bekannter Songs kann allerdings sehr verhandlungsintensiv sein und ist eine Wissenschaft für sich. Ganze Rechtsabteilungen großer Musikunternehmen tun nichts anderes als Lizenzgeschäfte zu führen. Wenn Du auf diesem Gebiet Spaß oder eine Begabung hast, kann das für Dich eine Option sein. Eine kreative Vertragsgestaltung kann Deinen Erfolg durchaus beflügeln.

Möglichkeit 3: Erfinde eine Hook

Die beste Methode ist die, eine Melodie selbst zu erfinden. Schöpferisch tätig zu sein und etwas Neues zu entwickeln hört sich komplizierter an, als es tatsächlich ist. Sobald Du Sparte und Hit-Feeling festgelegt hast, kannst Du Dir dazu im Internet fertige Samples anhören und herunterladen. Auf diversen Webseiten gibt es eine Auswahl an Beats, Rhythmusvorlagen und fertiger Musik in verschiedenen Tempi. Nutze diese Möglichkeit und beginne mit verschiedenen Vorlagen zu experimentieren.[16]

---

[16] Gratis Samples und fertige Beats zum Download
www.rockitpro.com (Fertige Beats jeglicher Sparten, die man zu testzwecken gratis herunterladen kann. Vorsicht, in den Gratis Beats ist eine Werbung integriert. Wenn Du den Beat kommerziell nutzen willst, musst Du diesen für wenige Euro kaufen.)
www.audioagency.de (Gema freie Musik als Ideenquelle für Deinen Hit)
www.musicradar.com (Gratis Download von hunderten fertiger Beats und Samples)
www.delamar.de (Eine deutschsprachige Webseite für Musiker und Produzenten mit zahlreichen Verweisen auf Webseiten, die gratis Beats und Samples anbieten.)

Wie Du beim Erfinden einer Hit-Melodie am besten vorgehst? Um diese Frage zu beantworten, müssen wir zuerst einen Ausflug machen. Einen Ausflug in die Schaltzentrale unserer Kreativität…

Die Methode „BrainQuickie": Schneller zur besseren Hook durch die Kraft der zwei Hirne

In der Geisteswissenschaft der letzten tausend Jahre nimmt ein Mann eine einzigartige Stellung ein. Er liefert ein überragendes Beispiel für die Leistungsfähigkeit eines beidseitig voll entwickelten Gehirns. Er war zu seiner Zeit der bedeutendste Erfinder und der wohl größte Künstler auf den Gebieten der Malerei, Skulptur, Physiologie, Naturwissenschaften, Architektur, Mechanik, Physik, Anatomie, Meteorologie, Geologie, Ingenieurwesen und Luftfahrt: Leonardo da Vinci. Da Vincis Notizbücher waren voll mit Zeichnungen und Bildern. Noch viel interessanter ist jedoch: Die letzten Entwürfe zu seinen größten Meisterwerken der Malerei sehen aus wie Architekturpläne – Geraden, Kurven, Winkel und Zahlen.[17]

Vereinfacht gesagt ist die linke Hälfte des menschlichen Gehirns zuständig für Logik, Sprache, Zahlen, Urteilsvermögen, Analyse – die „akademischen" Fähigkeiten. Die rechte Gehirnhälfte ist zuständig für Musik, Bilder, Fantasie, Farbe, Träumen etc. Jahrhunderte lang ging die Wissenschaft davon aus, dass bei Aktivität der einen Gehirnhälfte, sich die jeweils andere in einem Ruhezustand befindet. Da Vinci war also offensichtlich in der Lage, die Regionen von linker und rechter Gehirnhälfte miteinander zu koppeln. Forschungen, speziell der letzten 15 Jahre, haben ergeben, dass jede Gehirnhälfte über viel mehr Fähigkeiten der je-

---

[17] Kopftraining, Tony Buzan

weils anderen verfügt als bisher angenommen. Das bedeutet, dass eine Fähigkeit nicht zu Lasten einer anderen geht, sondern ein synergetischer Effekt entsteht, der sich auf alle Gebiete geistiger Leistung positiv auswirkt.

Streng genommen müssen wir also von zwei Großhirnen sprechen. Bei Einstein und anderen Wissenschaftlern schien die linke Gehirnhälfte zu dominieren, während bei Picasso und anderen großen Künstlern eine Dominanz der rechten Gehirnhälfte zu bestehen schien. Nachforschungen führten jedoch zu verwirrenden Ergebnissen: Zu den Lieblingsbeschäftigungen Albert Einsteins gehörten das Geigenspiel, Segeln und Fantasiespiele. Einstein selbst räumte ein, dass Tagträumereien einen erheblichen Einfluss auf viele seiner bedeutendsten wissenschaftlichen Arbeiten hatten.[18]

Hättest Du gedacht, dass der bedeutendste Physiker des 20. Jahrhundert ein Träumer war? Die Relativitätstheorie – eine Synthese aus linker und rechtsseitiger Gehirnfunktion?

Außergewöhnliche Leistungen werden offensichtlich immer dann möglich, wenn eine Wechselwirkung zwischen rechter und linker Gehirnhälfte vorliegt. Die Festlegung eines Charakters anhand einer vermeintlich dominanteren Gehirnhälfte: Kopfmensch oder Gefühlsmensch, extrovertiert oder introvertiert, logisch oder intuitiv, scheint nicht sonderlich hilfreich zu sein. Sie liefert allenfalls eine Tendenz, die erahnen lässt, welche Eigenschaft zu welchem Anlass das Denken gerade dominiert. Diese Erkenntnisse geben höchst interessante Anregungen, um Kreativität wesentlich effektiver und gezielter „abzurufen".

---

[18] Kopftraining, Tony Buzan

Hirngerecht kreativ sein

Es ist allgemein bekannt, dass unser Gehirn ausschließlich in Bildern „denkt" und Schemata zur Erinnerung benutzt. So lange Musik in Deinem Gehirn also kein Bild erzeugt, stellt sich auch keine Emotion ein. Wir sprechen dann davon, dass uns die Musik nicht berührt. Im Bereich der Werbung haben sich „hirngerechte" Techniken, wie die Mind-Mapping-Methode, durchgesetzt. Auch freies assoziieren oder die Nutzung von Schlüsselwörtern sind Techniken, die es Menschen ermöglicht zunehmend „mit" ihrem Gehirn zu arbeiten statt gegen es.

Bist Du Musiker in einer Band? Mind-Mapping kannst Du am ehesten mit einer Jam Session unter Musikern vergleichen. Musiker kommen zusammen und „brainstormen". Sie spielen einfach drauf los und lassen sich überraschen was passiert. Die Magie, die entsteht wenn Menschen in einem Raum spontan gemeinsam Musik machen, ist extrem anregend für die rechte Gehirnhälfte. Gleichzeitig sorgt die linke Gehirnhälfte für einen Rahmen, der eine Jam Session nicht in atonaler Zwölftonmusik enden lässt.

Für die Red Hot Chili Peppers ist diese Art des Songwritings existentiell. Nach eigenen Aussagen sind auf diese Weise ihre größten Hits entstanden. Die zahlreichen Mitgliederwechsel, insbesondere ihrer Gitarristen, geben Aufschluss darüber, wann der magische Kreis der Band gestört war. Dave Navarro, der nach dem Abschied von John Frusciante im Jahre 1991, als Gitarrist für das Album „One hot minute" verpflichtet wurde, war nicht in der Lage sich auf die Art des Songwritings der Peppers einzulassen. Er hatte bei der Band keine allzu lange Zukunft.[19]

Eine Jam Session ist natürlich nur eine Möglichkeit als Musiker kreativ zu sein. Entscheidend ist, die richtige Strategie zu finden, wie Du Deinen Geist am besten füttern musst, um bei der Suche

---

[19] Red Hot Chili Peppers mit Brendan Mullen

nach einer Hook, schneller zu besseren Ergebnissen zu kommen. Deine Neuronen (Gehirnzellen) führen zur Bewältigung der Basishirnaktivitäten in jeder Minute zwischen 100.000 und 1.000.000 Wechselverbindungen aus.[20] Mindestens ebenso viele Möglichkeiten bestehen, um aus einer Tonleiter eine Hook mit Hitpotential zu kreieren.

Hackerguide fürs Hirn

Bist Du der Typ „linke Gehirnhälfte" oder der Typ „rechte Gehirnhälfte"? Die gute Nachricht: Du musst Dich nicht endgültig zwischen rechter oder linker Gehirnaktivität entscheiden. Die meisten Menschen haben Stärken, die beiden Seiten zugeordnet werden können. Ich kenne jedenfalls niemanden, der ausschließlich introvertiert oder extrovertiert ist. Gerade das Bild eines in sich zurück gezogenen Musikers zeigt, dass es keinen Sinn macht, einen Menschen endgültig auf seine „Hirnseite" festzulegen. Häufig sucht ein introvertierter Musiker nur die Gelegenheit auf der Bühne die Sau raus zu lassen. Ist er dann nur ein bisschen extrovertiert? Nur zu 20 Prozent? Oder „in der Regel" introvertiert?

Das Rätsel um die alltäglichen Fähigkeiten und Charakterzüge, die in unserem Hirnschmalz schlummern, ist so alltäglich, dass wir es kaum mehr beachten. Zweifellos dominiert eine Gehirnhälfte unser Handeln. Wie wäre es jedoch, wenn Du zwischen linker und rechter Gehirnhälfte umschalten könntest? Wie wäre es, wenn Du auf Knopfdruck kreativ sein könntest? Du hältst das jetzt vielleicht noch für unmöglich. Aber die Menschen haben auch jahrelang gedacht, dass die Erde eine Scheibe sei.

Der Psychologe C.G. Jung entwickelte ein System, das die Kategorisierung eines Menschen – seine bevorzugten Lern- und Ent-

---

[20] Kopftraining, Tony Buzan

scheidungsstrategien – anhand seiner dominierenden Gehirnhälfte möglich macht. Mit dem Wissen, dass Du zwischen beiden Hirn-hälften „switchen" kannst, wirst Du in Zukunft in der Lage sein, Deine kreative Strategie immer dann zu wechseln wenn es nötig ist. Forsche dabei systematisch nach Deiner Hit-Melodie. Dein Hirn unterstützt Dich dabei. Alles was Du tun musst ist „umzu-schalten", wenn es auf einer Seite „hakt".

å∫ç∂€ƒ©ª°Δ@µ~øπ«®'†¨√∑≈¥Ω

Grundlegende Stärken beider Gehirnhälften:

Links	Rechts
Beurteilen	**Wahrnehmen**
Zeit einteilen	Zeit nehmen, die es braucht
Nur eine Sache auf einmal tun	Mehrere Dinge gleichzeitig jonglieren
Dinge zum Abschluss bringen	Dinge offen halten
Logisch	**Intuitiv**
sucht nach Sinn	sucht die Vision
Planung	Zufall
Objektiv	**Subjektiv**
sucht nach Funktionalität	sucht nach Ähnlichkeiten
strukturiert	harmonisch
am Trend orientiert	an Werten orientiert
Introvertiert	**Extrovertiert**
am ehesten alleine kreativ	am ehesten mit anderen kreativ
kreative Ideen kommen von „innen"	kreative Ideen kommen von „außen"
braucht Zeit zur Reflektion	braucht Bestätigung durch andere

Inspiration auf Knopfdruck

Kennst Du das Gefühl, dass an einem Tag alles gelingt und an einem anderen Tag alles daneben geht? Hast Du Erinnerungen an wahrhaft heldenhafte Leistungen? Kreative Energieschübe, wo alles zu fließen schien? Dinge, die Du Dir nie zugetraut hättest? Und erinnerst Du Dich noch, wann Dir zum letzten Mal etwas vollkommen danebengegangen ist? Ein Tag, an dem nicht einmal die einfachsten Dinge funktionierten? Ein Tag, an dem Du unmöglich kreativ sein konntest?

Wo liegt der Unterschied? In beiden Situationen bist Du doch ein und derselbe Mensch? Der Unterschied liegt in dem Zustand, in dem Du Dich befindest. Entweder ist dieser Zustand beflügelnd oder deprimierend. In einem beflügelten Moment sprudeln die Ideen nur so aus Dir heraus. In einem deprimierten Zustand – so kommt es Dir zumindest vor – werden Dir auch die letzten Reste kreativer Energie regelrecht abgesaugt. Doch jetzt kommt das Problem: Das stimmt nicht so ganz. Unkreative und deprimierende Momente sind nur dann unkreativ, wenn Du denkst, dass sie es sind. Und kreative und beflügelnde Momente sind nur deshalb kreativ, weil Du glaubst, dass sie es sind. Das muss ich erklären:

Es liegt keine große Erkenntnis in der Aussage, dass wir uns täglich unsere kleine Welt selbst erschaffen. So etwas wie eine objektive Realität gibt es nicht. Jeder Mensch sieht die Welt und andere Menschen um ihn herum, durch seine ganz persönliche Brille. Die Zustände, in denen wir uns permanent befinden, schaffen wir uns also selbst. Die Ansicht, dass ein Zustand wie Kreativität, außerhalb unseres Einflussbereiches zu suchen ist und in glücklichen Momenten „über uns" kommt, stimmt also nicht. Zweifellos kannst Du eine animierende Umgebung schaffen, die Deine Kreativität verstärkt. Aber die Lösung, Dich immer dann in einen kreativen Zustand zu versetzen, wenn Du es willst ist: Verantwortung für Deine Zustände zu übernehmen. Das ist nicht leicht zu akzeptieren. Wenn Du Dich jedoch mit dem Gedanken anfreundest, dass Du zu jeder Zeit die Macht über Deinen eigenen Zustand hast und diesen immer dann ändern kannst, wenn Du es willst, so hast Du jederzeit die Möglichkeit kreativ zu sein. Verantwortung übernehmen bedeutet also, sich nicht als Spielball seiner Emotionen zu fühlen. Denn darauf läuft es im schlechtesten Fall hinaus: Die Abhängigkeit von Stimmungslagen. Die Medien möchten uns zwar gerne glauben machen, dass großen Künstlern ihre Kreativität regelrecht zufliegt. Solche Mythen lassen sich halt besser verkaufen, treffen jedoch nur selten zu.

Es wird Dir vielleicht nicht immer gelingen Deinen Zustand zu kontrollieren. Gerade zu Beginn kann dies ein mentaler Kraftakt sein, der erst einmal zu mehr Verwirrung als zu besseren Ergebnissen führt. Das entscheidende ist jedoch, dass Du anfängst die Möglichkeiten Deiner Kreativität nicht länger außerhalb von Dir selbst zu suchen. Kreativität ist kein Gefühl, es ist eine Entscheidung, die trainiert werden kann. Die zukünftige Frage auf die Aussage: „Ich bin heute kreativ." lautet dann nicht mehr: „Warum bin ich heute kreativ?", sondern: „Wie habe ich das gemacht?".

In vier Schritten zur perfekten Hook

Einen Song mit einer starken Hook zu komponieren ist ein mehrstufiger Prozess. Jeder Musiker der Welt wird Dir das bestätigen. Von der „Planung" eines Songs bis zum fertigen Hit lassen sich jedoch vier Schritte weitestgehend verallgemeinern: brainstormen, entwickeln, konstruieren und separieren. Wie der kreative Prozess des Songwritings aktiviert wird und wie er abläuft ist abhängig von der Umgebung, Deinen täglichen Gewohnheiten und Deinem dominierenden „Hirnmodus". Das Feedback durch andere sollte

Dir ein ständiger Begleiter sein. Dein Song braucht die Meinung zukünftiger Hörer. Nach einer Auseinandersetzung mit kritischen Stimmen von außen, gehe wieder einen Schritt zurück und brainstorme, entwickle, konstruiere und separiere erneut. Wie auf einer Serpentinenstraße, die Dich Kurve für Kurve den Berg hinauf führt, wirst Du schließlich Dein Ziel erreichen.

Die vorgestellten vier Schritte sind jedoch keine Anleitung, die es um jeden Preis in der richtigen Reihenfolge zu befolgen gilt. Zwangsläufig wirst Du bei einem Schritt mehr Erfolge haben als bei einem anderen. Aus dem einfachen Grund, weil Du dort mehr Spaß hast. Experimentiere mit jedem einzelnen Schritt, ändere die Reihenfolge und finde Deine Strategie.

Die amerikanische Autorin Sheila Davis hat sich mit den Auswirkungen von linker und rechter Gehirnhälfte auf den kreativen Prozess des Songwritings beschäftigt. Ihre 4-Strategie beruht auf der Annahme, dass jeder der Schritte: brainstormen, entwickeln, konstruieren und separieren von jeweils einer Hirnseite optimal ausgeführt werden kann. In ihrer Strategie ordnet sie jedem der vier Schritte die „passende" Hirnseite zu und empfiehlt bei Bedarf, zur anderen Hirnseite zu switchen. Willkommen in Dr. Davis Gruselkabinett: Hier ist die Anleitung zum „Whole-Brain-Song".[21]

---

[21] Sheila Davis, The Songwriters Idea Book

Zunächst: Die Aktivierung des kreativen Prozesses

Wir alle kennen das Gefühl, wenn uns eine gute Idee regelrecht „überfällt". Überfällt vor allem deswegen, da gute Ideen die Eigenschaft haben, uns gerade immer dann in den Sinn zu kommen, wenn wir gerade mit einer vollkommen anderen Tätigkeit beschäftigt sind. Zum Beispiel duschen, spazieren gehen, joggen etc. Häufig ist die Idee ebenso schnell wieder verflogen, wie sie gekommen ist. Manch einer empfindet diese Umstände gar als lästig: „Genau diesen Einfall hätte ich vor einer Stunde gebraucht – jetzt ist es zu spät."

Wichtig zu verstehen ist, dass egal, welche Idee Dich überfällt, diese sich zu 99 Prozent auf etwas bezieht, mit dem Du Dich ohnehin gerade beschäftigst. Wenn Du also seit einiger Zeit nach einer Idee für Deine Hit-Melodie suchst, so kannst Du sicher sein, dass Deine grauen Zellen bereits an einer Lösung arbeiten.

Und wenn Du solch überfallartige Situationen bereits erlebt, bisher aber für Zufälle gehalten hast, so verrate ich Dir jetzt das Geheimnis, das sich dahinter verbirgt. Ideen lassen sich nämlich systematisch erzeugen – durch Aktivität. Bewegung bringt Schwung in Deine rechte Gehirnseite und immer dann, wenn Dein Gehirn von einer konzentrierten Aufgabe abgelenkt wird und sich erholen kann, lässt es etwas neues zu.

Aktiviere den kreativen Prozess Deiner rechten Hirnhälfte durch planlose Dudelei auf einem Instrument. Dem freien Assoziieren bzw. Schreiben eines Textes ohne nachzudenken oder dem Singen von Melodien, die einfach aus Deinem Mund kommen. Woher Du weißt, ob Deine rechte Hirnseite das Organ ist, welches den kreativen Prozess aktiviert? Malst Du beim telefonieren manchmal unbewusst Bilder oder spielst mit Deinen Haaren? Die Lösung zur Aktivierung der rechten Gehirnseite heißt Aktivität. Achte auf den scheinbar zufälligen Einfall und halte ihn fest.

Die Aktivierung der linken Gehirnhälfte benötigt das genaue Gegenteil. Mit freier Assoziation, Instrumentendudelei oder einer Jam Session kann diese weit weniger anfangen als die rechte. Willst Du Deine linke Seite in Wallung bringen, musst Du von etwas Konkretem aus beginnen. Einer Melodie, einem Riff oder einem fertigen Rhythmus.

Arbeite Dich von etwas Einzelnem zum großen Ganzen vor. Du kannst beispielsweise zunächst das Tempo festlegen und Dich dann Stück für Stück weiter vortasten. Fange mit etwas handfestem an und baue darauf auf.

Die vier Schritte Strategie von Sheila Davis:

Schritt eins: Brainstormen – rechter Hirnmodus

Hat sich eine Idee durch Aktivierung von rechter oder linker Hirnhälfte angekündigt, so versuche sie weiter zu entwickeln. Verbinde eine Melodie mit einer anderen. Nimm einen Groove und experimentiere mit verschiedenen Tempi. Spiele eine Riff-Idee rückwärts, in doppeltem Tempo etc. Verfasse einen Text in einer anderen Sprache oder stell Dir einen Freund oder eine Freundin vor und entwickle eine Handlung oder eine Situation um die Person. Widerstehe in der ersten Phase konsequent der Versuchung, Deine Ideen zu bewerten, sondern halte zunächst alles fest was Du produzierst.

Schritt zwei: Entwickeln – rechter Hirnmodus

Deine ersten Einfälle brauchen Zeit. Mach nicht zu früh weiter, sondern hab Geduld. Dränge Deine Ideen nicht zu einem frühzeitigen Abschluss und presse sie nicht zu früh in ein Raster. Gehst Du zu schnell weiter, verpasst Du es unter Umständen Deiner Idee den nötigen Tiefgang zu verleihen. Was dann dabei heraus kommt, sind oberflächliche Textideen, ein beliebiges Songfeeling und vorhersehbare Melodien. Bewahre Deine Ideen eine zeitlang in Dir, lass sie sacken und entwickle ein Gespür für das richtige Feeling. Warte auf den Aha-Effekt, ein untrügliches Zeichen Deiner Intuition.

Schritt drei: Konstruieren – linker Hirnmodus

Nach dem Aha-Effekt musst du konstruktiv vorgehen. Jetzt kommt die Phase in der Du emotionslos aussieben musst. Erstelle eine Struktur, ein Arrangement oder eine Versform. Vergib Namen für jede Idee: A, B oder C-Teil, Strophe, Refrain etc. Achte darauf, dass in einem neuen Part auch etwas neues passiert. Eine andere Stimmung, eine andere Betonung, ein Tempowechsel, Wechsel der Tonart etc. Suche konsequent nach Gründen, warum ein Part so sein soll, wie er ist. Versuche keine Effekthascherei. Sei gnadenlos und sortiere alles aus, was keine klare Funktion erfüllt.

Schritt vier: Separieren – linker Hirnmodus

Im vierten Schritt erfolgt das Finetuning. Suche Klarheit und die Essenz Deiner Ideen. Achte auf gern vergessene Kleinigkeiten wie die Grammatik im Text, auf widersprüchliche Emotionen in Text und Musik. Gibt es einen roten Faden, der sich durch Deine Ideen zieht? Ein Muster, einen Stil? Suche das Beste und finde die Fehler. Verhelfe auf diese Weise einer mittelmäßigen Idee zu einer Spitzenidee. Hab vor allen Dingen Spaß bei diesem Prozess. Sei nicht frustriert, wenn in dieser Phase noch viele Deiner Ideen in der Tonne landen. Frage Dich: Ist dies das Beste, was ich leisten kann – oder bin ich zu mehr in der Lage?

Trainings-Tipp: Die richtige Botschaft

Es ist kein Problem, wenn die Leute Dich oder Deine Musik nicht mögen. Der Status eines Produzenten oder Künstlers und der Wert ihrer Musik steigen häufig ganz erheblich, wenn man einigen Leuten auf die Füße tritt. Allerdings darf man Dich niemals missverstehen. Das Thema Deines Hits sollte sich in einem Satz erklären lassen. Erfolgreiche Popmusik basiert grundsätzlich auf drei Möglichkeiten emotional thematischem Ausdrucks:

1) Single-Emotion: Der Ausdruck einer einzelnen Emotion, Meinung oder Haltung (Häufig autobiografisch)

2) Situationsbedingte Emotion: Der Ausdruck einer Emotion, Haltung oder Meinung im Kontext einer Situation (Streit zwischen zwei Liebenden)

3) Story: Die Erzählung einer Geschichte mit einem Anfang und einem Ende (Fiktiv, autobiografisch, Fantasie)

Für welche der drei Möglichkeiten Du Dich entscheidest, hängt ganz von Deinem Einfallsreichtum, Deinen Erfahrungen und Deiner Persönlichkeit ab. Mit allen drei Ausdrucksformen kannst Du einen Hit erzielen.

Beginne jetzt den ersten Entwurf für einen Text zu verfassen. Achte bei der Themenfindung auf weitere vier „Hit-Facts", die Du miteinander koppeln musst:

Die Erzählform:

Bei der Beschreibung einer einzelnen Emotion oder einer Situationsbedingten Emotion, empfehle ich Dir einen Text in der ersten oder zweiten Person zu verfassen – mit der Betonung auf „Ich" und „Du". Entscheidest Du Dich dafür eine Geschichte (Story) zu erfinden, kannst Du diese auch in der dritten Person verfassen: Er / Sie / Es / Wir.

Die Artikulierung:

Die meisten Texte werden darüber verfasst was eine Person denkt, seltener was sie sagt. Dialoge finden daher in Popsongs kaum Verwendung. Mit einem Text in dem es um Gedankenspiele geht, bist Du also auf der sicheren Seite.

Die Zeit:

Findet Deine Texthandlung in der Vergangenheit, der Gegenwart oder der Zukunft statt?

Die Situation:

Gibt es eine Szene oder eine besondere Umgebung, in der Deine Texthandlung stattfindet? Sorge für ein besseres Verständnis, in dem Du Einzelheiten der Situation besonders beschreibst. Füge Details ein, die einzelne Emotionen und das Hit-Feeling verstärken.

Für welche Erzählform und welchen Ausdruck Du Dich entscheidest hat unmittelbare Auswirkungen auf alle anderen. Das Ziel ist, alle so miteinander zu kombinieren, dass ein schlüssiger Text und ein „ergreifendes" Thema entsteht. Entwickle eine Idee von etwas oder über etwas. Stelle ein Thema in den Mittelpunkt, das viele Menschen interessiert und entwickle eine neue Schlussfolgerung. Spiel mit Ideen und finde heraus, ob diese genügend Substanz haben, um ein populäres Thema daraus zu entwickeln.

Du brauchst eine professionelle Tonaufnahme

Der Wettkampf um Sendeminuten im Radio ist groß. Jeder Programmchef muss jeden Tag Entscheidungen treffen, ob ein Song auf seinem Sender gespielt wird oder nicht. Egal ob Du vorhast Deinen Song einem Universitätsradiosender anzubieten oder einem überregionalem öffentlich rechtlichen Sender – Du solltest keinen Schritt bei der Produktion Deines Hits dem Zufall überlassen. Um das Risiko zu vermeiden, dass Dein Hit bereits wegen schlechter Klangqualität aus dem Rennen fliegt, solltest Du Dich nach einer professionellen Aufnahmeumgebung umsehen. Das muss nicht unbedingt ein teures Tonstudio sein, es genügt auch ein Heimstudio oder ein Übungsraum. Wenn Du geschickt im Umgang mit Computer, Mikrofonen und Aufnahmetechnik bist, ist dies ein brauchbarer Ersatz.[22]

Die technischen Bedingungen in einem Tonstudio ermöglichen Dir unter Umständen jedoch einen besseren „Workflow". Du solltest daher abwägen wofür Du Dich entscheidest. Wenn Du keine Freunde oder Bekannte in Deinem Umfeld hast, die Dich bei den drei Produktionsschritten – Aufnehmen, Mixen und Mastern – zu einem guten Endprodukt unterstützen können, kann Dein Vorhaben leicht in einem „Bastelprojekt" enden. Wenn Du nicht sicher bist – bist Du nicht sicher und solltest Dich daher in die Hände eines Experten in einem Tonstudio begeben.

Recherchiere einige Studios, die in Deiner Sparte bereits Künstler produziert haben. Du kannst dies anhand einer Referenzliste und einigen Hörproben feststellen, die jedes brauchbare Tonstudio im Internet anbietet. Achte jedoch darauf, dass die aufgeführten Referenzen nicht allzu weit in der Vergangenheit liegen. Tonstu-

---

[22] Das Buch: „How to pimp my Übungsraum" von dem Berliner Erfolgsproduzenten Moses Schneider liefert jede Menge wissenswertes darüber, wie Du in Deinem eigenen Übungsraum „dicke" Aufnahmen erzielst.

dios erleben schwierige Zeiten, da sehr viele Musiker und Bands damit begonnen haben, sich ihr eigenes Aufnahmedomizil in einer Garage oder Ihrem Wohnzimmer einzurichten. Der herrschende Preiskampf in der Studioszene kommt Dir zugute. Studiozeit ist günstig wie nie zuvor.

Wenn Du Dich für ein Tonstudio entschließt, ermittle einige Studios der mittleren Preisklasse und ruf die Studiomanager an. Sag am Telefon, dass Du, ausgehend von einer Hook, eine Hit-Single produzieren möchtest. Frag nach Preisen und möglichen Terminen. Du solltest etwa eine Woche einplanen, um Deinen Hit im Studio produzieren und fertig stellen zu lassen. Je nach dem, in welcher Sparte Du Deinen Hit produzieren willst, benötigst Du einige Studiomusiker oder einen Programmierer bzw. Keyboarder. In jedem Fall jedoch einen Aufnahmeleiter oder Engineer. Wenn Du im Bereich Rockmusik ernst genommen werden willst, empfehle ich Dir, einige gute Session-Musiker zu verpflichten, die in der Lage sein sollten, Deinen Song locker an einem Tag einzuspielen. Ein Schlagzeuger, ein Bassist und ein Gitarrist sind für einen guten Rocksong das Minimum.

Zusätzlich benötigst Du einen Sänger oder Sängerin, wenn Du nicht selbst singen kannst oder willst. Etablierte Studios verfügen in der Regel über ein größeres Netzwerk von Studio- und Profi-Musikern, die Du für das Einspielen des Grooves verpflichten kannst. Auch für den Gesangspart gibt es in den meisten Fällen die Möglichkeit, einen Profi über das Studio zu engagieren. Für die Produktion von elektronischer Musik sollte das Studio in der Lage sein, Dir einen Programmierer oder Keyboarder zur Verfügung zu stellen. Frage dazu die Studiomanager nach möglichen Kontakten.

Alle Beteiligten, die Du beauftragst, sollten sich in Deiner Sparte auskennen sowie entsprechende Referenzen vorweisen können.

Frag ruhig nach, ob das Studio oder einer der beteiligten Musiker in der Vergangenheit an einer Hit-Produktion beteiligt war. Verpflichte die entsprechenden Leute auch für Deine Produktion. Lass Dich jedoch nicht von den Erfolgreichen einschüchtern. Hör Dir deren Meinung und Erfahrungen an und lerne von diesen Personen.

Stelle Dein Produktions-Team zusammen

Mach jetzt eine Liste mit allen Produktionsschritten und nötigen Tätigkeiten, die Du nicht selbst tun kannst. Was sind wichtige Fähigkeiten, die Du nicht hast, für die Du auf jeden Fall Unterstützung benötigst? Wer muss Teil Deines Produktions-Teams werden, um Deine Produktion zum Erfolg zu führen? Einen Aufnahmeleiter oder Engineer benötigst Du in jedem Fall. Einen Schlagzeuger, Bassisten und einen Gitarrist solltest Du für eine Rockproduktion engagieren. Im Bereich Elektro ist ein Keyboarder und Programmierer notwendig – zusätzlich eine Sängerin bzw. ein Sänger.

In modernen Produktionen werden häufig Stilelemente unterschiedlicher Sparten gemischt. Du kannst beispielsweise einem Rocksong ein zusätzliches Disco-Feeling verleihen, indem Du zusätzlich synthetisch erzeugte Instrumente „einbaust", oder Du verleihst einem Dance-Hit etwas „Dreck" in dem Du eine verzerrte E-Gitarre einsetzt oder „echte" akustische Instrumente integrierst – etwa ein Saxophon oder eine Trompete. Lass Dich von Fachleuten Deines Produktions-Teams beraten und gib Experimentierfreude und Fantasie ruhig ein wenig Freiraum. Das bedeutet allerdings, dass Du unter Umständen einen Programmierer engagieren oder einen Studio-Musiker bezahlen musst, der über Deine Dance-Nummer ein Saxophon-Solo einspielt. Später, im weiteren Verlauf der Produktion, benötigst Du einen Mix- und einen Master-Engineer. All diese Personen, musst Du zu gegebener Zeit engagieren, anleiten und zu einem Teil Deines Teams machen – denn nur mit einem guten Team wirst Du Dein Ziel auch tatsächlich erreichen.

Halte Ausschau nach einer kreativen Umgebung

Als Musikproduzent bin ich privilegiert. Ich höre in der Regel die Geheimnisse und Emotionen, die ein Künstler in seine Musik hineinlegt und mir zur Beurteilung und Bearbeitung vorlegt, als Erster. Nicht die Plattenfirma oder das Management hören neues Songmaterial eines Künstlers zuerst, sondern häufig der Produzent und das Studiopersonal. Ich habe in meinem Job als Produzent einige Zeit gebraucht, bis ich jeden exzentrischen Künstler ertragen konnte, aber die Tatsache privilegiert zu sein, hat mich immer motiviert. Wenn ich ein Aufnahmestudio betrete, überkommt mich für einen kurzen Moment ein Gefühl der Ehrfurcht. Ich werde mir in diesem Augenblick darüber klar, dass ich einen intimen Ort betrete. Ich denke darüber nach, wer dort seine Emotionen aus Wort und Musik für die Ewigkeit festgehalten hat.

Wenn Du jedoch einen Schallschutzexperten oder Toningenieur zu einer „optimalen" Aufnahmesituation befragst, so bekommst Du als erstes einen Vortrag über verschiedene Dämmmaterialien, die Vorteile eines „Raum-in-Raum-Konzeptes" sowie einen Vergleich, ob Holz besser „klingt" oder Beton. Ich habe einige der besten Studios der Welt gesehen, unter anderem um festzustellen, wie dort die Vorgaben für eine optimale Akustik umgesetzt wurden. Was ich damit sagen will ist folgendes: Nicht die Frage wie der Architekt die Deckenkonstruktion gelöst hat und ob das Material nach besten akustischen Gesichtspunkten ausgewählt wurde interessiert mich. Das einzige was mich interessiert ist: Fühle ich mich an diesem Ort wohl? Kann ich hier sehr viel meiner kostbaren Zeit verbringen und wird dieser Ort mein Vorhaben beflügeln?

Über die Atmosphäre, die ein Raum erzeugt, kannst Du Rückschlüsse darauf ziehen, ob sich jemand Mühe gegeben hat, eine animierende Umgebung zu schaffen. Wenn Du Dich dort auf Anhieb wohl fühlst, wirst Du es leichter haben, in diesen Räumlichkeiten einen Hit zu produzieren – auch wenn nicht die teuersten Schallabsorber die Wände zieren. Eine rein technische Umgebung, in welcher der Studiomanager Dir als erstes die Vorzüge der Technik erläutert, lenkt Dich leicht davon ab heraus zu finden, ob diese Umgebung Dein Vorhaben beflügelt. Obwohl einige technische Aspekte in einem Tonstudio natürlich wichtig sind, denk lieber an „Klasse statt Masse": Nicht das teuerste Studio ist das Beste, sondern das, mit der für Dich angenehmsten Atmosphäre.

Mach einen Vorhab-Besprechungstermin mit möglichst allen Beteiligten. Lass Dir die Kosten genau erklären. Welchen Betrag musst Du für das Studio pro Tag einplanen? Wenn Du Musiker verpflichtest, ist es üblich, diese nach einem Tagessatz zu bezahlen. Was kosten mögliche Gastmusiker und ein(e) Sänger(In)? Wie viel bekommt der Aufnahmeleiter? Wenn Du einen Programmierer bezahlen musst, erfrage auch hier die Tagesgage. Was musst Du für den Mix des Songs und das Mastering kalkulieren?

Versuch nicht an der falschen Stelle zu sparen. Ein gut produziertes Arrangement, ein guter Mix und ein professionelles Mastering haben schon so manchen Song in einen Hit verwandelt.[23] Verhandle jedoch über den Preis und frage den Studiomanager, wel-

---

[23] Tagesgagen für Session-Musiker liegen im Bereich 150,- und 250,- Euro. Ein Tonstudio für ca. 200,- pro Tag sollte vollkommen genügen. Programmierer, Aufnahmeleiter, Mix- und Master-Engineer haben eine durchschnittliche Tagesgage von 150,- bis 350,- Euro. Der Mix Deines Nr.1-Hits und ein professionelles Mastering, sollte ein Fachmann locker an jeweils einem Tag bewerkstelligen.

che Art von Rabatt er Dir anbieten kann. Lässt er sich darauf nicht ein, stelle eine Beteiligung an den Tantiemen in Aussicht.

So führst Du Dein Produktions-Team zum Erfolg

Sich ein Team mit Fachleuten zusammenzustellen ist ein bedeutender Schritt. Er markiert den Moment, in dem Du lernst, Arbeit zu delegieren und andere anzuleiten, statt selbst angeleitet zu werden. Mach die ersten Schritte, in dem Du die wichtigsten Aufgaben und Prinzipien eines guten Produzenten kennen lernst. Deine Fähigkeit, ein Produktions-Team zu führen, wird entscheidend zum Erfolg Deines Vorhabens beitragen.

„Alle müssen Spaß haben und ich muss jeden Einzelnen nur regelmäßig loben!" Lange Zeit habe ich genau so gedacht. Ich ging davon aus, dass ich den Menschen in meiner Umgebung nur regelmäßige Anerkennung zukommen lassen müsste, dann würden alle Spaß haben und der Rest würde sich von alleine ergeben.

Natürlich ist jeder Mensch, um so motivierter für eine Aufgabe, je mehr Spaß er daran hat. Darum sei an dieser Stelle erwähnt – was eigentlich eine Selbstverständlichkeit ist – dass Arbeit Spaß machen sollte. Problematisch wird es immer dann, wenn Spaß die einzige Motivation ist, etwas gut zu erledigen. Kein Job der Welt macht 24 Stunden am Tag 365 Tage im Jahr Spaß. Das ist eine Illusion – häufig macht ein Job nicht mal eine ganze Woche lang Spaß und Bezahlung alleine hat noch niemanden zur Höchstform getrieben. Damit wir uns richtig verstehen, Spaß ist eine wichtige Voraussetzung zur Motivation, doch die Frage, die Du Dir zu Beginn stellen musst ist nicht: Was kann ich dafür tun, dass alle ihren Job auf die angenehmste Art und Weise erledigen, sondern: „Warum sollte irgendwer aus meinem Produktions-Team seinen

Job überhaupt gut machen wollen? Was ist die Idee hinter all dem? Und das ist keine Frage von Motivation, sondern von Sinn.

Menschen wollen einen Sinn in Ihrer Aufgabe finden. Und dabei ist es egal, ob ein Projekt eine Woche oder ein Jahr dauert. Sie fragen zuerst nach dem „Warum". Was Du also als erstes brauchst, um Dein Team zu motivieren, ist eine Idee – eine Vision. Was trägt Dein Vorhaben dazu bei, dass die Welt ein klein wenig bunter wird? Was ist das Außergewöhnliche an Deiner Idee? Sorge für Verständnis, liefere Argumente und Dein Team wird dieser Vision folgen. Wer das große Ganze kennt, kann 1) entscheiden, ob er dem folgen will und 2), die Vision immer im Auge behalten. Außerdem musst Du Dein Team dann nicht permanent loben und ständig motivieren.

Es ist zwar ratsam, dass Du regelmäßig für Kaffee, Tee und kalte Getränke sorgst und auch an die Malzeiten denkst – nichts erzeugt mehr Teamgeist, als wenn Du Dich um die grundlegendsten Bedürfnisse Deines Teams kümmerst. Jedoch sollte Deine Vision für alle Beteiligten der Hauptantrieb sein. Ist diese für alle transparent und verständlich, kommt die Motivation fast automatisch. Sie besteht aus dem festen Blick auf ein Ziel und einem klaren Weg dorthin.

Wenn Du mit einem Team zusammen arbeitest, wird es immer wieder Momente geben, in denen Du und jeder anderer definitiv keinen Spaß hat: Gereizte Stimmung, eine schlechte Tagesform, technische Probleme. In diesen Situationen ist Spaß als Motivation schlicht untauglich. Es sind Momente, in denen Pflichtbewusstsein wichtig wird, da es sonst nicht weiter geht. Pflichterfüllung ist allerdings ein unpopulärer Begriff, hat wenig Sexappeal und sorgt in der Regel dafür, dass die Beteiligten anfangen nach Ausreden zu suchen, um sich zu drücken. Es gibt allerdings Dinge, die aus einer Verantwortung heraus einfach getan werden müssen.

Dinge, die wichtig sind, eben weil sie keiner gerne macht; Dinge, für die man eine Tätigkeit, die mehr Spaß macht, unterbrechen muss.

Mit der Verallgemeinerung, dass eine Tätigkeit immer Spaß machen muss, solltest Du also vorsichtig sein. Außerdem führt diese Aussage dazu, dass sich die Beteiligten nur auf die Tätigkeit an sich konzentrieren – und sobald diese keinen Spaß mehr macht, wird das Ergebnis unbefriedigend.

Der Blick auf das zu erzielende Ergebnis ist die einzige Motivation, die Du propagieren solltest. Ergebnisse müssen motivierend sein, damit man sie erreichen kann. Motivation, die Du dauerhaft „von außen" erzeugen musst – etwa durch die täglichen Auszahlungen der Gagen – sorgt dafür, dass Du Dein Team kaum alleine arbeiten lassen kannst. Sobald Du ihm den Rücken zudrehst, werden alle nach Zerstreuung suchen und sich ablenken lassen.

Deine Prinzipien und Aufgaben als Produzent

Wenn Du es nicht schaffst Vertrauen in Deine Führungsfähigkeiten zu erzeugen, wird Deine Hit-Produktion im Chaos enden. Dein Team wird das Gefühl bekommen, dass Du wahllos kritisierst, keinen wirklichen Plan hast, ausschließlich spontan handelst und nicht weißt was Du delegieren musst und was Du selbst tun kannst.

Die wichtigsten Prinzipien, die Du als Produzent daher beachten musst, sind:

1) Jeder übernimmt die Verantwortung für sein Handeln

2) Einzig das Ergebnis zählt

3) Jeder konzentriert sich auf seine Stärken

4) Für ein gutes Arbeitsklima sorgen

5) Vertrauen schaffen

Darüber hinaus musst Du wissen was Deine Aufgaben sind und welche Aufgaben nicht dazu gehören. Deine wichtigsten Aufgaben sind:

1) Einen Sinn vorgeben

2) Für ein Ziel und Etappenziele sorgen

3) Dein Produktions-Teams fordern und fördern

4) Aufgaben delegieren, kontrollieren und Ergebnisse beurteilen

5) Wichtige Entscheidungen treffen

6) Den Produktionsablauf so zu organisieren, dass sich alle auf ihre Stärken konzentrieren können

Einfache Prinzipien regeln ein Problem, bevor es entsteht

Wenn die Dinge gut laufen und Du es mit Situationen zu tun hast, die leicht zu bewältigen sind, brauchst Du in der Regel keine Prinzipien. Nützlich und nötig werden Prinzipien immer dann, wenn eine unvorhergesehene Situation auftritt, für die eine Lösung nicht sofort ersichtlich ist – auf die Du jedoch reagieren musst.

Stelle Dir dazu folgende Situation vor: Der Schlagzeuger, den Du engagiert hast, verpasst bei jeder Aufnahme den Einsatz in den Refrain. Du bist verzweifelt, da bereits 20 Versionen eines Refrains aufgenommen wurden und nicht ein einziger brauchbarer dabei ist. Die Person hinterm Schlagzeug kommt allmählich ins Schwitzen und führt alles an Ausreden herbei, was ihm nur in den Sinn kommt: Er sei nicht eingespielt, der Groove liege ihm nicht, er habe sich nicht vorbereiten können usw. Was wirst Du tun? Und die noch wichtigere Frage: Was wäre in so einer Situation das Richtige? Du kannst Dich natürlich zum Kaffee kochen verkrümeln und es Deinem Aufnahmeleiter überlassen, das Problem zu regeln. Führungskraft beweist Du jedoch, wenn Du Dich in die Situation einschaltest. Mach Deinem Drummer klar, dass Du persönliche Ausreden nicht akzeptieren kannst. Gib ihm die Möglichkeit, sich die Problemstelle Refrain noch mal genau anzuhören, um dann – nach einer Kaffeepause – den Groove bitte einzuspielen.

Gleich zwei Deiner Grundsätze kannst Du vorbringen, um mögliche Ausreden zu entschärfen: Jeder übernimmt Verantwortung für sein Handeln und: Nur das Ergebnis zählt. Achte jedoch darauf, Höflichkeit und Anstand zu wahren, Beschimpfungen und Beleidigungen sind schlechte Instrumente zur Motivation. Deine Prinzipien musst Du im Vorabgespräch mit allen Beteiligten klären – ab dann solltest Du diese nur noch unterschwellig andeuten, anstatt sie in jeder Konfliktsituation aufs Neue herunterzubeten.

Um Hilfe bitten – psychologische Tricks anwenden

Um Dich und Deinem Produktions-Team zu einer erfolgreichen Zusammenarbeit zu verhelfen, musst Du eine wichtige Lektion in Sachen guter Führung lernen: Du musst lernen um Hilfe zu bitten. Um Hilfe zu bitten ist kein Zeichen von Schwäche. Es zeugt von einer guten Einschätzung Deiner eigenen Fähigkeiten.

Stell Dir noch einmal die Situation mit Deinem Schlagzeuger vor und sprich ihn nach folgendem Muster an: „Es tut mir leid, lieber Schlagzeuger, es war mein Fehler, dass ich Dir nicht mehr Zeit gegeben habe, um Dich besser vorzubereiten. Und es war mein Fehler, nicht einen einfacheren Groove vorzugeben. Du wurdest mir ausdrücklich empfohlen als ein zuverlässiger und flexibler Drummer. Sag mir, was ich tun kann, damit du dich entspannst?"

Du wirst erstaunt sein, wie schnell die Person bereit ist Dir ohne weiteres die Schuld für sein Versagen zu geben. Allerdings kannst Du danach sicher sein, dass der nächste Take ein Treffer wird. Du wirst Deinen Drummer sofort aus seinem Tief reißen, wenn Du ihn auf diese Weise ansprichst statt ihn anzumotzen.

Du kannst und musst die Probleme, die sich im Laufe Deiner Hit-Produktion ergeben, nicht alle allein bewerkstelligen. Das ist gar nicht möglich. Eine der wichtigsten Führungsaufgaben ist es, andere zum richtigen Zeitpunkt um Hilfe zu bitten, damit Du rechtzeitig ans Ziel kommst.

Unterscheide wichtige Führungsaufgaben stets von den Sachaufgaben Deines Produktions-Teams. Sachaufgaben sind die Tätigkeiten, die Du nicht selbst ausführen kannst. Jeder Fachmann Deines Teams ist in den Sachaufgaben qualifizierter als Du selbst – dafür hast Du die Personen engagiert. Deine Führungsaufgabe besteht darin, das Maximum an Effektivität zu erreichen.

Häufige Probleme

Eine Person Deines Produktions-Teams, die nicht konkret weiß, was Du von ihr erwartest, wird ihren Job auf die denkbar ineffizienteste Weise erledigen, die Du Dir vorstellen kannst. Verlorene Zeit und schlechte Ergebnisse gehen häufig auf eine undefinierte Aufgabenstellung zurück.

Wenn Du keine Erfahrung damit hast, Anordnungen präzise zu formulieren, kannst Du davon ausgehen, dass die meisten Startschwierigkeiten Deine Fehler sind. Wenn Du Dein Produktions-Team zur Weißglut treiben willst, gib ihm ein Dutzend Aufgaben ohne Prioritäten. Leg also für die bevorstehende Studiozeit Etappenziele fest und notiere, wann Du welches Ziel erreichen willst. Mach dies unbedingt schriftlich und für alle sichtbar.[24]

Mache nicht den Fehler, den viele unerfahrene Musiker machen, wenn sie zum ersten Mal ein Studio mieten: Sie betreten Montag früh das Studio, haben eine Woche Zeit – und sind vollkommen unvorbereitet. Was dann passiert ist, dass sie die teuersten Proben abhalten, die sie je gemacht haben.

Chaos durch schlechte Vorbereitung, fehlende Informationen und mangelnde Absprachen bringt nicht nur jeden Zeitplan zum kippen, es lähmt auch jegliche Motivation. Aufgaben genau zu definieren, abzusprechen und zu delegieren ist zwingend notwendig, damit Du 50 Prozent Deiner Zeit für das Unvorhergesehene frei-

---

[24] Erstelle einen Produktionsplan, den Du im Studio für alle sichtbar aufhängst. Zum Beispiel: Montag: Einrichten der Technik, Festlegung des Arrangements; Dienstag: Soundcheck für Schlagzeug, Bass und Gitarre; Groove und Rhythmus aufnehmen bzw. Beat programmieren; Mittwoch: Meeting und Bestandsaufnahme über Etappenziele, Aufnehmen von Stimme und Backgroundstimmen (die Hook!); Donnerstag: Finetunig im Arrangement, Aufnehmen von Instrumental-Solos, Spack-Spuren, Percussion etc. (Zu diesem Zeitpunkt im Produktionsablauf ist Raum für Experimente – erlaubt ist alles, was den Song verbessert); Freitag: Mix und Master. Die angestrebten Etappenziele sollten alle Beteiligten anspornen und motivieren. Ist ein Zeitplan jedoch zu eng gestrickt, bewirkt er das genaue Gegenteil. Es kommt zu Kompromissen, die auf Kosten der Qualität gehen und damit das Erreichen des Endzieles gefährden.

halten kannst. Du weißt, dass Du alle Aufgaben gut delegiert hast, wenn Dein Produktions-Team mehr arbeitet als Du selbst.

Merk Dir: Deine Aufgabe als Produzent ist es, das große Ganze im Auge zu behalten. Du bist das Herz Deines Vorhabens. Wenn Du nicht die Führung übernimmst, wird es ein anderer für Dich tun.

Wie Du ein Meeting durchführst

Gelegentlich kann es vorkommen, dass Du eine oder mehrere Personen zu einer kurzen Lagebesprechung zusammen trommeln musst. Entweder um einen Statusbericht zu erfahren oder die nächsten Schritte zu besprechen. Normalerweise halte ich nicht viel von Besprechungen, denn sie stehlen Zeit und führen selten zu konkreten Ergebnissen. Sollte es sich jedoch nicht vermeiden lassen, dass sich alle Beteiligten Deines Produktions-Teams zu einem Meeting zusammen finden müssen, so solltest Du Deine Aufgabe als Produktionsleiter und Moderator sehr ernst nehmen und gut vorbereitet sein. Der Grund für ein Meeting sollte vorher klar sein. Es ist jedoch nicht zwangsläufig notwendig, dass alle Mitglieder Deines Produktions-Teams gleichzeitig anwesend sind. Ein Meeting kann auch unter vier Augen stattfinden. Teamarbeit bedeutet zwar eine gute Zusammenarbeit, aber je weniger Zeit die Personen Deines Teams in Meetings verbringen (müssen), desto besser werden ihre Resultate sein. Oft herrscht der Irrglaube, ein Team würde erst dann zu einem richtigen Team, wenn man es regelmäßig zusammen in einen Raum „sperrt". In einem Meeting wirst Du als Verantwortlicher für alle sichtbar und spürbar. Dein Team wird instinktiv merken, ob Du die Sache im Griff hast oder nicht. Ein Meeting ist daher auch eine gute Gelegenheit, um sich

Respekt und Vertrauen zu verschaffen – oder es zu verlieren. Die äußeren Rahmenbedingungen eines effektiven Meetings sind:

1) Einhaltung des vorher festgesetzten Zeitplans

2) eine straffe Gesprächsleitung

3) eine lückenlose Aufmerksamkeit für alle Wortmeldungen

Die Leitung eines Meetings erfordert Vorbereitung, Disziplin und Selbstvertrauen. Halte ein Meeting kurz und lass keine sinnlosen Diskussionen zu. Zwinge die Leute auf den Punkt zu kommen und führe notfalls andere Verpflichtungen als Ausrede an, um zügig zum Ende zu kommen.

Dein Buget-Plan

Eines Deiner wichtigsten und gleichzeitig eins der am meisten unterschätzten Hilfsmittel ist ein Budget-Plan. Ein plausibel und simpel geführter Ein- und Ausgaben-Plan in einer einfachen Excel-Tabelle genügt vollkommen. Zu Unrecht wird ein Budget-Plan nur als Werkzeug innerhalb des Finanz- und Rechnungswesens geschätzt. Er eignet sich ebenso gut als Kontrollinstrument für ergebnisorientiertes und verantwortungsvolles Handeln innerhalb Deiner Produktion. Dein Budget-Plan ist eines der wichtigsten Hilfsmittel für die Koordination aller Tätigkeiten. Er ermöglicht Dir Rückschlüsse zu ziehen, ob, wann und wie Du Deine Pläne revidieren oder den Kurs korrigieren musst.

Deine wichtigste Aufgabe: Menschen fördern

Wenn ich davon spreche, Menschen zu fördern, so rede ich absichtlich nicht davon Deinen Schlagzeuger zu fördern oder Deinen Aufnahmeleiter. Das würde dem Anspruch der Aufgabe nicht gerecht. Ich spreche davon, den Menschen zu fördern. Wenn Du als verantwortlicher Produzent auf der Suche nach dem perfekten Schlagzeuger oder dem perfekten Aufnahmeleiter für Dein Produktions-Team bist – da hast Du einfach keine Wahl – wird doch immer nur wieder ein Mensch zur Tür hereinkommen. Den Menschen bekommst Du, quasi, immer „mitgeliefert". Egal wie sehr Du Dich auch auf die Fähigkeiten der Person konzentrierst – er ist und bleibt ein Mensch.

Du hast auch keine Wahl bei der Frage, ob die Person Deines Teams im Laufe der Produktionsphase eine Entwicklungskurve durchmacht. Sie entwickelt sich so oder so, die Frage ist nur in welche Richtung. Als Produzent kannst und musst Du Einfluss darauf nehmen, wie sich Leistungen, Stärken und Resultate einer Person entwickeln – aus dem einfachen Grund, weil Du nicht verhindern kannst, dass sie sich entwickeln. Damit eine Aufgabe fördernd ist, muss sie eine Herausforderung darstellen. An alltäglicher Routine kann man kaum wachsen.

Nicht selten erledigen Menschen ihre täglichen Routine-Aufgaben schlecht, aus dem einfachen Grund, weil der Ansporn fehlt. Niemand wird gerne zum bloßen Verwalter von Angelegenheiten anderer Leute degradiert. Du solltest daher jeden Einzelnen Deines Teams zu mehr anspornen, als er selbst für möglich halten würde. Man kann einen Menschen zwar überfordern, aber das geschieht weitaus seltener als ihn zu unterfordern. In Wahrheit scheint sich der Intelligenzquotient vieler Menschen geradezu zu verdoppeln, sobald man ihnen Verantwortung überträgt. Fördere also Dein Team, in dem es forderst. Im Vordergrund muss die Möglichkeit stehen eine gute Leistung zu erbringen.

Die Produktion Deines Hits

Einen Trommelwirbel bitte! Du hast jetzt alle Zutaten, um einen Hit zu produzieren. Du weißt, wie Du Dein Produktions-Team führen musst, um Dein Vorhaben erfolgreich umzusetzen. Du hast ein Hit-Feeling, ein Thema und eine Hook. Du bist Dir im Klaren über das Arrangement, die Instrumente und den Groove Deines Songs. Du trägst die Vorstellung Deines Hit-Feelings seit einiger Zeit mit Dir herum und bist nun begierig, endlich an der Umsetzung zu arbeiten. Du hast ein Tonstudio und ein Team, das in der Lage ist, Deine Vision umzusetzen.

Los geht's:
Erläutre dem Aufnahmeleiter Deine Idee. Benutze dazu eine einfache und selbst erstellte Demo-Aufnahme. Die Qualität der Aufnahme ist nicht so wichtig. Entscheidend ist, das Hit-Feeling zu erkennen. Wenn er Dich ungläubig anschaut, überzeuge ihn davon, dass der Song nur noch sein Expertenwissen benötigt, um zu einem Hit zu werden. Lass Dich nicht einschüchtern und konzentriere Dich auf die anstehende Aufgabe. Erläutere wie Du zu der ausgewählten Sparte gekommen bist und welches Feeling der Song haben soll.

Du solltest in der Lage sein, Fragen zum Arrangement, den Instrumenten, zum Tempo und dem Groove zu beantworten. Es gibt zahlreiche Möglichkeiten einen Song zu arrangieren. Grundsätzlich empfehle ich Dir ein Arrangement möglichst schlicht zu halten. Nutze ein A/B Schema, ähnlich wie bei dem Weihnachtshit „Last Christmas".

Intro:

Klassisch wird im Intro der Refrain angedeutet. Entweder ein instrumental gespielter Ausschnitt der Gesangsmelodie oder ein eigenständiger Part, der die Hook „umspielt" Beides ist möglich. Darauf folgt ein zügiger Einstieg in die erste Strophe. Du hast für Deinen Hit ca. 30 Sekunden Zeit, um die Aufmerksamkeit eines Zuhörers zu gewinnen oder gar nicht erst zu bekommen. Nutze diese Zeit mit einer Andeutung der Hook. Achte jedoch darauf, nicht zu viel vorweg zu nehmen und das Intro möglichst kurz zu halten. Ich empfehle Dir eine Taktzahl zwischen acht und zwölf – je nach Songtempo. In einem schnelleren Song sind acht Takte schneller vorbei, als bei einem langsameren Song. 30 Sekunden bis zum ersten gesungenen Wort, sind eine gute Orientierung.

Strophe:

Die erste Strophe führt den Hörer ins Thema des Songs ein. Sie greift das Song-Feeling auf und sollte Spannung aufbauen. Dies kann entweder mit der Stimme oder durch den Einsatz von Instrumenten geschehen. Im Idealfall nutzt Du beides, um die gewünschte Wirkung zu erzielen. Wenn Du die Botschaft überwiegend durch den Text rüberbringen willst, halte die Musik eher schlicht. Sie sollte der Stimme viel Luft lassen. Ist Dein Text eher marginal oder hast Du gar keinen Text vorgesehen, muss die Spannung allein durch den Einsatz der Instrumente erfolgen. Eine Strophe sollte nicht zu lang sein, aber auch nicht den Eindruck erwecken, lediglich eine Bridge zwischen den Refrains zu sein.

Refrain:

Der Refrain ist die Auflösung der Strophe. Wenn er Dir wie eine Erlösung vorkommt, bist Du auf dem richtigen Weg. Der Refrain ist der wichtigste Part, er offenbart das Feeling des Songs, soll zum Mitsingen animieren und die Menschen schließlich dazu bringen den Song zu kaufen.

Zwischenpart:

Interlude, Breakdown, Solo, C-Teil etc. Ein Zwischenpart ist der Teil, in dem Zeit und Platz für Experimente erlaubt ist. Du kannst einen Refrain oder Strophenpart benutzen, mit anderen Instrumenten „auffrischen" und so einen neuen Part schaffen. Häufig genügen kleine Veränderungen, wie zum Beispiel: Das Umdrehen der Akkordreihenfolge. Das menschliche Gehirn kommt Dir dabei entgegen. Es nimmt jede kleine Veränderung wahr und interpretiert sie als etwas ganz Neues. Du kannst die Strophe oder den Refrain nehmen, leicht verändern und als ganz neuen Part „verkaufen". Ebenfalls möglich ist ein Instrumentalsolo einzubauen. Im C-Teil ist Platz zum Experimentieren.

Outro:

Die Wichtigkeit des Songendes wird gern vernachlässigt. Ein guter Abschluss bietet Dir die Möglichkeit, einen nachhaltigen Eindruck beim Hörer zu hinterlassen. Dazu hast Du drei Möglichkeiten:

Entweder Du greifst die Hook noch einmal auf und sorgst für einen nachhaltigen Ohrwurm-Effekt. Diese Möglichkeit hängt jedoch davon ab, wie oft Deine Hook im Verlauf des Songs bereits zu hören war. Du solltest Deine Zuhörer am Ende nicht mit „Zu viel des Guten" nerven und für Ermüdung sorgen. Das Ergebnis wäre der gegenteilige Effekt dessen, was Du eigentlich erreichen willst.

Die zweite Möglichkeit besteht darin den Song auszublenden. Dazu kannst Du die Intro-Melodie noch einmal aufgreifen, den

Refrainpart wiederholen, mit kleinen Gesangseinwürfen umspielen oder das Arrangement „ausdünnen", also einzelne Instrumente bereits vor Songende „aussteigen" zu lassen.

Die dritte Möglichkeit besteht darin, für das Outro einen neuen Part zu arrangieren, den Zuhörer zu überraschen und auf diese Weise einen starken Abschluss zu erzielen. Wenn in Deinem Song bereits „alles gesagt" wurde, kann ein weiterer Part am Ende für Erfrischung sorgen. Dieser sollte allerdings nicht länger sein als das Intro. Dem Hörer muss klar sein: Der Song neigt sich dem Ende zu. Entsteht der Eindruck eines weiteren Zwischenparts, reißt der rote Faden und der Zuhörer steigt aus. Ein nachhaltiger Ohrwurm-Effekt wäre auch hier verschenkt.

Ein Gemälde entsteht – Recording Deines Hits

Alle Instrumente, die im Arrangement später zu hören sein werden, müssen aufgenommen – recorded – werden. In den meisten Fällen geschieht dies mit einem Computer und der Hilfe eines so genannten Klick Tracks. Mit einem Computer und einer Musikbearbeitungssoftware zu produzieren – welche selbständig einen Klick Track erzeugt – ist wesentlich kostengünstiger und effektiver als mit Tonbändern zu arbeiten. Die Methode mit einer Bandmaschine aufzunehmen, hat so ihre Tücken, erfordert viel Erfahrung und kostet erheblich mehr Geld. Für unsere Zwecke möchte ich Dir daher davon abraten.

Ein Klick Track, oder auch Metronom, ist ein unabhängiger Geschwindigkeitsgeber mit einstellbarer Tempozahl in „beats per minute". Er ermöglicht allen an der Produktion beteiligten Musikern, perfekt die Geschwindigkeit zu halten. Musiker, die sich unter Umständen gar nicht kennen und noch nie zusammmen gespielt haben, orientieren sich am Klick Track und errichten auf diese Weise Stück für Stück das Arrangement Deines Hits. Angefangen mit den Rhythmusinstrumenten, dem Schlagzeug und dem Bass. Dann die Gitarren, Keyboards, Klavier, Akustik Gitarren etc. und zum Schluss die Stimmen.

Der Aufnahmeleiter wird Dich also zu Beginn der Aufnahmen fragen, auf welche Geschwindigkeit er den Klick Track einstellen soll. Du solltest dann eine ungefähre Tempovorstellung Deines Hits angeben können. In einer Pop-, oder Rockproduktion mit echten Musikern ist es durchaus üblich, Schlagzeug, Bass und Rhythmusgitarre gemeinsam aufzunehmen. Alle beteiligten Musiker erhalten über Kopfhörer den Klick Track zur Orientierung und spielen die Basic-Tracks des Arrangements gemeinsam ein.

Eine eingespielte Rhythmusgruppe kann Deinen Song unter Umständen auch ohne Klick Track einspielen. Dies erzeugt ein weniger statisches Feeling, sollte aber nur von „echten Profis" und in genauer Absprache des Songfeelings getan werden.

In allen Sparten elektronischer Musik – House, Dance, Two Step, Jungle, Techno, Drum ´n´ Bass etc. – werden Rhythmusinstrumente und häufig auch der Bass synthetisch erzeugt. Hierzu benötigst Du einen Keyboarder oder Programmierer. Im Idealfall ist diese Person auch Dein Aufnahmeleiter. Alle Instrumente Deines Hit-Arrangements müssen einzeln programmiert werden. Ebenfalls mit der Orientierung am Klick Track entstehen der Reihe nach Bass-Drum, Snare-Drum, Hi-Hat und weitere Rhythmusinstrumente. Im Anschluss der Bass und je nach Geschmack und Sparte weitere Rhythmusinstrumente: Shaker, Becken, Rasseln etc. Synthesizer, analoge und digitale Klangerzeuger kommen hier zur Geltung und entfalten ihr ganzes Können.

Halt es jedoch übersichtlich und simpel. Deine Hook, ob nun durch Stimme oder Instrument erzeugt, steht im Mittelpunkt des Arrangements und der gesamten Produktion. Verlier Dich nicht in

Sounddetails und den Fängen eines komplizierten Arrangements. Lass den Aufnahmeleiter die Aufnahmen durchführen, den Song editieren und versorge ihn dabei mit allem was er braucht. Verbringe allerdings nicht zu viel Zeit an seiner Seite, Deine Anwesenheit kann sonst leicht ein Gefühl der Unruhe auslösen. Außerdem verlierst Du schnell den Überblick über die Produktion und verstrickst Dich zu sehr in Detailfragen, wenn Du Dir alles haarklein erklären lässt.

Bitte den Aufnahmeleiter, dass er Dir den Song von Zeit zu Zeit vorspielt, um die Fortschritte zu dokumentieren. Achte darauf, dass sich das Feeling einstellt, dass Du bereits seit Wochen vor Deinem geistigen Auge visualisierst. Wenn dies nicht der Fall ist, musst Du rechtzeitig den Kurs korrigieren.

Vocalaufnahmen – Engagiere einen Profi

Im Mittelpunkt der allermeisten Hits steht eine gute Gesangs-Performance. Wenn das Arrangement Deines Songs eine Stimme vorsieht, solltest Du einen Profi engagieren. Wenn Du nicht selber singen kannst oder willst, ist das die beste Alternative. Du kannst davon ausgehen, dass der oder diejenige ihre Aufgabe professionell erledigen wird. Du sparst damit eine Menge Zeit und Geld, denn ein Profi ist meistens in der Lage, verschiedene Facetten seiner Stimme „anzubieten", auf das Songfeeling einzugehen und darüber hinaus verschiedene Chor- bzw. Backing-Stimmen einzusingen. Ich habe Gesangsaufnahmen erlebt, in denen sich der Künstler zuerst Mut antrinken musste, nicht wusste wie er einen Ton treffen oder den Rhythmus halten sollte. Diese Dinge sind nicht ungewöhnlich und gehören zum Studioalltag dazu. Ich möchte Dir daher dringend davon abraten, den wichtigsten Part Deines Hits einem Laien zu überlassen.

Motiviere den/die SängerIn, mehrere Backing-Stimmen sowie Doppelungen von Haupt-, und Backing-Stimmen einzusingen. Doppelungen sind identische Gesangsmelodien, mehrfach übereinander geschichtet. Die Stimmen mit gleicher Melodie werden dazu mehrfach aufgenommen, um einen räumlichen und voluminösen Klang zu erzeugen.

Ein Chorgesang für das Intro oder ein Kanon für den Zwischenpart sind Möglichkeiten, um eine zusätzliche stimmliche Präsenz zu erzeugen. Auch wenn später nicht alle Stimmen, Doppelungen und Backing-Stimmen Verwendung finden, ist es besser viele Klangfacetten zur Auswahl zu haben, als am Ende einen schlechten Kompromiss eingehen zu müssen.

Im HipHop und Rap ist es populär eine so genannte Spack-Spur (Ad Lips) aufzunehmen. Eine Spack-Spur bedeutet Free Style: Sämtliche Stimmen und Gesangsmelodien wurden bereits aufgenommen – jetzt geht es darum, die wichtigsten Stellen zu betonen. Dabei ist alles erlaubt: Grunzen, Schreien, Stöhnen, Schimpfen usw. Hör Dir zur Inspiration einige HipHop-CDs an.

Wenn die Aufnahmen beendet sind, der Groove steht, das Arrangement mit allen nötigen Klangfarben gefüllt ist und alle Stimmen aufgenommen und gedoppelt wurden, solltest Du Dir den Song einige Male gemeinsam mit dem Aufnahmeleiter anhören. Achte dabei auf Temposchwankungen, Knackser, Stolperer und sonstige Auffälligkeiten, die dort nichts zu suchen haben.

Der Song muss sich absolut „rund" anhören. Tut er das nicht, müssen die unsauberen Stellen im Computer entsprechend editiert und nachbearbeitet werden. Dies ist eine übliche Arbeitsmethode und sollte dem Aufnahmeleiter keinerlei Probleme bereiten.

Trainings-Tipp: Die Sandwich-Kritik

Die Sandwich-Kritik ist ein Hilfsmittel, mit dem Du – richtig angewandt – das Selbstbewusstsein des Kritisierten aufbauen und damit sein Engagement erheblich steigern kannst. Bei der Sandwich-Kritik verpackst Du das Problem, das Du ansprechen willst, zwischen zwei Anerkennungen. Grundsätzlich sind Lob und Anerkennung die wichtigsten und wirksamsten Hilfsmittel um Dein Team zu motivieren. Dabei ist nicht entscheidend wie ein Lob ausgesprochen wird, sondern wie es aufgenommen wird. Damit ein Lob seine Wirkung nicht verfehlt, muss es sparsam angebracht werden. Ein Lob bekommt eine Person für eine herausragende Leistung – und die ist meist selten. Lob hat auch nur dann eine Wirkung, wenn es von jemandem erteilt wird, der respektiert und geachtet wird. Ist das nicht der Fall, wird ein Lob als lächerlich oder sogar als eine Beleidigung empfunden.

Eine Kritik sollte, wenn überhaupt, nur sehr vorsichtig ausgesprochen werden. Falsch angewandt kann sie Motivation zerstören. Die wichtigste Regel lautet daher: Trenne immer zwischen dem Menschen und seiner Handlung. Kritisiere, was er getan hat und niemals wer er ist.

Ein Lob hat eine wichtige Signalwirkung auf alle andere. Wird ein Lob jedoch bereits für eine durchschnittliche Leistung erteilt, werden sich die anderen nicht mehr ins Zeug legen. Eine Anerkennung ist ein abgeschwächtes Lob. Du kannst sie häufiger vergeben.

Im Falle einer Kritik bitte die Person um eine kurze Unterbrechung. Sprich gleich zu Anfang eine Anerkennung über das Thema aus, auf das sich auch Deine Kritik bezieht. Erkläre genau, was Dir gut gefallen hat und wann, wo und wie Dir das aufgefallen ist. Sag auch, warum Dir das gut gefällt. Mache nicht den Fehler, eine zu pauschale Anerkennung auszusprechen – Dein Gegenüber wird die Taktik sofort durchschauen. Hast Du mit einer Anerkennung die Aufmerksamkeit Deines Gegenübers positiv auf das Thema vorbereitet, wird er Dir zuhören. Dann gehst Du – scheinbar selbstverständlich – über auf die Problematik. Diese solltest Du zuvor gut durchdacht haben. Stell Dir vorher einige wichtige Fragen, anstatt einfach drauf zu schlagen: War die Aufgabenstellung präzise genug formuliert? Welche Auswirkungen wird es für den weiteren Verlauf der Produktion haben, wenn Du das Problem nicht ansprichst?

Behaupte nicht, mit Deiner Meinung im Recht zu sein und gib dem Kritisierten die Chance das Problem zu beurteilen. Breite die Kritik jedoch nicht zu sehr aus, beschreibe knapp und präzise Deine Eindrücke und nach einer Minute sollte die Kritik zu Ende sein. Im Anschluss sprichst Du wieder eine Anerkennung aus, dieses Mal zu einem anderen Thema.

Ein Beispiel:

Du: Ich finde das Schlagzeug schon ziemlich druckvoll, wie hast Du das hin bekommen?

Aufnahmeleiter: Ja, ich habe die Bass-Drum gedoppelt und mit der zweiten Spur und einem Kompressor den Bass getriggert. Außerdem habe ich das ganze Drum-Set über einen Aux Weg zusätzlich komprimiert.

Du: Aha, ich finde die Snare kommt noch nicht richtig durch, ich denke, die müsste noch mehr knallen. Oder was meinst Du?

Aufnahmeleiter: Echt? Findest Du? Warte Mal, ich leg da noch ein dezentes Slap-Delay drunter, dann knallt' s mehr. So besser?

Du: Ich glaub schon, spiel den Song noch mal von Anfang an. Der Groove vom Schlagzeug ist bereits perfekt!

Gib immer wieder positive Rückmeldungen an Dein Team – bleib jedoch kritisch. Erst wenn Du es schaffst eine Atmosphäre zu kreieren, in der alle konzentriert und mit Eifer bei der Sache sind, bekommst Du Höchstleistungen.

Vermeide jedoch eine Kuschelatmosphäre. Mache nicht den Fehler und denke, wenn Du mit Deinem Team einen kumpelhaften Führungsstil pflegst, wird dies automatisch zu Leistung motiviert sein. Es ist genau umgekehrt. Über eine Leistung kommt man sich näher. Du hast nicht das Ziel Freundschaften zu schließen, sondern Motivation für die Aufgabe zu schaffen. Du bist die Person, die alle Fäden in der Hand hält und den Überblick behalten muss.

Wenn Du doch einmal kritisieren musst, so hab den Mut zuzugeben, dass Du nach einer subjektiven Beobachtung urteilst. Stell jedoch klar, dass Deine Beurteilung zwar subjektiv, aber keineswegs willkürlich ist.

Die Bühne des Arrangements – der Mix Deines Hits

Sind die Aufnahmen beendet, so feiere diesen Moment mit Dir selbst und Deinem Team. Mach Dir klar, dass Du der Verwirklichung Deines Traumes schon sehr nahe gekommen bist. Nutze die freie Zeit um Dir eine Vorstellung davon zu machen wie alle Instrumente in Deinem Hit später „klingen" sollen:

Wenn Du Deinen iPod im Shuffle Modus betreibst, so ist Dir beim Durchhören Deiner Lieblingsmusik sicher schon einmal aufgefallen, dass jeder Song anders klingt. Jede Band hat ihren ganz eigenen speziellen Sound. Hall auf der Gitarre, ein Echo auf dem Schlagzeug, extrem tiefe Bässe oder eine Stimme, die vor allen anderen zu schweben scheint. Manche Titel sind auch leiser als andere, so dass Du die Lautstärke Deines iPods korrigieren musst. Achte ab jetzt darauf, welche Songs ein ähnliches Feeling erzeugen, wie das, was Du mit Deinem Hit erzeugen willst? Klangeffekte, wie Hall, Echo, Vibrato, Vocoder (Autotune, auch Cher-Effekt genannt) etc. werden weitestgehend künstlich hinzugefügt.

Der Arbeitsschritt, bei dem dies passiert, ist der so genannte Mixdown. Andere Bezeichnungen, die ebenfalls Verwendung finden lauten Mixen, Mischen oder schlicht: der Mix. Wird ein Song beim Mix stark mit Effekten bearbeitet und verfremdet, so bezeichnet man ihn als „nassen" Mix. Wenn Effekte weniger hörbar sind und alle Instrumente wirken, als wären sie präsenter und deutlicher zu hören, so deutet dies auf einen eher „trockenen" Mix hin.

Bei den Aufnahmen im Tonstudio hast Du für Deinen Hit alle Instrumente aufgenommen. Jetzt musst Du Dich mit den Themen Klang und Lautstärken der einzelnen Instrumente beschäftigen. Ob ein trockener oder ein nasser Mix Verwendung findet, bleibt weitestgehend Deinem Geschmack überlassen. Egal für welche Variante Du Dich entscheidest – wenn Du gegenüber dem Mix-

Engineer, diese Vorgabe äußerst, so weiß er bereits ungefähr was Du willst.

Um eine Vorstellung davon zu bekommen, was beim Mix genau passiert, stelle Dir all die Instrumente, die in Deinem Song Verwendung finden, auf einer großen Bühne vor. Wie bei einem Live-Konzert, bei dem Du Deinen Song hörst, platzierst Du die Instrumente vor Deinem geistigen Auge. Jedes Instrument bekommt seinen Platz. Einige stehen sehr weit vorne – direkt im Rampenlicht. Andere sind weniger gut zu sehen, da sie sehr weit hinten stehen. Wieder andere sind ganz links und rechts platziert. Du bist der Zuhörer und stehst in der Mitte, direkt vor der Bühne. Du hörst jetzt Deinen Song. Logisch, dass nicht alle Instrumente in der gleichen Lautstärke spielen können. Was dabei heraus käme, wäre ein einziger Klangbrei. Die Instrumente müssen Ihrer Funktion und Wichtigkeit nach bewertet werden und in dem entsprechender Lautstärke erklingen. Leisere Instrumente, sind nur zu hören, wenn Du Dich stark auf sie konzentrierst. Ganz vorne in der Mitte, sind die Instrumente platziert, die am lautesten erklingen.

Rechts und Links erklingen Instrumente, die neben der Bühne zu stehen scheinen. Immer in der Mitte der Bühne erklingt das Schlagzeug. Speziell die Bass-Drum und die Snare-Drum. Ebenfalls im tieferen Bereich gut zu hören ist der Bass. Er hat eine ähnliche Lautstärke wie die Bass-Drum. Gitarren, eine rechts, eine links, Keyboards, dic sehr flächig und breit zu hören sind. Vor allen Instrumenten, genau in der Mitte, hörst Du die Stimme. Es kommt Dir vor als würde diese direkt in Dein Ohr singen. Durch den großen Raum und die Schallreflexionen entstehen Hall und Echos. Die Instrumente scheinen sich durch den Raum zu bewegen, kommen näher und verschwinden wieder.

Beim Mix werden einige Instrumente künstlich „vergrößert", und andere eher dezent eingebettet und „verkleinert". Dazu gilt die Regel: Mehr als vier Instrumente, die im Vordergrund zu hören sind, überfordern den Hörer. Der Gesamteindruck wird dann schnell diffus und man empfindet das Hören als anstrengend. Im Bereich Elektro dominieren die Bass-Drum, die Snare-Drum, die Hi-Hat und der Bass das Geschehen. Zusätzlich die Stimme bzw. das wichtigste Melodieinstrument. Alles andere gehört in die zweite Reihe.

Im HipHop, R´n´B und den allermeisten Popsongs wird die Stimme, im Vergleich zu den Instrumenten, sehr laut in Szene gesetzt. Die Instrumente werden um die Stimme angeordnet und haben ausschließlich eine unterstützende Funktion. Beim Hörer muss sich das Gefühl einstellen, als sei die Stimme zum Greifen nah. Um dies zu erreichen, erzeugt der Mix-Engineer eine künstliche Dreidimensionalität – die so genannte Tiefenstaffelung. Kompressoren, Hall-, und Delayeffekte werden eingesetzt, um die Stimme „nach vorne zu holen". Ein guter Mix-Engineer schafft es, auf diese Weise die Stimme vor den Lautsprechern in den Raum zu platzieren. Hinter der Hauptstimme werden alle anderen Instrumente angeordnet. Backing-Stimmen können, je nach Geschmack, weit links und rechts platziert werden. Für Gitarren, Klavier, Synthesizer, die Toms vom Schlagzeug, Percussioninstrumente etc. steht die gesamte Breite des Stereopanoramas zur Verfügung.

Welche Instrumente schließlich deutlich hörbar und welche lediglich an der Wahrnehmungsgrenze gemixt werden, entscheiden Geschmack und angestrebtes Songfeeling. Rockproduktionen zeichnen sich durch laute und fette Gitarren sowie „große" Schlagzeugsounds aus. Die Stimme kann dreidimensional „vor der Band" platziert werden oder „in den Bandsound" eingebettet werden.

Der Mix ist – nach dem Recorden – der zweite Produktionsschritt zur Fertigstellung Deines Hits. Er kann entweder, mit Hilfe eines leistungsstarken Computers, als Digitalmix, durchgeführt werden oder als Analogmix. Für beide Verfahren solltest Du die Hilfe eines erfahrenen Mix-Engineers aufsuchen. Ob Du Dich für einen Digitalmix oder einen Analogmix entscheidest, hängt hauptsächlich von Deinem zur Verfügung stehenden Budget ab.

Analogmixe sind aufgrund des hohen Geräteeinsatzes sehr viel teurer als Digitalmixe. Es kommen ein Mischpult und diverse Peripheriegeräte zum Einsatz, was Platz und daher spezielle Räumlichkeiten erfordert. Sicher sind Dir Fotos von meterlangen Studiomischpulten bekannt. Sie bilden die Basis für einen Analogmix.

Ein Digitalmix wird mit einem leistungsstarken Computer, einem entsprechenden Musikbearbeitungsprogramm und diversen Plug ins – softwarebasierte Nachbildungen analoger Geräte ausgeführt. Digitales Mixen wird daher auch „Mixing in a Box" genannt. Da man theoretisch nichts weiter als einen Computer und ein Paar Lautsprecher benötigt, kann man auch zu Hause in seinem Wohnzimmer mixen. Mit beiden Verfahren lassen sich hervorragende Ergebnisse erzielen.

Obwohl alle drei Schritte zur Fertigstellung Deines Hits – Recording, Mix und Mastering – eher technische Verfahren sind, besteht doch bei jedem Schritt die Möglichkeit erheblichen Einfluss auf das angestrebte Songfeeling zu nehmen. Hör Dir Songs an, deren Klang Dir gut gefällt. Du kannst sie als Referenzen benutzen, um dem Mix-Engineer Vorgaben für seine Arbeit zu machen. Er wird dafür dankbar sein, wenn er nicht „ins Blaue" hinein mixen muss. Achte beim Durchhören Deiner Referenzen darauf, welche Instrumente im Arrangement wichtige Funktionen übernehmen und ob diese lauter oder leiser werden. Die Dominanz einzelner

Instrumente kann im Songverlauf wechseln. Es ist wichtig, beim Mix darauf einzugehen. Songfeeling und Hook stehen im Vordergrund. Auch die Präsenz einzelner Instrumente der Rhythmusgruppe kann variieren. Unterschiedliche Lautstärken der Snare-Drum erwecken den Eindruck, den Song nach vorne zu treiben, laute Gitarren erzeugen Druck und eine fette Bass-Drum – abgespielt auf einer leistungsstarken Anlage – animiert unweigerlich zum Tanzen.

Veredelung Deines Hits – das Mastering

Beim Mastering geht es vereinfacht gesagt darum, den Song auf Radiolautstärke „aufzupumpen". Vordergründig scheint das Mastering dem Mix recht ähnlich zu sein. Jedoch werden dabei nur minimale Eingriffe vorgenommen, die den Sound verdichten und optimieren. Das menschliche Ohr empfindet bestimmte Frequenzen als angenehm und andere als unangenehm. Diese gilt es herauszufiltern. Kleine Eingriffe in das Frequenzspektrum und geringfügige Lautstärkeanpassungen sorgen dafür, dass Dein Song im Autoradio genauso gut klingt wie auf Deinen iPod oder einer leistungsstarken Club-Anlage.

Die Wichtigkeit eines guten Masterings wird sehr häufig unterschätzt, da die Unterschiede zum Mix, für den Laien kaum zu hören sind. Ein gutes Mastering sorgt dafür, dass Dein Song im Vergleich mit anderen, möglichst positiv auffällt und gut „durchkommt".

Es erzeugt ordentlich Druck und Durchsetzungskraft. Schwache und leise Songs werden im iPod Shuffle Modus vom Konsumenten gnadenlos weggezappt.

Um zu verstehen wie Dein Song auf „Radiotauglichkeit" gepimpt wird, bietet sich ein Vergleich, mit einer Kunst an, bei der es ebenfalls darauf ankommt, möglichst aufzufallen: Der Fotografie. Stell Dir zwei identische Fotos vor. Augenscheinlich siehst Du auf beiden Fotos das gleiche Motiv, Du kannst keinen Unterschied feststellen. Welches Foto ist Deiner Meinung nach das Schönere? Ich verspreche Dir, Du wirst Dich für das Foto entscheiden, das künstlich nachbearbeitet wurde. Du kannst wahrscheinlich nicht einmal genau sagen warum, da die Fotos exakt gleich aussehen.

Der Grund liegt darin, dass die Wahrnehmung für unsere Entscheidungskriterien durch das Unterbewusstsein gesteuert wird. Konditioniert von Werbung und Medien sorgt dies dafür, dass Du Dich sehr wahrscheinlich für das nachträglich optimierte Bild entscheiden wirst. Ein guter Master-Engineer weiß um dieses Phänomen, das nicht nur bei unseren Sehgewohnheiten Gültigkeit hat, sondern auch bei unseren Hörgewohnheiten.

Ein professionelles Mastering erfordert daher eine Menge Erfahrung und sollte unbedingt von einem Profi vorgenommen werden. Du kannst jedoch einen einfachen Laien-Test durchführen, um festzustellen, ob Dein Song gut gemastert wurde: Leg Deine Referenz CD – die, die dem Master-Engineer als Referenz vorlag – in den Player und dreh die Lautstärke so weit auf, dass alle Instrumente gut zu hören sind. Lege jetzt die gemasterte Version Deines Hits in den Player und hör darauf, ob alle Instrumente ebenso gut und deutlich zu hören sind. Ist die Lautstärke ähnlich? Oder steigt sie an bzw. fällt ab? Sind alle Instrumente gut und differenziert abgebildet und klar zu hören? Beide Songs sollten in etwa denselben Klang und dieselbe Lautstärke aufweisen. Ist das nicht der Fall, bitte den Master-Engineer um eine Nachbesserung. Ein bis zwei Nachbesserungen sind bei Mix und Mastering durchaus üblich und sollten keine Extrakosten verursachen.

Für jeden das Richtige – Versionen Deines Hits

Lass Dir von der fertigen Fassung Deines Songs verschiedene Versionen anfertigen. Eine Radiosingle hat in der Regel einen ein bis zwei Dezibel lauteren Gesang als ein Albumtitel. Frage Deinen Mix- und Master-Engineer nach dieser Möglichkeit. Elektro DJs benutzen in der Regel Vinyl Maxi-Singles. Die Bässe und Mitten werden auf Vinyl wesentlich präsenter, wärmer und druckvoller abgebildet als auf einem digitalen Tonträger. Doch Vorsicht, dies gilt nur bis zu einer gewissen Abspiellänge. Über fünfzehn Minuten Musik pro Seite, machen das Vinyl für den DJ unbrauchbar. Je mehr Musik auf eine Vinyl-Schallplatte gepresst wird, desto schlechter wird der Klang und desto leiser wird die Schallplatte insgesamt klingen. Willst Du, dass Dein Song auf Vinyl gepresst und von Djs benutzt wird, so beauftrage den Master-Engineer, dafür ein spezielles Vinyl-Mastering anzufertigen.

Um Deinen Song für einen späteren Remix nutzen zu können, lass Dir auch alle aufgenommenen Instrumente als separate Tonspuren vom Aufnahmeleiter des Tonstudios oder dem Mix-Engineer aushändigen. Am besten als Wave-Dateien. Diese sind am besten geeignet, da sie mit jeder gängigen Musikbearbeitungssoftware kompatibel und daher für eine Weiterbearbeitung am wenigsten Ärger machen. Für weitere Versionen Deines Hits lass Deiner Phantasie freien Lauf. Eine Karaoke-Version ohne Stimmen und Gesang. Eine Version ohne Gitarren etc. Die kanadische Rockgruppe Billy Talent brachte eine Version ihres dritten Albums heraus, bei der die Gitarre fehlte. Fans konnten mit einem beigelegten Notenheft die Gitarre selber dazu spielen. Du kannst auch den Groove einzeln verwenden, um mit dessen Hilfe auf neue Songideen zu kommen.

Es gibt unzählige Möglichkeiten, Deinen Song zu verwerten und kommerziell zu nutzen. Wenn Du das Mastering-Studio verlässt, solltest Du für die Vervielfältigung und die Promotion Deines Songs, jedoch mindestens eine Audio-CD mit ein bis zwei Versionen Deines Hits in den Händen halten. Eine Audio-CD als Vinyl-Mastervorlage und eine Daten-CD bzw. DVD mit allen Tonspuren.

4) Überrasche:
Erzeuge Resonanz

„Mit etwas können Sie immer rechnen,
mit dem Unvorhersehbaren."

(Albert Einstein)

Ein kleiner Fehler brachte den Wetterforscher Edward Lorenz 1963 zu seiner Chaostheorie: Dem berühmten „Schmetterling Effekt." (Der Flügelschlag eines Schmetterlings, über einer Orchidee am Amazonas, kann eine Kette kleinster atmosphärischer Störungen in Bewegung setzen, die einen Hurrikane auslösen). Lorenz testete ein Forschungsprogramm und bei der Eingabe einer wichtigen Zahl, vergaß er versehentlich die letzten drei Kommastellen. Die Folge war ein ganz anderes Ergebnis. Die Zahl, um die es ging: 0,506127.

Als ich über die Chaostheorie las, dachte ich das gleiche wie Du wahrscheinlich: „Die vierte, fünfte und sechste Stelle hinter dem Komma, was soll sich denn da groß ändern?" Lorenz bewies damit jedoch, dass in einem komplexen System wie dem Wetter, bereits kleinste Abweichungen unberechenbare Auswirkungen haben können. Jeder minimale Vorgang bewirkt einen anderen, der wieder einen anderen auslöst usw.

Hurrikans entstehen vorwiegend durch atmosphärische Druckunterschiede und Temperaturschwankungen, aber der Flügelschlag eines Schmetterlings und die vielen hundert weiteren Ursachen, die einen Hurrikan begünstigen, bleiben wahrscheinlich für immer unberechenbar.

Was kannst Du also anderes tun, als die Dinge zu nehmen wie sie kommen? Ich will Dir nicht raten, Dich auf den Zufall oder die

Chaostheorie zu verlassen, wenn es um Deinen Erfolg geht. Aber genau wie das Wetter ist Dein Weg zum Erfolg ein komplexes Ereignis mit vielen Einflüssen und Herausforderungen, die Du meistern musst. Du wirst Situationen ausgesetzt sein, auf die Du keinen Einfluss hast. Einzig und alleine Deine Reaktion, auf unvorhersehbare Dinge unterliegen Deiner Kontrolle. Du kannst nicht alle Hindernisse, die sich vor Dir auftun werden, vorher sehen, aber Du kannst immer entscheiden, wie Du darauf reagierst. Niemand kann Dir Erfolg garantieren. Es kann ihn aber auch niemand für Dich ausschließen. Du weißt nicht welche winzigen Ereignisse große Folgen haben werden. Du kannst nur sicher sein, dass sie Folgen haben werden. Rechne also damit, dass Dir das Unberechenbare zu Hilfe kommen wird, wenn Du an Deinem Erfolg arbeitest.

Aufmerksamkeit erzeugen – sorge für Gesprächsstoff

Mein erster Auftritt als Musiker war ein umstrittenes Ereignis. Ich besuchte den Konfirmandenunterricht in der Gemeinde, in der ich damals wohnte, um mich wie alle Vierzehnjährigen im Ort konfirmieren zu lassen. Jeder Erwachsene wusste, dass die Jugendlichen dies nur taten, da sie mit üppigen Geldgeschenken der Verwandtschaft rechnen konnten.

Ich hatte seit ein paar Monaten eine eigene E-Gitarre und fühlte mich bereit für den ersten Auftritt. Mein Gitarrenlehrer war bekannt dafür, ungewöhnlichen Ideen gegenüber aufgeschlossen zu sein und so organisierten wir einen Kurzauftritt in der Kirche, in der ich auch konfirmiert werden sollte.

Der Pastor hielt uns offensichtlich für vorbildliche Schafe seiner Gemeinde und freute sich über unser Engagement. Da wir aber nicht vorhatten irgendwelche Choräle zu spielen, sondern Krach zu machen, überlegten wir uns zwei bekannte Rocksongs, die wir nachspielen wollten. Das Ganze sollte nicht länger als eine Viertelstunde dauern.

Zwei E-Gitarren in einem Gottesdienst – das hatte es noch nie gegeben. Wir bekamen unsere fünfzehn Minuten, spielten zwei Songs und lösten anschließend eine Diskussion darüber aus, ob sich Kirche gegenüber Rockmusik verschließen oder öffnen sollte.

Überraschung ist,
wenn Du tust was Du für richtig hältst

Der Sinn eines gelungenen Events liegt nicht darin, den „großen Wurf" zu landen, der Dich auf einen Schlag berühmt macht. Die Menschen sind übersättigt vom nächsten Kassenschlager, der alle in die Kinos treibt, vom nächsten One-Hit-Wonder oder dem nächsten Mega-Event, das die Menschen anlockt, wie die Ratten in der Geschichte vom Rattenfänger zu Hameln.

Es genügt nicht, einfach damit zu werben besonders gut zu sein – selbst wenn es stimmt. Jeder behauptet der Beste zu sein. Werbung und Medien buhlen um unsere Aufmerksamkeit und übertreffen sich gegenseitig mit Versprechen und Angeboten. Die Folge ist, dass sich die Menschen nur noch an Außergewöhnliches erinnern.

Wie kannst Du also auf Dich aufmerksam machen? Werbung ist wie ein Puzzle aus vielen Bausteinen. Du musst durchaus nicht einem aufwendigen und teuren Marketingplan folgen. Am besten Du vergisst das Wort Marketing, weil es ohnehin die falschen Bilder weckt. Frage Dich: Wie kann ich Aufmerksamkeit für mein Anliegen schaffen? Was ist die Botschaft, die ich vermitteln will?

Wofür mache ich das Ganze? Worauf warten die Menschen? Streng zuerst Deinen Kopf an, erst dann Deinen Geldbeutel.

Menschen wollen erstaunt werden und dies zu erreichen setzt voraus, dass Du sie mit etwas überraschst. Genau auf Deine Zielgruppe zugeschnitten muss die Überraschung sein. Wie Apps für Dein Smartphone, die zwar sehr klein sind und nur eine Sache können, diese aber perfekt. Die Menschen sind offen für Überraschungen.

„Aber der Markt ist doch voll von Dingen, die die Menschen nicht brauchen! Werbung und Promotion gibt es wie Sand am Meer. Alles ist doch heute Event. Wie soll ich da für Überraschung sorgen?" Du hast Recht – der Markt ist voll und die Menschen haben alles. Der Punkt ist, sie haben zu viel vom Gleichen. Wenn immer das Gleiche angeboten wird, macht sich Langeweile breit. Die Organisiertheit und die Vorhersehbarkeit großer Events lassen Langeweile entstehen. Wenn alles Event ist, dann ist schließlich nichts Event und weckt so die Sehnsucht nach Überraschung.

Langeweile ist der Nährboden auf dem Du für Überraschung sorgen kannst. Wer jedoch seine Zielgruppe dauerhaft mit Gewöhnlichem strapaziert, erntet Ignoranz und Langeweile.

Aufmerksamkeit erzeugen und
Resonanz bekommen

Nie war es einfacher eine Zielgruppe mit Informationen zu versorgen als über das Internet. Nie war es einfacher, Menschen mit gleichen Interessen zusammenzuführen als in sozialen Netzwerken. Und nie war es einfacher Aufmerksamkeit zu erzeugen und sofort eine Resonanz zu bekommen.

Ein wichtiger Grundsatz zur Erzeugung von Aufmerksamkeit lautet, dass ihre Qualität in der Wirkung liegt, die sie erzeugt. Aufmerksamkeit zu erzeugen ist einfach. Entscheidend ist jedoch die Resonanz. Da diese ausbleibt, wenn Du der von Dir erzeugten Aufmerksamkeit nicht das passende Gewand gibst, musst Du eine „Geschichte" finden, die stark genug ist, um im Kampf um Aufmerksamkeiten herauszuragen.

Dir muss klar sein, dass Du für alle Aktivitäten eine Resonanz bekommst. Und wenn Du keine bekommst, heißt das nichts anderes, als dass Deine erzeugte Aufmerksamkeit keine Resonanz wert ist.

Expertenwissen:

Ein Schnellkurs zur Bewertung von Werbemaßnahmen

Werbung macht man immer dann, wenn man mit seiner Zielgruppe nicht persönlich sprechen kann. Du erstellst einen Videoclip, einen Flyer, ein Plakat, eine Print- oder Onlinekampagne, um eine Botschaft bei Deiner Zielgruppe zu verankern.

Jede Werbekampagne muss die einzigartigen und damit entscheidenden Merkmale eines Angebotes in den Mittelpunkt stellen. Menschen fühlen sich von Werbung einzig und allein durch den Unterhaltungs- und den Informationswert angezogen. Eine

Werbung muss einen konkreten Nutzen für ihre Zielgruppe betonen. Humor oder Sex können als „Aufhänger" eingesetzt werden, allerdings darf dieser niemals im Vordergrund stehen und den tatsächlichen Nutzen des beworbenen Produktes in den Hintergrund drängen. In der Vorschau eines Kinofilms sieht man häufig Werbefilme, die Sympathiepunkte beim Zuschauer gewinnen sollen. Das ist aber nur dann sinnvoll, wenn man will, dass die Menschen eine Werbung wie einen Kinofilm – als reines Kunstprodukt sehen.

Werbeagenturen sind ganz versessen darauf, diese Art kreativer Werbung umzusetzen, weil es dafür Preise und Auszeichnungen gibt. Für diese Imagewerbung zahlt man viel Geld, sie bringt aber nichts ein. Eine gute Werbung stellt das differenzierende Merkmal eines Produktes in den Vordergrund und macht es durch Dramatisierung interessant.

Stelle einen weiteren Aspekt guter Werbung in den Vordergrund: Ehrlichkeit. Versuch gar nicht erst, den Menschen mehr anzudrehen als Du liefern kannst. Niemand lässt sich gerne verschaukeln. Im Gegenteil, eine gewisse Art der Aufrichtigkeit wirkt geradezu entwaffnend und die Menschen begegnen Dir von Anfang an mit mehr Sympathie und Wohlwollen. Bring Deine Botschaft einfach und verständlich rüber. Die Menschen geben Dir nicht viel Zeit, folglich muss das, was Du zu sagen hast, simpel und schnörkellos sein. Eine Botschaft ist besser als zwei. Außerdem braucht Werbung Zeit bis sie die Menschen erreicht. Du musst also lange genug mit Deiner Botschaft präsent sein, damit sie sich einprägen kann. Wenn Dir Deine eigene Werbung schon zum Hals raus hängt, beginnt Deine Zielgruppe wahrscheinlich gerade erst sie wahrzunehmen.

Das geeignete Werbemedium

Das geeignete Werbemedium herauszufinden ist eine schwierige Aufgabe. Früher gab es ausschließlich Print-Anzeigenwerbung in Magazinen und Zeitungen, bedruckte Aufsteller, Plakate und Handzettel. Heute kann praktisch alles ein Werbemedium sein: Mülltonnen, Gehweg, Parkbänke etc. Um herauszufinden welches das geeignete und effektivste Medium für Dich ist, musst Du um die Stärken und Schwächen der verschiedenen Medien Bescheid wissen.

Eine Messgröße ist die Zahl der Menschen, die mit einem Medium erreicht werden können. Fernsehen und Rundfunk sind echte Massenmedien. Plakate und Flyer haben eine lokale Reichweite. Das Internet? Für Werbung im Internet gelten andere Regeln, als zum Beispiel für das Fernsehen. Man kann das Programm nicht einfach unterbrechen, um seine Botschaft zu vermitteln. Aus lauter Ratlosigkeit versuchen Werbeschaffende die Regeln der Fernsehwerbung einfach auf das Internet zu übertragen. So funktioniert das aber nicht, hier gibt es Möglichkeiten und Werkzeuge, um seine Zielgruppe schneller und billiger zu erreichen. Wir werden im Kapitel „Investiere: Listen to the Moneytalk" noch darüber sprechen. Soziale Netzwerke eignen sich hervorragend um Informationen mitzuteilen.

Nutze die Macht der Worte

Welches Sinnesorgan ist Deiner Meinung nach stärker, das Auge oder das Ohr? Das Auge, denkst Du vermutlich. Aber die wirklich interessante Frage ist nicht, welches Sinnesorgan stärker, sondern welches schneller ist. Das Ohr ist schneller als das Auge. Ein gesprochenes Wort wird schneller verstanden als ein gedrucktes. Das gedruckte Wort ist eine visuelle Information, welche bei den meisten Menschen erst in eine akustische Information umgewandelt werden muss. Du kannst dazu einen einfachen Selbsttest durchführen. Achte beim Lesen dieser Zeilen darauf, wie viele Worte Du innerlich mitsprechen musst, um den Sinn des Satzes zu verstehen. Eine akustische Information wird nicht nur schneller verstanden, sie bleibt auch länger haften. Das gesprochene Wort begünstigt Gedankenfluss und Gedächtnis. Die Stimme verleiht den Worten zusätzlich Emotionen. Die besten Medien arbeiten also immer mit Akustik, ein Grund, warum das Radio noch immer das wichtigste Medium zur Verbreitung von Musik ist. Das Musikfernsehen dagegen, ist als Werbemittel nahezu tot.

Wie Plakate, Flyer und Anzeigen gestaltet werden

Anzeigen und Flyer sind ein wichtiges Werbemittel, um für eine lokale Aktion, ein Konzert oder ein örtliches Event zu werben. Viele Zielgruppen erreicht man noch immer am besten durch Fanzeitungen, Szenemagazinen und Flyerverteilung direkt an szenespezifischen Treffpunkten. Denke nicht, dass diese Art der Werbung überholt und überflüssig sei, und Informationen in sozialen Netzwerken zu verbreiten würde ausreichen. Du solltest das eine tun und das andere nicht lassen. Nutze die Vorteile aller Werbemöglichkeiten aus.

Wie sollte eine Anzeige gestaltet sein? Grundsätzlich sind Fotos besser als Illustrationen. Fotos sprechen den Leser mehr an und bleiben eher im Gedächtnis. Er schaut sich das Foto an und denkt: „Was geht hier vor?" Dann liest er den Text und nimmt die Botschaft mit nach Hause. Je mehr verschlüsselte Botschaften eine Anzeigenwerbung enthält, desto aufmerksamer werden die Leute diese betrachten. Fotos sind ein Abbild der Realität und daher glaubwürdiger. Illustrationen und Zeichnungen regen eher die Phantasie an und lenken unter Umständen die Gedanken des Lesers in eine völlig falsche Richtung. Für eine Anzeigenwerbung müssen keine prämierten und künstlerisch wertvollen Fotos verwendet werden. Es reicht eine gute Idee und Du kannst selbst auf den Auslöser drücken. Die Neugierde des Lesers soll geweckt werden und auch hier gilt, dass die Aufmachung einer Anzeige nicht vom Inhalt ablenken darf.

Während für Flyer und Anzeigen in Bezug auf die Motivauswahl des Bildes die gleichen Regeln gelten, muss bei den Textinhalten differenziert werden. Flyer haben nur einen spezifischen kurzweiligen Nutzen: Sie sollen informieren. Der Leser will nicht mit billigen Slogans eingelullt werden, sondern erfahren, wann, wo und wie er ein Produkt oder eine Dienstleistung bekommen kann. Keine überflüssigen Begleitinfos, lediglich die Fakten. Was muss der Leser wissen, um der geweckten Neugierde nachzugehen?

Bildunterschriften in Anzeigen werden fast immer gelesen. Der erste Absatz eines Anzeigentextes sollte so gewählt werden, dass er den Leser in den Textinhalt zieht und daher nicht zu lang ist. Hervorgehobene Zwischenüberschriften bringen selbst den flüchtigen Leser dazu, zumindest einen Teil des Anzeigentextes zu lesen. Überschriften sowie Textinhalte sollten in normaler Groß- und Kleinschreibung verfasst werden. Aus dem einfachen Grund, weil GROSSBUCHSTABEN SCHWERER ZU LESEN SIND.

Wenn Du eine Anzeige in einem Magazin schaltest, so entwerfe das Layout immer speziell für das jeweilige Magazin. Gib Deine Zustimmung für den Druck nicht, bevor Du die Anzeige nicht in ihrer „Umgebung" einmontiert gesehen hast. Layouts am Bildschirm wirken wie im „luftleeren Raum". Das kann schnell zu einer falschen Beurteilung führen. Die Wirkung einer teuren Anzeigenschaltung wäre dahin.

Der Einsatz von Plakaten sollte wohlüberlegt sein. Es besteht kaum die Möglichkeit, dem vorbeifahrenden Autofahrer mehr als vier bis sechs Worte mit auf den Weg zu geben. Wenn Du viele Plakate hintereinander aufhängst, kann der Fahrer auf nachfolgenden Plakaten zusätzliche Informationen lesen – vorausgesetzt Du hast beim ersten Plakat sein Interesse geweckt. Allerdings wird kaum jemand anhalten, um den Text eines Plakates zu lesen. Viele Menschen sind sogar der Meinung, Plakate verunstalten die Landschaft. In Innenstädten gibt es häufig riesige Flächen mit Dutzenden Werbern und einem entsprechenden Plakatwirrwarr. Die spezifische Botschaft verschwimmt in der Konkurrenz. Aufzufallen gelingt häufig nur durch quantitative Größe – das längste und breiteste Plakat gewinnt. Bedenke jedoch, dass es zu Autounfällen kommen kann aufgrund Deiner Plakatwerbung.

PR – vermittle den Eindruck, einer der ganz Großen zu sein

Wenn Du mit der Presse kommunizierst kann es sich als Hindernis erweisen, ein noch junges und kleines Unternehmen zu sein. Die daraus folgende Diskriminierung ist meistens ebenso unüberwindlich wie unbegründet. Melde Dich daher am Telefon nach Möglichkeit mit einem Titel. Gib Dich als Produktmanager, Pressesprecher oder CEO Deines eigenen Unternehmens aus. Aber wie ist PR als Marketinginstrument zu bewerten? PR ist äußerst effektiv, wenn sie eingesetzt wird, bevor Du mit aufwändiger Werbung beginnst. Deine Zielgruppe reagiert wohlwollender, wenn sie etwas über Dich in einem anerkannten Magazin oder einem Presse-Portal im Internet gelesen hat. Du gibst den Menschen damit die Möglichkeit sich vorher zu informieren und verleihst Deinem Ansinnen damit eine hohe Glaubwürdigkeit. Gekoppelt mit überraschender Promotion, kannst Du mit guter PR sehr wirkungsvoll für Gesprächsstoff sorgen.

Der Aufbau einer Marke – das Branding

Weil die Marke eines Produktes, eines Unternehmens oder einer Person in der Wahrnehmung des Verbrauchers entsteht, ist das Branding, die wahrscheinlich wichtigste Marketingentscheidung überhaupt. Beim Branding geht es darum, ein Produkt von anderen Angeboten derselben Gattung durch Namen, Optik, Aufmachung, Erscheinung etc. zu differenzieren.

Marken entstehen ausschließlich im Kopf der Menschen. Eine Marke ist ein Anteil am Kundengedächtnis, was zum Beispiel bedeutet, dass die Menschen bei Cola automatisch an Coca Cola denken und nicht an Pepsi oder Afri Cola. Das Branding bestimmt die Schublade, in die Menschen ein Produkt einordnen. Ein gutes Branding zeichnet sich durch einen direkten Bezug zum Nutzen eines Produktes aus. Achte auf die akustische Wahrnehmung. Der Name eines Produktes muss angenehm für das Ohr sein.

Eine Marke aufbauen heißt also, einen spezifischen Nutzen – in Abgrenzung zur Konkurrenz – in der Wahrnehmung des Kunden zu etablieren. Gelingt dies nicht, oder nur sehr unbefriedigend, wird ein Angebot als ähnlich zu etwas bereits Bestehendem eingestuft. Der differenzierende Aspekt verschwimmt und der Kunde beginnt, seine Konsumentscheidung nicht anhand der Marke zu entscheiden, sondern anhand des Preises. Das Schwierige ist, einen Produktnamen zu finden, der auch den tatsächlichen Nutzen für den Kunden betont. Geschieht dies nicht, tritt man schnell mit einer weiteren Botschaft auf, die es nicht schafft, die Eigenschaften eines Produktes auch in einen Kundennutzen zu „übersetzen".

Eine Marke aufzubauen ist ein langwieriger Prozess. Häufig gelingt dies nicht, oder nur sehr unbefriedigend, weil ein Unternehmen schnelle Erfolge herbeiführen muss. Zum Aufbau einer großen Marke sind hohe Investitionskosten notwendig und unter

Umständen erreicht ein Unternehmen die Gewinnzone erst nach einigen Jahren. Wird dies beim Aufbau einer Marke nicht genügend berücksichtigt, ist das häufig der Anfang vom Ende. Um das Geschäft anzukurbeln, wird davon abgewichen, die spezifischen Merkmale einer Marke zu betonen. Preisdumping und aufwändige Imagewerbung betonen nicht mehr den Nutzen, sondern sollen Sympathiewerte beim Konsumenten erhaschen. Ein weiterer Grund ist, dass ein Massenprodukt zu einer Premiummarke umfunktioniert werden soll. Um der Gier Einhalt zu gebieten und den Fokus nicht aus den Augen zu verlieren, ist es daher grundsätzlich besser sich auf einen Kernmarkt zu konzentrieren und es dort zur Marktführerschaft bringen.

Der Marketing-Schnellkurs zusammengefasst

Die Quintessenz von Marketing ist: Finde heraus, was Du tun musst, um Dich und Dein Vorhaben gewinnbringend zu verkaufen. Das hört sich einfach an – allerdings sind die meisten Ideen, die Dich von der Konkurrenz abgrenzen, nur schwer auszumachen. Selten kommen sie als bahn brechend neu daher. Das ist allerdings auch gar nicht nötig. Ein guter Einfall ist oft banaler als Du für möglich gehalten hättest. Nimm etwas Bewährtes und verändere eine Kleinigkeit, so dass etwas ganz neues entsteht. Denk daran, der Sinn von Marketing ist nicht ein besseres Angebot zu etablieren, sondern eine bessere Meinung davon.

Erkenne Deinen Wert

Die meisten noch nicht erfolgreichen Menschen, die ich in meinem Leben kennen gelernt habe, sind so viel weniger bereit ein Risiko einzugehen als bereits erfolgreiche Menschen. Und das ist doch in meinen Augen ein Widerspruch. Wenn man nichts hat, so kann man doch nichts verlieren. Gerade junge Menschen benutzen gerne Ausreden nach folgendem Muster: „Ich will mich nicht verbiegen, ich will authentisch bleiben." Hallo! Dich kennt doch noch niemand! Authentisch bleiben muss man doch nur, wenn es jemanden gibt, der das auch einfordert. Und einen Stil kann man nur entwickeln, wenn man sich auch mal blamiert. Das Wagnis wird belohnt, nicht die Ausrede.

Die meisten von uns sind in dem Glauben aufgewachsen, dass Eigenlob stinkt. Nun, wenn Du ein Vermögen als Benimmlehrer machen willst, ist das bestimmt die beste Einstellung um schnell reich zu werden – alle anderen Menschen müssen für ihre Sache werben. Der entscheidende Punkt ist nicht, ob Du gerne Werbung für Dein Vorhaben machst oder nicht, sondern warum Du Werbung machst. Es kommt einzig darauf an, was Du glaubst. Glaubst Du an Dein Vorhaben? Glaubst Du an Dein Produkt? Glaubst Du an den Erfolg Deines Hits? Glaubst Du wirklich, dass das, was Du tust, anderen einen Nutzen bietet?

Häufig ist es so, dass Menschen, die ein Problem mit Werbung haben, nicht richtig an ihr Produkt oder nicht richtig an sich selbst glauben. Infolgedessen ist es schwierig für sie sich vorzustellen, dass andere so stark an den Wert ihrer eigenen Arbeit glauben, dass sie diese um jeden Preis mit anderen teilen möchten.

Die mächtigste Werbewaffe der Welt – Gerüchte sind die ansteckendste Botschaft, die es gibt

Wir neigen zu der Annahme, dass nur groß angelegte Werbekampagnen entsprechend große Wirkungen erzielen. Wir sehen jeden Tag gigantische Werbebanner über komplette Häuserfassaden, die Unsummen an Budget verschlingen und gehen davon aus, dass der Erfolg darauf lediglich eine Frage der Logik ist. Je größer die Werbung, desto mehr Menschen wird sie erreichen und desto mehr Menschen handeln nach ihr – so der Glaube.

Zweifellos gibt es zahlreiche Beispiele, in denen eine teure Werbekampagne zum Erfolg führte, allerdings gibt es mindestens ebenso viele Beispiele, wo sehr viel Geld verbrannt wurde, weil eine Kampagne floppte. Der Erfolg einer Werbung kann also nicht allein auf den proportional betriebenen – also in Geldwert messbaren – Aufwand zurückgeführt werden.

Der Dialog zwischen zwei Menschen und die Verbreitung einer Botschaft innerhalb eines Beziehungsnetzwerkes, ist auch in Zeiten von millionenschweren Werbekampagnen noch immer die wichtigste Form zur Verbreitung von Informationen. Denke einen Augenblick darüber nach, welchen Film Du Dir zuletzt im Kino angesehen hast oder welches Kleidungsstück Du wo gekauft hast? In wie vielen Fällen war die Entscheidung, wann und wofür Du Geld ausgegeben hast, von der Empfehlung eines Freundes oder Bekannten abhängig?

Gerade weil Werbung so omnipräsent und selbstverständlich ist, funktioniert Mund-Propaganda so hervorragend. Es ist die einzige Form der „Überredung", der die Menschen noch Vertrauen entgegen bringen und auf die sie überhaupt noch reagieren.

Erreiche den Tipping Point –
Wie man Mund-zu-Mund-Epidemien auslöst

„Was kann ich jetzt mit diesen Erkenntnissen anfangen? Ich kann doch nicht losgehen und Gerüchte darüber in die Welt setzen, dass ich einen Hit produziert habe!" Doch, genau darum geht es. Auf den nächsten Seiten wirst Du die Geheimnisse lernen, wie und wo Du gezielt Gerüchte verbreiten musst, um die Wirkung für Dich arbeiten zu lassen. Du wirst sehen, wie sich ein Strohfeuer in einen Flächenbrand verwandelt, und wie der Flügelschlag eines Schmetterlings einen Orkan auslöst. Du wirst eine Mund-Propaganda auslösen, die Deinen Erfolg möglich macht – ohne überdurchschnittlich viel Geld für Werbung ausgeben zu müssen.

Was einer erfolgreichen Mund-Propaganda zu Grunde liegt, ist die feste Annahme, dass Menschen ihr Verhalten radikal ändern können – wenn sie richtig angesprochen werden. Um dies zu erreichen, gibt es spezifische Mittel und Wege, die aus einem Gerücht per Mund-Propaganda eine hoch ansteckende und unvergessliche Botschaft machen. Natürlich entsteht nicht aus jedem Gerücht, das verbreitet wird, sofort eine Mund-zu-Mund-Epidemie. Die Menschen geben die ganze Zeit irgendwelche Informationen weiter und setzen Gerüchte in die Welt.

Vielleicht hast Du Dich schon mal gefragt, warum ein bestimmtes Restaurant immer voll und ausgebucht ist, während das, was direkt daneben liegt, immer leer bleibt – obwohl es objektiv nicht besser ist. Du kannst dieses Lokal jedem Freund empfehlen und trotzdem entsteht daraus keine Epidemie. Woran liegt es, dass einige Ideen und Trends „epidemisch" werden und andere nicht?
Der Autor Malcolm Gladwell beschreibt in seinem Bestseller „Der Tipping Point" die notwendigen Umstände, die aus einem Gerücht eine Mund-zu-Mund-Epidemie machen.   Er benennt dazu drei

Faktoren: **1) Das Gesetz der Wenigen, 2) Den Verankerungsfaktor und 3) Die Macht der Umstände.**[25] Wenn diese drei Faktoren zusammen kommen, bzw. gezielt herbeigeführt werden, steigen die Chancen enorm, dass aus einem Gerücht eine Mund-zu-Mund-Epidemie entsteht.

Das Gesetz der Wenigen – Die Kenner

Mein Freund Markus ist ein Connaisseur auf dem Gebiet elektronischer Geräte. Wenn Apple ein neues Produkt auf den Markt bringt, ich mir eine Kamera zulegen oder einen DVD-Player kaufen will, muss ich bloß ihn fragen. Es dauert keine drei Tage und ich kann darauf wetten, dass ich eine qualifizierte, abgewogene und meinen finanziellen Verhältnissen entsprechende Empfehlung bekomme. Ein einziger Anruf genügt und ich erhalte eine Zusammenfassung der gesamten Marktlage – wenn nötig mit Verweisen auf entsprechende Seiten im Internet. Und das Beste ist, das Ganze kostet mich keinen Cent.

Ich weiß, dass ich nicht der Einzige bin, den Markus auf diese Weise kostenlos berät. Er hat durch seine Reisen Bekanntschaften in der ganzen Welt gemacht und wen rufen die wohl an, wenn sie sich ein neues Mobiltelefon zulegen wollen?

Kennst Du solche Menschen oder hast Du auch so einen Freund oder Bekannten? Die meisten von uns haben in ihrem Bekanntenkreis so eine Person. Sie lesen mehr Fachzeitungen als wir, interessieren sich mehr und wissen darum offensichtlich Dinge, die der Rest von uns nicht weiß. Es sind Kenner – sie haben das Wissen und die Fähigkeit, es an andere weiter zu geben. Sie wollen helfen, weil sie es eben mögen anderen zu helfen. Kenner, die auf diese Art ihr Wissen an uns weiter geben, genießen ein hohes Ver-

---

[25] Der Tipping Point, Malcolm Gladwell

trauen – Vertrauen, dass in der Werbung teuer erkauft werden muss. Kenner sind so beliebt, weil sie eben nicht Teil einer inszenierten Werbestrategie sind, sondern einfach Spaß daran haben anderen zu helfen.

Kommt Dir die folgende Situation bekannt vor: Du bist auf einer Party und wirst zufällig Zeuge eines Gespräches. Ein Erzähler berichtet über einen neuen Club, eine neue Band, ein Event oder ein neues Produkt. Du spitzt die Ohren, weil Du die Möglichkeit hast, die Meinung eines Marktkenners zu erfahren. Der Erzähler gibt – in einem ausschließlich persönlich motivierten Bericht – bereitwillig seine Erfahrungen weiter. Die große Wirkung, die sein Bericht erzeugt, liegt darin, dass er die gemachten Erfahrungen ausschließlich freiwillig weitergibt – er ist ein Gast, der seine Einschätzung mit anderen teilen will.

Ein professioneller Experte rät zehn Personen eine bestimmte Versicherung abzuschließen. Davon werden vielleicht fünf seinem Rat folgen. Ein Kenner dagegen erzählt fünf Personen, welche Erfahrungen er mit einer Versicherung gemacht hat und sie werden alle fünf diese Versicherung abschließen – einfach aus dem Grund, weil er sie so nachdrücklich empfiehlt.

Ein Experte kennt viele Fakten – ein Kenner kennt viele Menschen und genießt ein hohes Ansehen. Mund-Propaganda besitzt den Vorteil echten Vertrauens, da ein Kenner niemals versuchen wird, andere zu etwas zu überreden. Er gibt lediglich Wissen und Erfahrungen weiter.

Für die meisten Menschen ist dies eine überzeugendere Empfehlung als die Meinung eines Experten – dessen Beruf es ist, professionell Dinge zu verkaufen.

Das Gesetz der Wenigen – Die Vermittler

Wenn Du willst, dass Deine Hit Mund-Propaganda den „Tipping-Point" erreicht, dann musst Du Menschen anstecken, bekehren und ihre Akzeptanz gewinnen. Wenn es dabei nur der Nachrichtenwert bzw. die Information wäre, die in einer Mund-zu-Mund-Epidemie die entscheidende Rolle spielt, dann müsste jede Information, die die Menschen als Gerücht in die Welt setzen, eine Epidemie auslösen. Das passiert aber nicht. Der Erfolg einer Epidemie ist stark vom Engagement einiger Personen abhängig, die über eine besondere, kommunikative Gabe verfügen. Menschen, die außergewöhnliche persönliche Verbindungen besitzen: Die Vermittler.

Berlin, September 2011

Ich habe eine Liste mit 30 Namen angefertigt. Namen, die zu Personen meines aktuellen Freundes- und Bekanntenkreis gehören. Bei jedem dieser Namen bin ich zurückgegangen und habe mich an den Namen der Person erinnert, die den Kontakt ermöglicht bzw. mich der Person vorgestellt hat. Nach diesem System habe ich allen 30 Personen auf der Liste ihre „Vermittler" zugewiesen. Ziel des Experiments war, herauszufinden, welche Personen in meinem Bekanntenkreis die Funktion einer „Schlüsselperson" hatten. Am Ende standen nicht mehr als fünf Schlüsselnamen auf meiner Liste. Meine ganz persönlichen Vermittler. Fünf Namen, die alle weiteren 30 Kontakte begünstigt oder sogar direkt ermöglicht haben.

Du kannst das Experiment sofort bei Dir selbst durchführen. Fertige eine Freundesliste mit 30 oder 40 Namen an. Wenn Du einen großen Bekanntenkreis hast, können es auch mehr sein. Es kommt allerdings nicht auf die Anzahl an, sondern darauf, das Prinzip dahinter zu erkennen. Nimm einen Zettel und Stift, schreib die Namen Deiner Freunde und Bekannten auf und überlege, durch wen Du jeden kennen gelernt hast.

Wer sind die 20 Prozent Deiner Freunde und Bekannten – Schlüsselpersonen – die für 80 Prozent Deines Freundeskreises verantwortlich sind. Das Pareto Gesetz der 80/20 Verteilung hast Du ja bereits kennen gelernt. Die eigene Familie und Arbeitskollegen solltest Du dabei zunächst nicht einbeziehen. Findest Du einige Namen, die immer wieder auftauchen? Möglicherweise kommen Dir einige nicht sofort in den Sinn da sie gar nicht mehr auf der Liste Deiner aktuellen Freunde stehen. Personen, die Du aus den Augen verloren hast. Geh daher in Deiner Lebensgeschichte ruhig ein wenig zurück und überleg, welche Namen Dir dabei einfallen.

Wenn ich die Liste meiner Freunde anschaue, so sehe ich keinen Freundeskreis, sondern vielmehr eine Pyramide. Und an der Spitze der Pyramide steht eine Handvoll Personen, die für die Mehrheit meiner Beziehungen verantwortlich ist. Es sind Menschen, die über große Entfernungen vermitteln können. Menschen, die mich in verschiedene Personenkreise und Netzwerke eingeführt haben und meinen Kosmos vergrößert haben. Wir stützen uns mehr auf solche Vermittler als wir ahnen.

Das Gesetz der Wenigen – die Verkäufer

Für Deine Mund-Propaganda hast Du jetzt die Gruppe der Kenner und die Gruppe der Vermittler kennen gelernt. Malcom Gladwell sieht in den Kennern die Informationsdatenbank und in der Gruppe der Vermittler die Lieferanten für den „sozialen Klebstoff", um eine Botschaft zu verbreiten. Um eine wirksame Mund-Propaganda zu betreiben, die schließlich zu einer Mund-zu-Mund-Epidemie wird, muss eine hohe Anzahl von Leuten überzeugt werden, etwas Bestimmtes zu tun. Nicht alle Menschen fügen sich einem Gruppendruck und marschieren bereitwillig mit, wenn einige Rädelsführer vorauseilen.

Druck innerhalb einer Gruppe ist nicht immer ein automatischer und unbewusster Prozess, der Menschen verführt. In der Regel muss jemand vor die Gruppe treten und diese zu einer konkreten Handlung auffordern. Ein Kenner hat die Motivation, Informationen zu sammeln und an andere weiter zu geben. Er ist allerdings nicht der Typ, der andere überreden und zu ihrem Glück zwingen will. Vielmehr ist er an einem Austausch interessiert und daran, auch selbst etwas dazu zu lernen.

Es fehlt also noch eine weitere Gruppe. Eine Gruppe von Schlüsselpersonen, die die Fähigkeit besitzt, andere zu überreden – auch dann, wenn sie von dem was sie gehört haben, selbst nicht überzeugt sind. Es handelt sich um die Gruppe der Verkäufer. Verkäufer sind in ihrem Anliegen den Kennern und Vermittlern durchaus ähnlich. Sie bilden die letzte Gruppe für die Auslösung einer Mund-zu-Mund-Epidemie.

In der Liste meiner persönlichen Vermittler gibt es eine Person, die auf der Pyramide meiner Beziehungen sehr weit oben steht. Er hat in meinem Leben nicht nur sehr viele Kontakte ermöglicht, sondern ist obendrein noch der perfekte Verkäufer. Vermittler und Verkäufer sind also häufig ein und dieselbe Person. Auch Kenner und Vermittler können ein und dieselbe Person sein. Mein Freund Markus, der Kenner auf dem Gebiet elektronischer Geräte, ist zusätzlich ein Vermittler. Er reist gerne und kennt daher viele Menschen – wenn auch aus anderen Gründen, als die Person, von der ich Dir jetzt erzählen möchte. Wenn Du den Typ Verkäufer verstehen willst, ist er das perfekte Beispiel.

Jens ist CEO eines Sportparks. Der Park hat sich unter seiner Führung von einem autonomen Jugendprojekt zu einem Wirtschaftsunternehmen mit sechsstelligem Jahresumsatz entwickelt.

In wenigen Jahren wurde der Park zum größten seiner Art in Europa. Jens hat Kontakte zu einigen bekannten Wirtschaftsunternehmen aufgebaut, hält Freundschaften zu Politikern und hat in der Jugendarbeit seine soziale Berufung gefunden. Er ist ein Überredungskünstler mit magischer Kraft. Er „verkauft" zufällig einen Sportpark, jedoch könnte er auch Versicherungen, Autos oder Badezimmerarmaturen verkaufen – wenn er wollte. Er trägt aus Loyalität die Kleidung seiner Sponsoringpartner, hat einen wachen Blick und immer einen flotten Spruch auf Lager. Sein Netzwerk ist seine Familie. Er versteht es Fragen zu stellen, auf die er bereits die Antwort kennt, nur um einen Sachverhalt deutlich zu machen. Er ist der typische Workaholic.

Das was Jens so interessant macht, ist seine Überzeugungskraft, die weit über das hinausgeht, was in seinen Worten eigentlich enthalten ist. Er besitzt eine machtvolle Rhetorik und seine Ausstrahlung hat etwas Unwiderstehliches. Ein Charakterzug, der Menschen dazu bringt, unbedingt mit ihm übereinstimmen zu wollen. Es ist Begeisterung, Leidenschaft und Charme. Er schafft es, in eine Situation zu gehen und das Ergebnis zu seinen Gunsten zu entscheiden – auch wenn es das komplette Gegenteil der Ausgangslage ist.

Die Frage, was jemanden von etwas überzeugt, ist sehr viel ambivalenter als es die meisten Menschen für möglich halten. Ein guter Verkäufer weiß, dass subtile Gesten, wie ein Lächeln oder ein Nicken im richtigen Moment, mehr Wirkung haben können als alle Worte. Subtile Botschaften, die sich an der Oberfläche unserer Wahrnehmung abspielen und – richtig angewandt – einem Verkäufer ermöglichen, das Gespräch in seinem Sinne zu beeinflussen. Gute Verkäufer haben Kontrolle über derartige unbewusste Reize. Sie haben das Wesen, das sie unwiderstehlich macht und wissen, dass Emotionen ansteckend sind. Sie können daher Emotionen scheinbar mühelos auf andere übertragen und ihnen ihren eigenen Rhythmus diktieren.

Wenn Du Verkäufer-Schlüsselpersonen erkennen und verstehen willst, was sie so überzeugend macht, musst Du Dich dem Verborgenen, dem Subtilen, dem Unausgesprochenen zuwenden.

Kenner, Vermittler, Verkäufer – woran Du diese Schlüsselpersonen erkennst

Was macht einen Vermittler zu einem Vermittler, einen Kenner zu einem Kenner und einen Verkäufer zu einem Verkäufer? Welche Fähigkeiten machen diese Gruppen zu Schlüsselpersonen? Worin unterscheiden sie sich von anderen Menschen und welche Charaktereigenschaften müssen sie mitbringen? Alle drei Gruppen benötigst Du für Deine Mund-Propaganda, aber wie findest Du heraus, ob sie auch die Fähigkeit haben eine Mund-zu-Mund-Epidemie auszulösen? Ein Kriterium besteht darin, dass eine Schlüsselperson eine große Anzahl Leute kennt. Ein weiteres Kriterium ist die Sammlung und bereitwillige Weitergabe von Informationen. Und als letztes Kriterium steht eine gewisse Überzeugungskraft. Wir alle haben solche Schlüsselpersonen in unserem Bekanntenkreis. Gewöhn Dich an den Gedanken, dass diese Personen für Dich wichtig werden.

Lediglich viele Menschen zu kennen, reicht für eine Schlüsselperson aber noch nicht aus. Das was einen Vermittler für Dich zu einer Schlüsselperson macht, begründet sich vor allem dadurch, welche Menschen er kennt und nicht wie viele. Wenn Du Deine persönlichen Schlüsselpersonen herausgefunden hast, so stelle nun fest, in welchen gesellschaftlichen Kreisen sie sich bewegen. Was ist die Vision oder die Aufgabe, die diese Personen zu folgen scheinen? Was treibt sie an? Bring ein wenig Licht in die Gewohnheiten dieser Menschen. Es fallen Dir sicher einige Dinge auf, die Du zuvor noch nie bemerkt hast. Wenn Du einen guten Kontakt zu diesen Menschen hast, scheue Dich nicht, sie all diese Dinge persönlich zu fragen. Beginne damit, diese Menschen zu beobachten. Finde Werte und Muster heraus, nach denen diese Menschen leben und vorgehen.

Vermittler-Schlüsselpersonen sind deswegen so wertvoll für Deine Mund-Propaganda, da sie es fertig bringen, sich in vielen verschiedene Szenen und Subkulturen zu bewegen. Eine der zentralen Fähigkeiten von Schlüsselpersonen ist die Schaffung und die Pflege von Netzwerken. Netzwerke, die sich allerdings nicht nur um eine Nische oder Subkultur anordnen, sondern übergreifend sind.

Wenn Du Dir das Leben von Vermittler-Schlüsselpersonen genauer ansiehst, kommst Du schnell auf ein Dutzend verschiedener Nischen und Subkulturen, in denen sie sich scheinbar mühelos bewegen. Ihre Fähigkeit, sich in verschiedenen Nischen zu bewegen liegt daran, dass sie sie nicht strikt voneinander trennen. Vielmehr verbinden sie alle Subkulturen dadurch, dass sie einen Fuß in jeder Tür haben und in der Lage sind, alles zu einem Ganzen zusammenzufügen. In wie vielen Lebenswelten sich Deine Schlüsselpersonen bewegen und wie viele Menschen sie darin kennen, kannst Du sehr schnell daran erkennen, wie freizügig sie Kontakte vermitteln und ermöglichen.

Schlüsselpersonen sind Meister von „schwachen Bindungen"

Es gibt zahlreiche Eigenschaften, die eine Schlüsselperson zu einer Schlüsselperson machen. Ich habe von Markus erzählt, meinem Freund, den ich immer dann anrufe, wenn ich Informationen über ein technisches Gerät benötige. Ein Kenner. Seine Fähigkeit, Welten zu überbrücken liegt einerseits in seiner Fähigkeit, ein spezielles Wissen zu sammeln und weiter zu geben – andererseits in seiner Persönlichkeit. Ihm fehlt einfach jeglicher Snobismus. Er skypt mit Menschen auf der ganzen Welt. Irgendwelche fremden Menschen schreiben ihm und er liest einfach alles, ohne sich darüber Gedanken zu machen, ob ihm der Kontakt mit dieser fremden Person irgendwann einmal nützlich sein könnte.

Die Tatsache, dass er Welten auch ganz praktisch überbrückt – weil er einfach gerne reist – machen ihn zu einer Schlüsselperson. Es ist eine Mischung aus Neugier und Geselligkeit, die ihn dazu befähigt, eine Schlüsselperson zu sein. Aus irgendeinem Grund ist es ihm möglich, eine Beziehung mit allen Menschen aufzubauen, die er trifft.

Die meisten Menschen sind eher damit beschäftigt, nach den richtigen Leuten zu suchen, die sie gerne kennen lernen würden und die abzulehnen, die sie für ihre Belange für nutzlos erachten. Wir scheuen eine Kultivierung von losen Bekanntschaften und stützen uns lieber auf den Kreis von Beziehungen, die wir haben und die uns viel bedeuten. Bekannte halten wir lieber auf Distanz. Wir fürchten uns davor, Verpflichtungen mit ihnen einzugehen, sie vielleicht besuchen oder an ihren Geburtstag denken zu müssen. Wir denken, dass wir nicht die Energie haben, Kontakt zu vielen Menschen zu halten und deren Erwartungen zu erfüllen.

Schlüsselpersonen sind diese Gedanken häufiger fremd. Sie stören sich nicht daran, wenn sie eine Person nur selten oder sogar nur alle paar Jahre sehen. Sie sind Meister von so genannten „schwachen Bindungen".

Warum Bekannte für Deine Mund-Propaganda wichtiger sind als Deine Freunde

Malcolm Gladwell führt den Soziologen Mark Granovetter für die Wichtigkeit und Funktionsweise von Schlüsselpersonen an. Dieser untersuchte in einer Studie auf welchem Weg Menschen zu ihren Jobs gekommen sind. Dazu sah er sich den Lebenslauf einiger hundert Personen an und interviewte diese zu ihrer Berufsgeschichte. Er fand heraus, dass 56 Prozent der Befragten ihre Jobs über Vitamin B bekamen. „Das ist ja keine neue Erkenntnis." Doch das Interessante ist nicht die Tatsache, dass Vitamin B wichtig ist, sondern dass die Beziehungen der Interviewten – die letztendlich zu einem neuen Job geführt haben – aus „schwachen Bindungen" bestand. Die Leute bekamen ihre Jobs nicht durch ihre Freunde, sie bekamen Sie durch Bekannte.[26]

Granovetter stellte fest, dass immer dann, wenn wir einen Zugang zu neuen Informationen, Trends und Ideen suchen, so genannte schwache Bindungen, die wir mit Bekannten haben, wichtiger werden als starke Bindungen, die wir mit unseren Freunden haben. Freunde leben in dem gleichen kleinen Mikrokosmos wie wir selbst. Sie haben ähnliche Interessen, wohnen in der Nähe, gehen auf dieselben Partys und haben ähnliche Gewohnheiten wie wir. Sie können uns daher nicht weiterhelfen, wenn wir auf der Suche nach etwas neuem sind.

---

[26] Der Tipping Point, Malcolm Gladwell

Bekannte leben in einem anderen Mikrokosmos. Sie üben andere Jobs aus und verdienen ein anderes Gehalt. Sie haben andere Ansichten, andere Gewohnheiten und pflegen andere Beziehungen. Es ist daher viel wahrscheinlicher, dass sie etwas wissen, das wir selbst noch nicht wissen. Ein Umstand, der nicht nur bei der Jobsuche zutrifft. Die Vorteile von schwachen Bindungen stellen eine gesellschaftliche Macht dar. Je mehr Bekannte Du hast, desto mächtiger bist Du.

Vielleicht erkennst Du allmählich, dass sich praktisch alles durch Mund-Propaganda bewegen lässt – wenn Du Deine Schlüsselpersonen erst einmal ausgemacht und für Dich eingenommen hast. Die Möglichkeiten der Einflussnahme steigen enorm und geben Deiner eigenen Mund-Propaganda wesentlich mehr Chancen zu einer Mund-zu-Mund-Epidemie zu werden.

Gegensätze ziehen sich nicht an

Erinnerst Du Dich an Menschen in Deinem Leben, mit denen Du völlig in Einklang warst? Ein Freund, ein Partner, ein Familienangehöriger oder jemand, den Du zufällig kennen gelernt hast? Versetze Dich zurück in die Zeit und erinnere Dich, was Dich an diesem Menschen dazu gebracht hat, Dich mit ihm verbunden zu fühlen. Vielleicht war es das Gefühl, die gleichen Gedanken zu haben. Ähnliche Ansichten zu wichtigen Lebensthemen.

Was auch immer es war, es war in jedem Fall Ausdruck eines grundlegenden Merkmals, den man als „Rapport" bezeichnet: Die Fähigkeit, die Welt eines anderen zu betreten, ihm das Gefühl zu geben, dass er verstanden wird und eine Verbindung mit ihm herzustellen.

Rapport herzustellen ist die Essenz erfolgreicher Kommunikation und das beste Mittel, um mit anderen Menschen in Kontakt zu kommen. Rapport herzustellen bedeutet, eine starke gegenseitige Verbindung und Kooperationsbreitschaft zu signalisieren. Nicht nur erfolgreiche Verkäufer müssen in der Lage sein, Rapport zu ihren Kunden herzustellen. Auch Politiker, Führungskräfte, Eltern, Lehrer, Freunde usw. werden besser verstanden und kommen eher zum Ziel, wenn sie in der Lage sind, Rapport herzustellen. Das schlimmste, was zu diesem Thema je in Umlauf war, ist das Klischee: „Gegensätze ziehen sich an."

Da menschliche Kommunikation immer auch den Konflikt und die Auseinandersetzung benötigt, ist an dem Klischee sicher ein Funken Wahrheit – überlege jedoch, mit welchen Menschen Du Deine Zeit lieber verbringst und zu wem Du Dich eher hingezogen fühlst: Zu jemanden, der immer dann schlafen muss, wenn Du aktiv bist? Zu jemandem, der Fußball liebt, während Du Fußball hasst? Zu jemandem der gern in die Berge fährt, während Du das Meer liebst?

Nein, wir möchten mit Menschen Zusammensein, die so sind wie wir. Wir mögen Menschen, die uns ähnlich sind. Schlüsselpersonen wissen, dass zur Anbahnung einer Beziehung zwischen zwei Menschen immer eine Gemeinsamkeit vorausgeht. Egal, ob es sich dabei um eine Liebes-, Freundes-, oder Geschäftsbeziehung geht. Mag die Gemeinsamkeit auch noch so klein sein, Schlüsselpersonen finden sie und können augenblicklich Rapport herstellen.

Nimm jede beliebige Beziehung, die Dir einfällt – das erste, was zwischen zwei fremden Personen eine Verbindung schafft, ist immer eine Gemeinsamkeit. Die Art und Weise, wie Menschen etwas tun mag verschieden sein, aber das, was sie gemeinsam haben, hat sie zusammengeführt.

„Woher kommen dann all die Konflikte? Ganz einfach: Ein Konflikt entsteht immer dann, wenn Menschen sich auf das konzentrieren, was sie unterscheidet und nicht auf das, was sie verbindet. Die Suche nach Unterschieden ist das Gegenteil von Rapport. Es lähmt menschliche Kommunikation und verhindert Ergebnisse. Schlüsselpersonen wissen, dass es eine Menge Unterschiede zwischen Menschen gibt – wenn man die Dinge auf diese Weise betrachten will. Sie wissen aber auch: Wo es Unterschiede gibt, gibt es immer auch Gemeinsamkeiten. Um Rapport herzustellen genügt es vollkommen, sich den Gemeinsamkeiten zuzuwenden.

Erreiche den Tipping Point –
Der Verankerungsfaktor

Mit Kennern, Vermittlern und Verkäufern beschreibt Malcom Gladwell das Gesetz der Wenigen. Es besagt, dass einige wenige Schlüsselpersonen entscheidend für die Auslösung einer Epidemie sind. Eine Information über ein neues Produkt, einen Event, ein Konzert etc. ist also hoch „ansteckend", wenn sie von der richtigen Person überbracht wird.

Die Information selbst, der Nachrichteninhalt oder die Botschaft, ist allerdings ebenso wichtig. Wenn mein Freund Markus eine Rundmail an all seine Freunde verschickt und diese darüber informiert, dass Panasonic eine digitale Kamera auf den Markt gebracht hat und diese ein wirklich gutes Angebot ist, so würden sicher viele den Kauf dieses Produktes erwägen – mich eingeschlossen. Würde er allerdings die Nachricht verbreiten, dass man mit einem iPod Musik hören kann, würde er seinen Ruf als Kenner schnell verlieren. Seine Information wäre allgemein bekannt und daher nutzlos.

Es kommt also, neben dem Botschafter, zusätzlich auf die Botschaft an. Die spezifische Eigenschaft, die eine Botschaft haben muss, um erfolgreich zu sein, ist ihre Fähigkeit, sich im Empfänger zu verankern. Verankert sich eine Botschaft, wird sie unvergesslich. Sie kann jemanden dazu bringen, etwas Bestimmtes zu tun. Ansteckung ist also die Funktion des Boten, Verankerung die Funktion der Botschaft.

Verankerung scheint zunächst etwas sehr Einfaches zu sein. Wenn wir wollen, dass jemand das, was wir zu sagen haben, nicht wieder vergisst, so sprechen wir mit Nachdruck. Wir reden laut und wiederholen die Botschaft so oft, bis wir der Meinung sind, dass sie verstanden wurde. Menschen, die professionell in der Werbung tätig sind, arbeiten genau so. Wenn eine Anzeige etwas bewirken soll, so muss sie von der Zielgruppe möglichst oft gesehen werden. Die Aufmachung muss „laut" und bombastisch sein. Wenn Du das Werbebudget von Coca Cola verwaltest, hast Du zweifellos die Möglichkeit, die Medien mit Spots und Anzeigen zu überschwemmen. Die Faktoren „Wiederholung" und „Lautstärke" Deiner Kampagne sind dann nur eine Frage des Budgets.

Wenn Du allerdings mit kleinem Budget eine Mund-zu-Mund-Epidemie auslösen willst, gibt es bescheidenere, subtilere und simplere Methoden etwas zu verankern. Das Problem besteht darin, den Empfänger einer Botschaft dazu zu bringen sich zu erinnern und etwas Bestimmtes zu tun.

Die deutsche Band Beatsteaks lieferte 2011, zur Veröffentlichung ihres Albums „BoomBox" und ihrer ersten Single „Milk&Honey", ein eindrucksvolles Beispiel dazu, wie man mit relativ einfachen Mitteln den Verankerungsfaktor einer „traditionellen" Werbekampagne dramatisch erhöhen kann. Im Rahmen einer mehrstufigen Kampagne ging es zuerst darum. die Single „Milk&Honey" in einem mehrwöchigen Vorlauf, bis zum tatsächlichen Erscheinen der Single, zu promoten.

Anstatt aber nur die übliche Werbemaschinerie in Gang zu setzen – also Anzeigen in Fachmagazinen zu schalten, einen Videoclip zu präsentieren, Autogrammstunden abzuhalten, Plakate aufzuhängen usw. – bezog die Band ihre Zielgruppe direkt mit ein. Dazu verbreiteten sie die Information, dass jeder der möchte, seine eigene Version der Single erstellen und einschicken kann. Die besten Versionen würden prämiert und auf einer der kommenden Singles ebenfalls veröffentlicht.

Die Beatsteaks schickten so genannte Street-Teams auf die Straße, um Menschen anzusprechen und ihnen die kommende Single vorzuspielen. Ausgestattet mit MP3-Player und Kopfhörer hatten die Street-Teams den Auftrag, erste Meinungen zu dem Song einzufangen, auf die Aktion aufmerksam zu machen und die Menschen zu ermutigen, ihre Version von „Milk&Honey" einzureichen. Die Aktionen wurden zusätzlich gefilmt und auf der Internetseite der Band veröffentlicht. Parallel wurden Partituren – Notenblätter von Milk&Honey – verteilt. Jeder, der in der Lage war Musik zu lesen, hatte nun alles was er brauchte, um Milk&Honey „nachzuspielen". Print-Anzeigen und Plakate wurden ebenfalls in Form einer Notenpartitur veröffentlicht.

Auf die Kleinigkeiten kommt es an

Wenn man sich Werbebotschaften mit hohem Verankerungsfaktor einmal genau ansieht, kommt man zu dem Schluss, dass die Elemente, die sie schließlich verankern, meistens klein und trivial sind. Wir möchten alle gern glauben, dass der Schlüssel zur Wirkung auf Menschen in der Größe der Dinge liegt, die wir präsentieren. Je größer und spektakulärer, desto mehr Wirkung.

Der Verankerungsfaktor verweist aber auf etwas ganz anderes. Das was eine Kampagne braucht, um von einem Gerücht in eine Mund-zu-Mund-Epidemie zu kippen, ist keine Fülle neuer Ideen oder die Neu-Erfindung der Branche. Es genügt vollkommen, bewährte Werbemittel einzusetzen. Das was nötig ist, ist eine signifikante Veränderung der Präsentation.

Die Plakat- und Anzeigengestaltung der Beatsteaks zur Veröffentlichung von Milk&Honey war ein Tabubruch. Ein Plakat in Form einer Notenpartitur verstößt gegen alle Regeln, wie man üblicherweise ein Plakat gestalten sollte. „Möglichst knallig, wenige Farben und wenig Text, damit dieser auch von sehr weit weg noch gelesen werden kann." So oder so ähnlich würde jeder Werbeprofi in knappen Worten zusammenfassen, wie ein Plakat zu gestalten sei.

In dem die Beatsteaks die musikalischen Noten Ihrer ersten Single auf Plakaten veröffentlichen, schufen sie einen Verankerungsfaktor, der dazu beigetragen hat, dass „Milk&Honey" die Spitze der Charts erreichte. Statt sich den üblichen Regeln der Werbung und Plakatgestaltung zu beugen, veröffentlichten die Beatsteaks schlichte weiße Plakate, mit fisseliger schwarzer Notenschrift, die man kaum lesen konnte.

Außerdem war Winter und es lag Schnee. Für eine großflächige Plakatwerbung zu dieser Jahreszeit die Farbe Weiß zu wählen, ist unter normalen Umständen sicher eine fragwürdige Entscheidung. Doch die Reaktion der Menschen auf die gesamte Kampagne eröffnete eine entscheidende Erkenntnis: Damit eine Botschaft sich beim Empfänger verankert, benötigen die Menschen Informationen, die sich in ihr Leben integrieren lassen. Die Plakatbotschaft der Beatsteaks lautete: „Spielt unseren Song nach – hier sind die Noten."

Die Gestaltung von Plakaten und Anzeigen in Form einer Partitur verwandelten die Plakate von einem simplen „Informationsdatenträger" zu einer praktischen und persönlichen Handlungsaufforderung. Und sobald eine Botschaft praktikabel und persönlich wird, prägt sie sich ein.

Die Linie zwischen Akzeptanz und Ablehnung, um es mit Malcolm Gladwells Worten zu sagen: „Zwischen einer Epidemie, die den Tipping Point erreicht und einer, die ins Leere läuft, ist oft sehr viel feiner, als wir glauben. Letztendlich ist es fast immer ein scheinbar unbedeutendes Detail, dass entscheidet, ob eine Werbebotschaft verankert wird oder nicht."

Du kannst also aufatmen, Du musst die Werbung nicht revolutionieren. Du musst Dir auch keine spektakulären neuen Werbeträger ausdenken. Die Gefahren, dass „Guerilla-Werbeaktionen" über das Ziel hinausschießen, sind ohnehin sehr groß. Ungewohnte Werbeaktionen, durchgeführt von großen und bekannten Unternehmen, werden von den Menschen in der Regel akzeptiert. Für Deine Hit Kampagne würde ich Dir jedoch davon abraten. Nicht erprobte Werbe- und Promotion-Aktionen sorgen leicht dafür, dass Menschen sie als befremdlich empfinden. Das Resultat wird dann schnell zum genauen Gegenteil dessen, was Du eigentlich erreichen wolltest.

Das einzige was Du tun musst, ist mit Details der Präsentation zu experimentieren. Vorhandenes neu zu kombinieren, so dass etwas ganz neues entsteht. Die Veränderung kleiner Details genügt vollkommen, um die Verankerung signifikant zu erhöhen.

Die Macht der Überzeugung

Die Macht der Werbung hat die Welt zu einem globalen Dorf gemacht. Niemals zuvor hat es so große Mechanismen gegeben, die eine weltweit umspannende Überzeugungskraft auf Menschen einwirken lässt. Denk an all die Konzerne, die uns bekleiden, unsere Wohnung einrichten oder uns ernähren: Nike, Coca-Cola, H&M, IKEA, Nestlé usw. Sie alle sind in der Lage Veränderungen unserer Einstellung herbeizuführen und unsere Gewohnheiten zu verändern. Wer dies letztlich schafft, hängt davon ab, wer die größte Überzeugungskraft entwickelt.

Früher waren die Menschen hauptsächlich den Reizen der Natur ausgesetzt. Es gab Tier- und Umweltgeräusche sowie Reiz-Signale, die darüber entscheiden konnten, ob ein Mensch lebt oder stirbt. Dagegen sind die Reize, die heute auf uns einströmen, überwiegend subtil – visuell und akustisch.

Der große Unterschied zwischen den Reizen von damals und denen von heute ist nicht ihre Menge, sondern ihre Reichweite und ihre Absicht. Die Reize, denen der Mensch einst ausgesetzt war, waren willkürlich und zufällig. Es waren Einflüsse, die eine Umgebung mit sich brachte. Die Reize, denen wir heute ausgesetzt sind, sind weder willkürlich noch zufällig, sondern werden mit der Absicht erzeugt, uns zu lenken und damit zu einer Handlung zu bewegen.

Das Charakteristische daran ist, dass das System alternativlos ist. Du befindest Dich ab sofort in einer Welt mit anderen konkurrierenden „Überzeugern". Überzeuger, die mit Beharrlichkeit, Knowhow und technischen Möglichkeiten wissen, wie man andere überzeugt. Beispiel: Rauchen. Professionelle Werber können uns suggerieren, dass Rauchen sexy ist. Absurd oder? Vor 20 oder 30 Jahren konnten wir uns noch mit Unwissenheit herausreden, heute weiß jeder, dass Rauchen nicht sexy ist, sondern krank macht. Wir wissen es alle, trotzdem greifen immer noch Menschen täglich zur Zigarette, weil der Verankerungsfaktor so nachhaltig wirkt.

Du hast die Wahl und musst Dich entscheiden: Willst Du selbst ein Überzeuger sein oder jemand, der überzeugt wird. Wenn Du die Menschen mit Deiner Botschaft anstecken willst, dann musst Du lernen ein Überzeuger zu sein. Dieses Buch gibt Dir viele Hilfsmittel mit auf den Weg, doch das Wissen ist wertlos, wenn Du nicht die Kraft entwickelst, dieses Wissen praktisch einzusetzen. „Das große Ziel des Lebens ist nicht Wissen, sondern Handeln", sagt Thomas Huxley.

Nur wer entschlossen handelt wird zu einem Überzeuger – wer nicht handelt, bleibt auf ewig jemand, der überzeugt wird. Du kannst die beste Idee haben, eine Idee, die die Welt verändert – ohne die Kraft zu überzeugen nützt Sie Dir nichts.

Der Autor und weltweit bekannte Motivationstrainer Anthony Robbins beschreibt in seinem Buch „Grenzenlose Energie" wie er Überzeugungskraft in seinen Seminaren praktisch trainiert: Er fordert alle Teilnehmer seines Kurses dazu auf, ihm Schlüssel, Kreditkarten und Bargeld auszuhändigen. Die Aufgabe besteht darin, eine Möglichkeit zu finden, in eine Stadt zu kommen, die eine Autostunde entfernt liegt, dort gut zu essen und eine Übernachtung zu finden. Die Teilnehmer müssen also ihre ganze Überzeugungskraft aufbringen, da sie sonst nichts mehr haben. Die Ergebnisse sind erstaunlich. Es gelingt den Teilnehmern, Bargeld von einer Bank zu leihen, Kreditkarten zu bekommen – ohne Vorlage eines Ausweises. Einige erhielten einen Job oder arbeiteten kurzzeitig in gemeinnützigen Projekten usw.

Robbins will damit beweisen, dass ein Mensch nichts weiter benötigt, als die eigenen energetischen Fähigkeiten und persönliche Überzeugungskraft, um ein Ziel zu erreichen. Ganz ohne die üblichen Hilfsmittel, wie Geld, Status und Beziehungen ist es möglich, Dinge zu erreichen, die andere für unmöglich halten. Es ist eine Tatsache, dass immer irgendjemand Einfluss auf Dich ausübt. Es werden Millionen dafür ausgegeben, um mit Nachdruck Botschaften bei Dir zu verankern. Entweder Du schaffst es also, andere zu überzeugen, oder jemand anderes wird bereit sein, das zu tun was nötig ist, um sein Anliegen bei Dir zu verankern.

Erreiche den Tipping Point –
Die Macht der Umstände

Das dritte Prinzip, das Du kennen lernen musst, um eine Mund-zu-Mund-Epidemie auszulösen, lautet „Die Macht der Umstände". Bisher hast Du das „Gesetz der Wenigen" kennen gelernt und die drei Gruppen der „Kenner, Vermittler und Verkäufer". Der Verankerungsfaktor besagt, dass sich eine Botschaft einprägen und zum Handeln auffordern muss, wenn sie eine Mund-zu-Mund-Epidemie auslösen soll.

Die dritte Voraussetzung für den Erfolg einer Mund-Propaganda hängt von den Umständen sowie der Zeit und dem Ort des Geschehens ab. Viele Trends schaffen es nicht „epidemisch" zu werden, weil sie auf ihrem Weg entweder auf zu wenig oder gar keine Schlüsselpersonen treffen, der Verankerungsfaktor der Botschaft nicht ausreichend war, oder die Umstände nicht gestimmt haben.

Was aber bedeutet es, wenn wir sagen, dass die Umstände nicht gestimmt haben? Du kennst diese Floskel und hast sie sicher selbst schon einige Male benutzt, wenn es darum ging, eine Ausrede zu erfinden: „Die Umstände haben einfach nicht gestimmt." Oft sagen wir diesen Satz daher, ohne wirklich darüber nachzudenken, wie sehr wir in Wahrheit von den Umständen einer Situation abhängig sind. Um es klar zu sagen: Wir sind nicht nur ein wenig empfindlich für äußere Umstände – wir reagieren sogar außerordentlich empfindlich auf die Umstände einer Situation.

Stell Dir vor, Du möchtest eine CD kaufen. Du befindest Dich in einem Kaufhaus und die gesuchte CD kostet dort 19,- Euro. Du weißt jedoch, dass Du die gleiche CD in einem 500 Meter entfernten Geschäft für nur 14,- Euro bekommst. Das günstigere Angebot in Anspruch zu nehmen, würde Dich lediglich fünf Minuten Deiner Zeit kosten. Was wirst Du tun? Wahrscheinlich wirst Du Dich auf den Weg machen und die günstigere CD kaufen, um die fünf Euro zu sparen.

Als nächstes stell Dir vor, Du möchtest für Deine CD noch einen Player kaufen. Du schaust Dich in einem Fachgeschäft um und suchst Dir ein Gerät aus. Der Verkäufer macht Dir ein Angebot von 150,- Euro. Ein anderer Kunde steckt Dir jedoch, dass Du exakt das gleiche Gerät in einem anderen Kaufhaus für 145,- bekommen könntest. Auch hier würde das günstigere Angebot Dich lediglich fünf Minuten Deiner Zeit kosten. Was wirst Du tun? Wirst Du auch hier die fünf Euro sparen wollen und Dich auf den Weg machen? Ich denke, Du würdest die 150,- Euro bezahlen.

Doch warum ist das so? Warum sind wir bereit, im ersten Beispiel fünf Euro zu sparen und im zweiten Beispiel nicht? Sind fünf Minuten Deiner Zeit nun fünf Euro wert oder nicht? Eigentlich sollte in beiden Fällen die Antwort gleich ausfallen – unabhängig vom Betrag. Doch die Umstände führen dazu, dass Du Deine Entscheidung nicht anhand einer objektiv messbaren Größe triffst, sondern anhand der Umstände. Bei einer CD für 19,- Euro sind fünf Euro Ersparnis relativ viel Geld, bei einem CD-Player für 150,- Euro relativ wenig.

Die Macht der Umstände weist uns darauf hin, dass menschliches Verhalten sehr viel häufiger vom Kontext einer Situation abhängt als wir allgemein annehmen. Es können Begebenheiten sein, auf die wir keinen Einfluss haben. Selbst das Wetter kann eine wichtige Rolle spielen. Wenn es regnet, wirst Du jeden Umweg bei Deinen Einkäufen vermeiden wollen.

Es scheint also, dass es überwiegend auf kleine aber bedeutende Dinge ankommt, die darüber entscheiden, wie wir uns in einer bestimmten Situation tatsächlich verhalten, was wir konsumieren und wofür wir unser Geld ausgeben.

Alles ist relativ

Aber die Geschichte geht noch weiter: Nehmen wir an, Dein bester Freund würde Dich bei Deinen Einkäufen begleiten und Du würdest ihn anschließend zu Deiner Kaufentscheidung befragen. Was wird er sagen? Im ersten Beispiel würde er Deine Entscheidung, dass Du den Umweg auf Dich genommen hast, um die günstigere CD zu kaufen, als nachvollziehbar und klug bezeichnen. Im zweiten Beispiel würde er Dir jedoch hundertprozentig zum genauen Gegenteil gratulieren. Nämlich dazu, dass Du wegen läppischer fünf Euro den Umweg nicht gemacht hast. Hättest Du bei 150,- Euro Kaufsumme die fünf Euro sparen wollen, hätte er Dich vielleicht sogar als geizig bezeichnet.

Wie kann es sein, dass Dein Freund Deinen Charakter einmal als klug und einmal als geizig einschätzen würde, obwohl es in beiden Fällen um die gleiche Summe von fünf Euro Ersparnis geht? Vor einer dritten Person, würde Dein Freund Dich als klug und großzügig beschreiben. Er würde sicher nicht sagen: „Er ist großzügig – aber nur bis zu einem Betrag von 19,- Euro."

Wenn es um die Bewertung von Charakter geht, denken wir überwiegend in absoluten Begriffen. Jemand ist geizig oder großzügig, gut oder schlecht, klug oder dumm, etc. Wir neigen dazu Menschen zu kategorisieren und anhand festliegender Charakterzüge einzuordnen. Die Umstände einer Situation werden vollkommen vernachlässigt. Es ist jedoch ein Fehler, den Charakter eines Menschen als etwas Einheitliches und Losgelöstes zu betrachten. Er ist nicht das, was wir uns darunter vorstellen. Charakter ist eher so etwas wie ein Bündel aus Gewohnheiten und Interessen, das locker zusammenhängt und von den Umständen einer Situation abhängig ist. Meistens sind wir jedoch in der Lage unsere Umgebung gut zu kontrollieren, ein Umstand der auf charakterliche Stärke schließen lässt. Aber warum ist das so? Warum verhalten wir uns so? Und was bedeutet das für Deine Mund-Propaganda?

Die menschliche Irrationalität –
das Streben nach „risikolosen Gewinnen"

Das Wissen, dass Menschen überwiegend irrational handeln und ihr Charakter größtenteils situationsbedingt ist, kommt Dir auf den ersten Blick vielleicht wenig hilfreich vor. Im Gegenteil, wenn ein Charakter relativ ist, woran soll man sich dann orientieren? Charakterliche Relativität bedeutet Beliebigkeit – was für einen Sinn hat Werbung dann überhaupt noch? Wie soll man die Interessen und Werte eines Menschen messen, wenn nicht an seinem Charakter? Wo ist der Punkt an dem Du ansetzen kannst?

Bei vielen Erkenntnissen über menschliches Verhalten und Mechanismen der Werbung kam ich mir häufig vor, wie in dem Film „Matrix": „Hätte ich doch die blaue Pille genommen!" Allerdings ist es so, dass wenn man das Prinzip erst einmal verstanden hat, mit den Spielregeln mühelos zurecht kommt. Marktforschung und Werbung zielen darauf ab, Menschen in verschiedene Konsumtypen zu kategorisieren und sie ihrem Typ entsprechend mit Werbung zu torpedieren. Die oben angeführten Erkenntnisse zeigen jedoch, dass sich die Menschen keine allzu tiefschürfenden Gedanken über ihre Markenpersönlichkeit machen. Sie sind weit davon entfernt, sich kategorisieren zu lassen.

Der wichtigste Hinweis für Deine Mund-Propaganda ist also, dass die überwiegende Mehrheit der Menschen ihr Handeln von der Umgebung und ihrem Gemütszustand abhängig macht. Dort genügen bereits kleinste Veränderungen, um sie dazu zu bringen, etwas ganz anderes zu tun, als ursprünglich geplant. Dieses irrationale Verhalten ist jedoch weder zufällig noch gänzlich ohne Sinn, sondern systematisch und vorhersehbar.

Und es gibt einen Grund, warum Menschen so empfänglich sind für, eigentlich nicht zur Sache gehörende Einflüsse ihrer un-

mittelbaren Umgebung: Die Aussicht auf einen „risikolosen Gewinn".[27]

Streicheleinheiten fürs Ego –
Der Punkt, an dem Du ansetzen kannst

Die meisten Menschen tun das gleiche, was alle tun, einfach weil
sie glauben, dass man es einfach tun muss. Sie wollen das, was
alle haben, aus dem Grund, weil andere es eben auch haben. Ein
bestimmtes Verhalten wird also dann als gut und richtig angesehen, wenn wir sehen, dass andere sich ebenso verhalten. „Hast Du
das nicht, dann bist Du nicht in!" Darin zeigt sich, dass Menschen
sehr oft bereit sind Dinge zu tun, um anderen ein bestimmtes Bild
von sich zu vermitteln.

Zu Beginn einer Werbekampagne hat kein Mensch das Gefühl,
das dargebotene Angebot tatsächlich zu benötigen – egal ob es
sich um eine Kampagne per Mund-Propaganda oder eine andere
Kampagne handelt. Sobald wir jedoch mitbekommen, dass Menschen aus unserer Umgebung es kaufen und benutzen, sieht die
Sache schon anders aus.

Bei der Auswahl dessen, was Menschen tun und konsumieren,
scheinen sie nur zwei Ziele zu verfolgen: Zu bekommen, was ihnen den größten Genuss verspricht und vor anderen in einem positiven Licht zu erscheinen. Ein Problem entsteht immer dann, wenn
sie gezwungen sind, etwas zu kaufen, das sie eigentlich nicht
brauchen. In diesem Fall opfern sie einen persönlichen Nutzen,
dem Bedürfnis nach Ansehen.

Die permanente Suche nach Gelegenheiten zur Stärkung des eigenen Selbstbewusstseins ist ein Bedürfnis, dem sich alle anderen
Bedürfnisse unterordnen – es ist das, was Dan Ariely in seinem

---

[27] Denken hilft zwar, nützt aber nichts, Dan Ariely

Bestseller „Denken hilft zwar, nützt aber nichts", als einen „risikolosen Gewinn" bezeichnet. Die Menschen sind immer und überall auf Situationen aus, die ihrem Ego schmeicheln. Und die Dinge, über die sie sich dabei die meisten Gedanken machen, sind Geld, Ansehen, Gesundheit und Sex. Die Aussicht auf eine, das Selbstbewusstsein stärkende, unvergessliche Erfahrung, bringt Menschen fast immer dazu, etwas Bestimmtes zu tun.

Jedes Jahr werden tausende von Ratgebern veröffentlicht, die sich der Fragestellung widmen, wie man Menschen dazu motiviert etwas Bestimmtes zu tun. Die meisten davon geben die falschen Antworten. Der Fehler ist immer der gleiche: Es wird darüber spekuliert wie neue Trends und Technologien die Menschen verändern und wie man darauf in der Werbung reagieren muss. Alles wird als neue Sensation verkauft: „Alles ist anders, alles ist neu, ab heute beginnt ein neues Zeitalter etc."

Dass sich die Welt verändert steht außer Frage, aber hat sich an den Bedürfnissen der Menschen in den letzten hundert Jahren etwas geändert? Nicht wirklich. Menschen bewegt man nur dann, etwas Bestimmtes zu tun, wenn man sie persönlich anspricht, ihr Streben nach Einzigartigkeit berücksichtigt und erreicht, dass sie sich wichtig fühlen.

Lies dazu eine Geschichte, wie der irische Autor Georg Bernhard Shaw sein erstes Buch veröffentlichte. Die Geschichte ist ein Musterbeispiel, wie man eine Nachfrage erzeugt und dabei geschickt das menschliche Streben nach einem risikolosen Gewinn aufgreift. Du kannst die Geschichte mühelos für Deine Mund-Propaganda nutzen:

Georg Bernhard Shaw war zur Zeit der Veröffentlichung seines ersten Buches noch ein unbekannter Autor. Buchhändler und Verlage hatten kein Interesse an seinen Werken. Wie hätte also jemand von ihm erfahren, geschweige denn ein Buch von ihm kaufen sollen? Was tat er daraufhin? Er kratzte all sein Geld zusammen und veröffentlichte das Buch auf eigene Rechnung. Danach ging er den ganzen Tag von einer Buchhandlung zur anderen und fragte: „Haben Sie das neue Buch von Georg Bernhard Shaw?" „Georg Bernhard Shaw? Noch nie gehört den Namen." „Merkwürdig" sagte Shaw. „Ein so großer Schriftsteller, Sie führen eine Buchhandlung und haben noch nie von ihm gehört? Sind Sie denn nicht auf dem Laufenden? Sie sollten sich sofort seine Bücher besorgen."

Er hatte zwar erst ein Buch veröffentlicht, begann jedoch gleich für mehrere Werbung zu machen, denn wenn man schon einmal dabei ist, warum nur Werbung für ein einziges Buch machen? Er verkleidete sich. Manchmal trug er einen Hut, dann wieder eine Brille. Die Leute begannen bei ihm zu Hause anzurufen, sich nach ihm zu erkundigen und sein Buch zu kaufen. Von der Werbung bis zur Auslieferung an den Kunden – er machte alles selbst.

„Haben Sie schon von dem neuen Buch von Georg Bernhard Shaw gehört?" sprach er die Menschen auf der Straße an. „Die Leute sprechen von nichts anderem. Kennen Sie den denn nicht?" Immer hieß es: „Nein, ich kenne nicht einmal seinen Namen." „Eigenartig", sagte Shaw dann. „Ich habe immer geglaubt, Londons Gesellschaft sei kulturell auf der Höhe."

Schließlich schaffte er es. Er verkaufte sein Buch. Und weil er nicht locker ließ, wurde er schließlich einer der größten Schriftsteller seiner Zeit. Shaw nutzte die Macht der Umstände. Er wählte gezielt Umgebungen aus, in denen Menschen sich von Berufs wegen für Bücher interessierten, oder sich in Gruppen zusammenfanden, um sich über Bücher auszutauschen. Er selbst war Kenner, Vermittler und Verkäufer. Seine Botschaft für einen risikolosen Gewinn war: „Haben Sie das Buch nicht gelesen, dann gehören Sie nicht zu Londons gesellschaftlichen Elitekreisen!" Geschickt nutzte er die Macht der Umstände und weckte das Bedürfnis der Menschen nach Ansehen. Er verkaufte sein Buch ohne einen einzigen Penny für Werbung auszugeben.

Die längste Zunge der Welt

Noch schlauer ging Gene Simmons, Kopf der Hard-Rock-Band KISS, die Vermarktung seines ersten Buches an. Noch bevor er die ersten Zeilen geschrieben hatte, startete er eine Mund-Propaganda für sein Buch. Simmons war zu der Zeit bereits ein millionenschwerer Rockstar – die Umstände für eine Vermarktung seines Buches waren also denkbar günstig.

Im Gegensatz zu Georg Bernhard Shaw, der sein Buch bereits gedruckt hatte und sich dann um die Verbreitung kümmerte, ging Simmons weit abgebrühter vor: Er testete den Markt vorher. Seine Botschaft für einen risikolosen Gewinn war: „Hast Du das Buch nicht, dann kannst Du kein wahrer Fan sein."

Über einfache Werbeanzeigen und Flyer erreichte die Botschaft die KISS Fans. In den Anzeigen war angegeben, wo das Buch bestellt werden konnte. Simmons konnte sicher sein, dass seine Fans ihm das Buch aus der Hand reißen würden. Als kluger Geschäftsmann wusste er, was er tun muss, um seine Fans dazu zu bringen etwas Bestimmtes zu tun. Er wusste, dass Fans ihren Idolen nacheifern und diesen nahe sein wollen. Simmons brachte seine Botschaft mit einfachen Werbemitteln unter die Leute. Ein finanzielles Risiko war praktisch nicht vorhanden. Und während seine Mund-Propaganda auf Hochtouren lief und die ersten Bestellungen eingingen, schrieb er in aller Ruhe das Buch fertig.

Du hast die Macht Menschen zu überzeugen

Die Beispiele von Georg Bernhard Shaw, KISS und den Beatsteaks sind ein Tribut an die Macht einer wirkungsvollen Mund-Propaganda. Sie belegen, dass die Theorie zur Erreichung einer Mund-zu-Mund-Epidemie keinerlei Trend- oder Modeeinflüssen unterliegt. Der menschliche Wunsch nach Anerkennung und Einzigartigkeit – das was wir als risikolose Gewinne bezeichnen – ist zeitlos. Schon immer wollten die Menschen das Risiko ausschließen, Ansehen und Bedeutung einzubüßen.

Um nun Deinen Hit zu einem Verkaufsschlager zu machen, musst Du Dein Publikum verändern, anstecken und Ihre Akzeptanz gewinnen. Das geschieht durch den Einfluss bestimmter Menschen, die außergewöhnliche Verbindungen besitzen. „Das Gesetz der Wenigen". Du musst die Präsentation Deiner Botschaft so lange verändern bis sie so eindringlich wird, dass die Menschen sie nicht wieder vergessen: „Der Verankerungsfaktor". Und Du musst im Kopf behalten, dass es überwiegend kleine und scheinbar triviale Veränderungen im Kontext sind, die Menschen dazu bringen etwas bestimmtes zu tun – auch, wenn dies einigen der fundamentalsten Annahmen über logisches Handeln und den Charakter der Menschen widerspricht: „Die Macht der Umstände".

Die vorausgehenden Kapitel zeigen, dass emotionale Kräfte unser Verhalten entscheidend beeinflussen. Sie üben eine ungeheure Macht über uns aus und doch unterschätzen wir ihre Auswirkungen bei weitem. Die Wirkung dieser Kräfte haben aber nichts mit mangelnder Bildung oder mangelndem Wissen zu tun, sie beeinflussen jeden Menschen systematisch. Das daraus entstehende Verhalten ist ein Teil von uns und die Art wie wir unser Zusammenleben gestalten.

Das Wissen über diese Zusammenhänge soll Dir helfen, die richtigen Entscheidungen zu treffen, und eine größtmögliche Resonanz für Deine Botschaften zu erzielen.

Werde selbst zu einer Marke

Bei allem was Du tust, kommt es vor allem auf Deinen unabhängigen Geist und einer Befreiung von Konventionen an. Das heißt im Umkehrschluss, Erfolg stellt sich ein, wenn Du alles, was Du vorfindest, zunächst als konventionell betrachtest.

Der Erfolg einer Mund-Propaganda liegt in der Innovation, ohne etwas Neues erfinden zu müssen. Die Innovation liegt in der „Neu-Kombination" von Altem. Sieh Dir gegenwärtige Beispiele von Werbung an, vollkommen respektlos, und frage Dich, ob das, was heute noch vernünftig erschien, morgen nicht anders kombiniert werden kann. Daraus ergeben sich unzählige Möglichkeiten Bekanntes neu zu kombinieren. Die Technik der „Neu-Kombination" bietet die größten Erfolgsaussichten, gerade weil Du im Feld der Werbung ein Anfänger und noch nicht betriebsblind bist.

In Funktionen statt in Konventionen zu denken, erfordert keine großen Vorkenntnisse, sondern lediglich einen logischen Menschenverstand und eine gewisse Respektlosigkeit vor Gewachsenem. Wenn Du Dir strikt die Frage nach der Funktion stellst, taucht wie von selbst die Frage auf: Was kann ich weglassen? Was ist an all den konventionellen Dingen im Grunde überflüssig und was kann ich neues hinzufügen.

Der Zeitpunkt, um durch kostengünstige Mund-Propaganda, Deine Botschaft und Deinen Hit an den Mann zu bringen, war niemals günstiger. Du musst das Rad nicht neu erfinden, um selbst zu einer Marke zu werden, sondern lediglich Vorhandenes geschickt neu kombinieren.

å∫ç∂€ƒ©ª°Δ@µ~øπ«®'†¨√∑≈¥Ω

5) Investiere:
Listen to the Moneytalk

„Nicht mit Erfindungen, sondern mit Verbesserungen macht man Vermögen" (Henry Ford)

Noch bevor ich überhaupt daran dachte diesen Ratgeber zu schreiben, führte ich regelmäßig Interviews mit Musikern und Produzenten, um damit Content für mein eigenes Blog zu bekommen. In diesen Interviews stellte ich zum Schluss immer dieselbe Frage: „Was möchtest Du in zehn Jahren tun bzw. erreicht haben?" Dabei fiel mir auf: Niemand hat das Thema Geld angesprochen und so etwas gesagt wie: „Ausgesorgt haben", „Von meinem Ersparten leben können", „Viel Geld besitzen" etc. Die häufigste Antworte lautete: „Das tun was ich jetzt tue."

Alle meine Interviewpartner sind erfolgreiche und gestandene Persönlichkeiten. Menschen, die sich in ihrem Leben Ziele gesetzt und erreicht haben. Die Antworten auf meine Frage, ließen allerdings eher auf willkürliches Handeln schließen, das zu keinem der Befragten recht zu passen schien. Zu allgemein und zu beliebig. Im Zweifel erhielt ich die wenig aussagekräftige Antwort: „Ich möchte glücklich sein".

Ich war verunsichert und dachte darüber nach, ob Erfolg und Geld lediglich Zufall sind und nichts mit gezieltem Handeln zu tun haben. Bis mir schließlich klar wurde was das Problem war: Ich stellte die falsche Frage. Die Frage war nicht konkret genug. Hätte ich sie danach gefragt, wie viel Geld sie gespart haben und wie viel sie jeden Monat auf die Seite legen, hätte ich wahrscheinlich eine konkrete Summe als Antwort erhalten. Lediglich meine zu allgemein gestellte Frage führte zu einer eher ausweichenden und allgemeinen Antwort.

Obwohl sich die Anzahl meiner Interviewpartner an zwei Händen abzählen lässt und sich damit der Anspruch einer fundierten wissenschaftlichen Studie kaum halten lässt, habe ich trotzdem den Eindruck, dass die meisten Menschen nicht gerne über das Thema Geld sprechen. Ich fühlte mich an die Zeit erinnert als ich noch glaubte, dass Geld und Erfolg den Charakter verdirbt. Tatsächlich hat es den Anschein, dass die meisten Menschen das Thema Geld lieber meiden. Geld ist offensichtlich ein noch größeres Tabu als das Thema Sex.

Dabei ist die überwiegende Mehrheit der Menschen der Überzeugung, dass ein bisschen mehr Geld sie dazu bringen wird glücklich zu sein. Mit Geld bekämen sie automatisch die Freiheit, all das tun zu können was sie tun möchten. Eine einfache Gleichung, nach der sie ihr Leben lang handeln: Mehr Geld verdienen bedeutet mehr Glück. Wie soll man aber von etwas mehr bekommen, über das man schlecht denkt und über das man nicht gerne spricht?

Der Grad des Glücks wird also nicht an der tatsächlich vorhandenen Geldmenge gemessen – einer nicht zu leugnenden Freiheit – sondern überwiegend an den Dingen, die alle anderen haben. Man schaut sich um, stellt fest was der Nachbar besitzt und möchte genau so viel haben, nach Möglichkeit ein bisschen mehr.

Sparen ist unpopulär, also ist das, was man haben muss, um sich glücklich zu fühlen, überwiegend Konsumware. Ein großes Auto, eine üppige Wohnungseinrichtung, ein repräsentatives Eigenheim. Ein Eigenheim zu besitzen stellt für viele Menschen nach wie vor eine Art Lebensendziel dar und ist häufig der einzige Traum in ihrem Leben, dessen Erfüllung sie sich wirklich verpflichtet fühlen. Und da das System den Kauf eines Eigenheims als höchstes wirtschaftliches Ziel erklärt hat, bedeutet ein Eigenheim, die höchste Statusaufwertung, die man sich nur vorstellen kann. Um den Kauf eines Eigenheims vor sich zu rechtfertigen, reden sich die Menschen ein, dass es sich dabei grundsätzlich um eine Investition handelt. Jedoch lassen sich die Menschen bei ihren Kaufentscheidungen weit häufiger von Prestige- und Statusfragen leiten als von solider Finanzplanung. Nicht Fragen der Wertentwicklung und der eigenen Bonität stehen beim Kauf einer Immobilie im Vordergrund, sondern der Wunsch, einem allgemeinen Verhaltensmuster gerecht zu werden. Was sollte sonst der Grund sein, warum sich Menschen ein Haus mit Garten anschaffen, obwohl sie Gartenarbeit hassen?

Kaufe jetzt, zahle später – ein Haus auf Pump, ein Großbildfernseher auf Raten, Leasing eines Neuwagens... Der Kredit bei der Bank, der diese Annehmlichkeiten erst möglich werden lässt, wird nicht über die Summe genommen, die vernünftig und angemessen wäre, sondern über die Summe, die maximal möglich ist. Dazu werden monatliche Tilgungsraten vereinbart, die man sich gerade so eben leisten kann. Ein Glück, das auf Schulden aufgebaut ist und nicht selten von nur einem einzigen Gehalt getragen wird. Bricht dieses Einkommen weg, kann man sich die Tilgungsraten für das Eigenheim oft gerade so eben nicht mehr leisten und das Glück stürzt zusammen wie ein Kartenhaus.

Lieber erfolgreich statt gebildet

Der Wahnsinn, einem allgemeinen Verhaltensmuster entsprechen zu müssen, fängt bereits in der Schule an. Schon im Grundschulalter werden Kinder von anderen Kindern ausgegrenzt, weil sie die falschen Klamotten tragen. Obendrein bekommen sie dort noch Unmengen von unnützem Wissen aufgeschwatzt, das sie auf das Leben vorbereiten soll. Der Denkfehler liegt darin zu glauben, dass Schulen Wissen vermitteln, welches per se wertvoll sei.

Der Lehrplan an Schulen orientiert sich seit jeher an gebildeten Vorbildern statt an erfolgreichen. „Das Glasperlenspiel" von Hermann Hesse gelesen zu haben wird grundsätzlich als wertvoller eingestuft als die Biografie von Steve Jobs. Das Ziel einer guten Schulzeit besteht darin, gebildete Menschen zu formen und nicht erfolgreiche. Ansehen ist wichtiger als Geld; Sicherheit ist wichtiger als Sinn; Pflichtbewusstsein wichtiger als Spaß. Das Verrückte daran ist, dass uns auf diese Weise noch die Illusion eines sicheren und guten Einkommens vorgegaukelt wird. „Dein Lebenslauf muss lückenlos sein", „Du musst einen guten Abschluss haben und dann musst du dich vor allem richtig bewerben!" Richtig bewerben – der Mythos eines sicheren Lebens.

Ein wachsamer Blick auf die Themen nachmittäglicher Fernsehtalkshows würde aber bereits genügen, um herauszufinden welches Wissen an Schulen wirklich auf den Lehrplan sollte: „Raus aus den Schulden!" Was läge näher, als in Schulen zu unterrichten, wie man einen ersten Businessplan erstellt? Oder wie man vernünftig investiert? Wenn jemand ein Physikgenie werden will, wird er sich das Wissen dazu schon aneignen.

Schon immer hat unser Bildungssystem eine gründliche Vorsorge getroffen, dass nicht zu viele Menschen auf die Seite der überdurchschnittlich Erfolgreichen wechseln. In der Schule lernen wir, wie man ein guter Arzt, Anwalt, Lehrer, Mechaniker, Friseur etc.

wird. Geld steht nicht auf dem Lehrplan und daher kommt den meisten ein abgeschlossenes Hochschulstudium bereits wie eine Traumkarriere vor. Wir lernen nicht, wie man ein Unternehmen gründet, wie man Geld anlegt oder sinnvoll investiert. Wir lernen, dass Selbständigkeit etwas ist, das wir lieber meiden sollten, weil das Risiko hoch ist.

Dabei war es historisch nie einfacher zu Reichtum zu gelangen als heute. Das Informationszeitalter bietet jedem die Möglichkeit, mit harter Arbeit, Geschick und Mut aufzusteigen und auf diese Weise zu Erfolg und Reichtum zu gelangen. Das erfordert natürlich den Willen, alte Gewohnheiten in Frage zu stellen und zu erkennen, dass die vorgegaukelte Sicherheit lediglich eine Illusion ist.

„Wenn ich nur mehr Geld hätte, dann…" – eine solche Behauptung ist die leichteste und am weitesten verbreitete Entschuldigung dafür sich nicht mit sich selbst auseinander zu setzen und wichtige finanzielle Entscheidungen auf später zu vertagen. Wer Geld als Ausrede benutzt und sich von einer täglichen Job-Routine verschlingen lässt, der wird auch weiter zu denen gehören, die wenig haben und auf die schimpfen, die viel haben. Anzeichen dafür, dass dieses System immer weniger funktioniert gibt es genügend, allerdings muss man auch hinsehen.

Die Sicherheit, die ein festes Gehalt bietet, ist erwiesenermaßen eine trügerische. Es ist ein offenes Geheimnis, dass die Netto-Gehälter der Mittelschicht in den letzten Jahren gesunken sind, während die Gewinne der Reichen jedes Jahr steigen. Trotzdem klammern sich die Menschen an ihre Jobs und verlassen sich auf ein Gehalt, statt sich darum zu bemühen, Einnahmen auch aus anderen Quellen zu erschließen. Doch wem die Schuldenlast im Nacken sitzt, der traut sich häufig gar nichts anderes, als Ja und Danke zu sagen. Der nächste Aufschwung kommt bestimmt und dann ist wieder alles gut. Einen Aufschwung wird es zweifellos geben, aber nicht wie wir es gewohnt sind, sondern anders, und um das zu begreifen, muss man umdenken.

Eine Investition mit Risiko

Wie ich bereits in der Einleitung erwähnt habe, ist für leere Worthülsen und flotte Marketing-Slogans, die Dir den schnellen Erfolg versprechen, kein Platz in meinem Buch. Für das Erreichen eines Hits ist es wie bei fast allen Dingen im Leben: Der Gewinn verhält sich proportional zum eingesetzten Risiko. Um einen Hit tatsächlich und objektiv messbar zu erreichen, musst Du ein Risiko eingehen. Das Risiko des Ansehensverlustes bei Deinen Freunden ist noch das geringste Problem, da die meisten Deiner Bekannten und Freunde still und heimlich Deinen Mut bewundern werden.

Das größte Risiko liegt in der einzusetzenden Geldmenge. Entweder weil es fehlt oder weil Verlust droht. Du wirst jedoch Geld einsetzen müssen, um all die Dinge in die Wege zu leiten, die Du nicht selbst tun kannst. Geld ist der Treibstoff, der Dich ans Ziel bringen wird. Alle in diesem Buch vorgestellten Schritte musst Du zumindest berücksichtigen, wenn Du erfolgreich sein willst und Geld ist dazu nun mal ein wichtiges Hilfsmittel.

Ich behaupte nicht, dass alle in diesem Buch vorgestellten Schritte leicht sind. Eine gute Strategie muss vor allem effizient sein, von Spaß war nicht die Rede. Betrachte den Nervenkitzel als ein untrügliches Zeichen dafür, dass Du auf dem richtigen Weg bist.

Wenn Du ausschließlich Spaß suchst, wird Dein Traum von einem Hit in einem halbherzigen Versuch enden. Im Ergebnis wirst Du scheitern. Halber Einsatz bringt nämlich nicht den halben Gewinn, halber Einsatz bringt überhaupt keinen Gewinn. Es ist wie an der Börse: Wenn Du vollkommen sicher und ohne Risiko anlegen möchtest, ist die Börse nicht Dein Parkett. In diesem Fall pack Dein Geld unters Kopfkissen und warte darauf, dass die Inflation es auffrisst.

Überprüfe Deine Finanzen – sparen, wie man es nicht macht

Wir behalten gerne alle Optionen in der Hand, wenn es darum geht eine wichtige Entscheidung zu treffen. Wir ertragen den Gedanken keine Wahl zu haben nur sehr schlecht. Beim sparen verhält es sich genauso. Wir suchen die perfekte Anlagestrategie, die möglichst alle Eventualitäten berücksichtigt und alle Risiken abdeckt: Altersvorsorge, Lebensversicherung, Berufsunfähigkeit, Vermögensaufbau usw.

Auch wenn es klug erscheint möglichst viele Optionen zu berücksichtigen, so verlieren wir doch den eigentlichen Grund des Sparens aus den Augen. Zu viele Optionen führen dazu, dass wir uns zu sehr mit den Dingen beschäftigen, die einmal wichtig werden könnten, statt mit den Dingen, die unmittelbar wichtig sind.

Wenn Du bei der Entscheidung, Geld für die Erfüllung Deines Traumes auf die Seite zu legen, zu viele „wenn und aber" berücksichtigst, werden diese dafür sorgen, dass Du schließlich gar nicht sparst.

Die meisten Menschen geben sich darüber hinaus in die Hände von dubiosen Finanzexperten. Von diesen lassen sie sich ein gefährliches Halbwissen in Finanz- und Versicherungsfragen aufschwatzen. Dabei fällt es ihnen schwer eine Versicherung von einem Anlageprodukt zu unterscheiden. Sie entscheiden sich für etwas, ohne jedoch die wirklich wichtigen Fragen zu stellen wie: Ist

mein Anlageberater selber vermögend und kann ich darauf vertrauen, dass er auch mich reich machen wird?

Werde Mitglied im Club der Andersdenkenden

In allen Bereichen des Lebens sind wir in der Lage zu improvisieren und flexibel zu entscheiden, da wir im Alltag unser Handeln
immer wieder den Gegebenheiten anpassen müssen. Wir nehmen
den Bus, wenn das Auto streikt, wenn uns ein Produkt zu teuer ist,
gehen wir dahin, wo wir es billiger bekommen und wenn es regnet, nehmen wir den Schirm. Wir sind es gewohnt schnelle Entscheidungen zu treffen, wenn sich eine unvorhergesehene Situation auftut. Geht es aber um unsere Jobs, wird die Neu-Orientierung
für viele zu einer unlösbaren Aufgabe.

Wenn Du Arbeitnehmer bist und ein festes Gehalt bekommst,
so schlage ich vor, dass Du eine neue Perspektive einnimmst.
Denke um und betrachte Dich ab sofort als Unternehmer – der le-
diglich einen einzigen Kunden bedient. Um es deutlich zu sagen:
Arbeitnehmer sind Unternehmer mit nur einem Kunden. Und jetzt
frage ich Dich: Warum stellst Du Deine Arbeitskraft und Deine
Zeit lediglich einem einzigen Kunden zur Verfügung. Warum ein
Exklusivvertrag? Du könntest mehr Geld verdienen, wenn Du
Deine Fähigkeiten auch anderen zur Verfügung stellen würdest.

Dazu musst Du den Begriff „Gehalt" neu definieren. Denk ab
sofort nicht mehr in Gehältern, sondern in Einkommen. Ich schlage folgende Definition vor: Alles was reinkommt, ist Einkommen.
Ausschlaggebend ist schließlich, wie viel Geld Du monatlich zur
Verfügung hast. Dabei spielt es keine Rolle, ob Du dieses Geld in
Deinem Job, einem Nebenjob oder aus selbständiger Arbeit verdienst.

Viele Menschen wollen sich mit Geld jedoch nicht beschäftigen. Sie bevorzugen ein festes Gehalt und den scheinbar sicheren Kreislauf aus: Bewerben – Job – Jobverlust – Bewerben – Job – Rente. Wenn jedoch die fünfzigste Bewerbung am Arbeitsmarkt ins Leere führt, ist es an der Zeit zu erkennen, dass das was Du anzubieten hast, am Arbeitsmarkt nicht (mehr) gebraucht wird. Wechsle doch zur Abwechslung mal den Markt – der Arbeitsmarkt ist schließlich nur ein kleiner Teil des Ganzen.

Mach Dir klar, das der Markt schon immer nach einer Regel funktionierte: Jemand hat ein Problem. Ein anderer bietet die Lösung. Seit Menschen miteinander Handel treiben gilt diese Regel. Sie ist die einzige Maßeinheit für die Sicherheit Deines Einkommens. Was hast Du anzubieten und was ist jemand bereit dafür zu bezahlen? Wenn Du nach Jahren der Sicherheit in einem festen Job plötzlich Deine Anstellung verlierst und für einen neuen Job mit 100 oder mehr Bewerbern um diese Stelle buhlen musst, so ist die Wahrscheinlichkeit gering, dass Du den Lohn bestimmen kannst. In jedem Fall wird einer Deiner Konkurrenten die gleiche Arbeit für weniger tun. Das heißt nichts anderes, als dass Du an Marktwert eingebüßt hast.

Da die meisten Menschen es gewohnt sind, als Angestellte mit festen Gehältern zu denken, ist diese Sichtweise natürlich unbequem und daher nicht sehr weit verbreitet. So arbeiten sie überwiegend um andere reich zu machen. Als Arbeitnehmer machen sie ihren Chef reicher, als Steuerzahler den Staat und als Konsument andere Unternehmer. Spätestens an dieser Stelle lohnt es sich, einen Blick auf erfolgreiche und vermögende Menschen zu werfen.

Etwas, das alle Reichen anders machen als die breite Masse ist, das System für sich zu nutzen, statt vom System ausgenutzt zu werden. Der Autor Gerald Hörhan bezeichnet in seinem Buch „Investment-Punk", die globalen Finanzjongleure sogar als die neuen Punks. Wer reich werden will, muss ein Punk werden und bereit sein, wie ein Punk zu denken. Aber nicht wie ein Anarcho-Punk, sondern wie ein Investment-Punk. „Die Rebellion eines Investment-Punks basiert auf Kreativität und Leistung."[28]

Punks hinterfragen das System und tun damit genau das, was Du auch tun solltest. Leider kommen Anarcho-Punks dabei zu den falschen Schlussfolgerungen. Nicht die Unternehmer-Kapitalisten und die Politiker sind die Bösen – sie zu bekämpfen und abzuschaffen würde lediglich Extremisten hervorbringen. Die Illusion von Gleichheit, dass alle ungefähr gleich viel bzw. gleich wenig haben sollten, ist erwiesenermaßen kein taugliches Gesellschaftsprinzip.

Wenn Du rebellieren und zu Geld kommen willst, musst Du bereit sein, das zu lernen, was Dir in der Schule niemand beigebracht hat. Beginne also ab sofort damit, das Richtige zu tun, anstatt alles richtig zu machen.

Ich möchte Dir folgende Frage stellen: Wenn Du jetzt sofort glücklich sein wolltest, was würdest Du tun? Ich gebe zu, dass dies eine schwierige Frage ist und die Antwort darauf mag Dir banal vorkommen: Glück kannst Du Dir sofort mit einer Flasche Bier, Popcorn und zwei Kinokarten kaufen. Glück ist ein so überstrapazierter Begriff, dass er alles und nichts bedeutet. Wie viel

---

[28] Investment-Punk, Gerald Hörhan

Geld musst Du also verdient haben, damit Du sagen kannst: „Jetzt bin ich glücklich."

Für die Frage nach Reichtum und Glück brauchen wir andere Begriffe. Wir benutzen die falschen Worte und stellen uns daher die falschen Fragen. Frage Dich nicht „Wie verdiene ich mehr Geld oder wann bekomme ich eine Gehaltserhöhung, um endlich glücklich zu werden?", sondern „Was ist meine Leidenschaft und wie werde ich damit erfolgreich?" In dem Wort „erfolgreich" stecken die Worte „erfolgt" und „reich". Das bedeutet, dass wenn Du Deiner Leidenschaft folgst, Du damit automatisch reich wirst. Nahezu alle erfolgreichen Menschen werden Dir das bestätigen. Wir leben in einer Welt von Ursache und Wirkung. Erfolg und Reichtum sind Folgen. Sie erfolgen auf die Dinge, die Du tust, wenn Du Deiner Leidenschaft nachgehst. Denn nur eine Tätigkeit, die Dich begeistert, wird Dich auf Dauer erfolg-reich machen.

Du wirst niemals Reichtum erlangen, wenn Du etwas tust, das nicht Deiner Leidenschaft entspricht – aus dem einfachen Grund, weil Du mit zu vielen anderen Menschen konkurrierst, die genau dort ihre Leidenschaft gefunden haben und daher immer besser sein werden als Du. Alles beginnt mit dem Verständnis, dass zu den Themen Geld und Reichtum drei Vorurteile bestehen:

1) Erfolgreich zu sein ist Glücksache

Es ist an der Zeit mit der populärsten Lüge in unserer Gesellschaft aufzuräumen: „Erfolg und Reichtum sind Glücksache". Dazu möchte ich Dir zwei Fragen stellen: Wenn Du in Schule, Uni oder Job eine Arbeit oder ein Projekt erfolgreich abgeschlossen hast, wem gibst Du dann die Schuld? Richtig, Dir selbst.

Wenn Du eine Arbeit oder ein Projekt so richtig vergeigt hast, wem gibst Du dann die Schuld? Dem Lehrer, dem Chef, den Kollegen, den Umständen. Wir neigen dazu, Erfolg einer Person zuzuordnen und Pech auf die Umstände zu schieben. Ist jemand erfolgreich in dem was er tut, sagen alle: „Der war fleißig und hat sich etwas aufgebaut". Hat jemand Pech, sagen alle: „Die Umstände waren ungünstig und der Arbeitsmarkt ist schlecht".

Wenn die Dinge schlecht laufen, schieben die Menschen die Schuld gern auf die Wirtschaftslage und die Situation, in der sie sich gerade befinden. Sie kommen dann vorschnell zu der Annahme, dass Reichtum eben Glückssache sei. Darüber hinaus ist mangelndes Talent eine häufig und gern benutzte Ausrede, um Armut und Misserfolg zu erklären oder mangelnde Leistung zu begründen. „Ich habe einfach kein Talent, offensichtlich ich bin nicht dazu bestimmt reich zu werden".

Malcolm Gladwell untersuchte in seinem Buch „Überflieger" die Gründe, warum manche Menschen erfolgreich werden und andere nicht. Ich begnüge mich damit, meine persönliche Quintessenz aus dem Buch zu zitieren: „Wer an 360 Tagen im Jahr vor Sonnenaufgang aufsteht, kann gar nicht anders, als seine Familie reich machen."[29]

Wie bei fast allen Dingen im Leben bestehen Erfolg und Reichtum zu 20% aus Talent und zu 80% aus Wille, Fleiß und Leidenschaft. Leistung und der Wille, seinem Glück auf die Sprünge zu

---

[29] Überflieger, Malcolm Gladwell

helfen, sind allerdings weniger verbreitet als der Wunsch möglichst nicht zu arbeiten.

Die häufigsten Fragen in Bewerbungsgesprächen beziehen sich auf das Ausmaß der Arbeit sowie nach Gehalt und Urlaub. Daraus kann man nur schlussfolgern, dass es den meisten Bewerbern darum geht, möglichst nicht zu arbeiten.

2) So viel Geld brauche ich doch gar nicht

Ich möchte eines klar stellen: Ich bin kein Millionär und besitze auch keine großen Besitztümer. Trotzdem bin ich in der Lage, Deine finanzielle Zukunft exakt voraus zu sagen, wenn Du behauptest: „So viel Geld brauche ich doch gar nicht!" Du wirst niemals vermögend sein.

Jeder von uns hat seine eigenen Ansichten und sein persönliches Verhaltensmuster in Bezug auf Geld und Reichtum. Wir haben sie in jungen Jahren gelernt – sie sind daher tief in unser Unterbewusstsein eingebrannt. Diese Ansichten und Glaubenssätze bestimmen mehr als alles andere unser finanzielles Schicksal. Wenn Dein Unterbewusstsein nicht auf Reichtum programmiert ist, wirst Du auch nie viel Geld besitzen. So einfach ist das. „So viel Geld brauche ich doch gar nicht." – Ich frage mich wie jemand so eine Aussage treffen kann? Denn um das zu behaupten, muss man doch erst einmal viel Geld besitzen. Ist man dann immer noch der Meinung, dass man es nicht braucht, kann man es ja verschenken.

Warum wird Geld abgetan, als sei es lästig und nicht so wichtig? Warum sind so viele Menschen der Überzeugung, dass reiche Menschen ihr Vermögen grundsätzlich auf den Schultern anderer aufgebaut haben? Warum sollte viel Geld zu besitzen etwas Schlechtes sein?

Ich bin der Frage nachgegangen und eine Antwort, die ich zu dem Thema gefunden habe ist, dass die Menschen glauben, sie müssten sich zwischen Geld und allen anderen Dingen des Lebens entscheiden. Beides zu bekommen sei nicht möglich und wenn sie das eine nicht haben können, so wollen sie wenigstens das andere. Nach dem Motto: „Wenn ich schon nicht viel Geld habe, so will ich mir wenigstens schöne Dinge leisten, auch wenn ich mir die eigentlich nicht leisten kann.

Die Menschen sind von einer Lüge infiziert, einer Lüge, die sich immer wieder aufs neue wie ein Virus verbreitet: „Es gibt nicht genug für alle. Es herrscht Mangel und wenn Du trotzdem viel Geld bekommen willst, musst Du es jemand anderem stehlen.“

3) Reich wird man am ehesten mit einem hohen Gehalt oder einem hohen Stundenlohn

Es ist absolut nichts falsch daran, wenn Du jeden Monat ein festes Gehalt bekommst – wenn es sich nicht negativ darauf auswirkt, was Du tatsächlich Wert bist und verdienen könntest. Und da liegt das Problem. Häufig wirkt es sich negativ aus. Die meisten Menschen ziehen es vor, ein regelmäßiges Gehalt zu beziehen oder mit einem festen Stundenlohn bezahlt zu werden. Sie brauchen die Sicherheit zu wissen, dass ihnen genau die gleiche Summe Geld zum genau gleichen Zeitpunkt des Monats zur Verfügung steht. Diese Sicherheit hat jedoch einen Preis und dieser Preis heißt Reichtum.[30]

Wenn Du es vorziehst, ein festes Einkommen aus Gründen der Sicherheit zu erhalten, führst Du ein Leben auf der Grundlage von Angst. Sicherheit und Angst entspringen demselben Gedanken. Angst ist die Kehrseite von Sicherheit. Wenn Du Sicherheit willst,

---

[30] So denken Millionäre, Harv Eker

statt ein Risiko einzugehen, bringst Du Dich auch um den Gewinn, den jedes Risiko ermöglicht. Denn jeder Gewinn steht im Verhältnis zu seinem Risiko und je höher das Risiko desto höher der Gewinn.

Reiche Menschen glauben an sich und ihre Fähigkeiten. Sie wissen, dass sich ein möglicher Gewinn immer proportional zum Risiko verhält. Sie glauben an ihren Wert und daran für diesen Wert auch bezahlt zu werden. Darum führen reiche Menschen meistens ihr eigenes Geschäft. Sie sind damit zwar das Risiko einer Pleite eingegangen – und viele reiche Menschen haben einige Pleiten hinter sich, bevor sie erfolgreich wurden – doch den Gewinn aus den Ergebnissen ihrer Fähigkeiten bewerten sie höher, als ein festes Gehalt zu beziehen.

Menschen, die auf Sicherheit bedacht sind tun das nicht. Sie benötigen Garantien. Was in Wahrheit dahinter steckt ist die Angst, nicht in der Lage zu sein, auf Grundlage der eigenen Fähigkeiten ausreichend zu verdienen. Und um nicht nach Leistung und Ergebnissen bezahlt zu werden, ziehen sie es vor, für ihre aufgewendete Zeit bezahlt zu werden.

Das Problem ist, dass Zeit nicht unendlich zur Verfügung steht, sondern begrenzt ist. Menschen, die also ihre Zeit verkaufen, begrenzen damit unweigerlich auch ihr Einkommen nach oben.

Absolutes und relatives Einkommen

Wenn Du einfach Deine gesamte zur Verfügung stehende Arbeitszeit darauf verwendest Geld zu verdienen, so ist Dein Verdienst Dein absolutes Einkommen. Das absolute Einkommen wird durch den reinen Geldwert bestimmt – die nackte Summe, die Du pro Monat oder pro Jahr zur Verfügung hast. Mit einem absoluten Einkommen von 100.000 Euro pro Jahr verdienst Du also doppelt so viel wie Dein Nachbar, der nur 50.000 Euro im Jahr zur Verfügung hat.

Für die Berechnung des relativen Einkommens für Dich und Deinen Nachbarn, musst Du eine zweite Variable in die Rechnung einfügen: Die aufgewendete Zeit, normalerweise gemessen in Stunden. Wenn Du 100.000 Euro im Jahr verdienst, so sind das im Monat, abgerundet 8.000 Euro, also rund 2.000 Euro pro Woche. Dafür arbeitest Du 40 Stunden, was einen Stundenlohn von 50 Euro ergibt.

Dein Nachbar mit 50.000 Euro Jahresverdienst hat pro Monat nur etwa 4.000 Euro, also 1.000 Euro die Woche zur Verfügung. Er arbeitet dafür allerdings nur zehn Stunden und kommt daher auf einen Stundenlohn von 100 Euro. Das relative Einkommen Deines Nachbarn ist damit doppelt so hoch wie Deines, obwohl Dein absolutes Einkommen doppelt so hoch ist.

Natürlich muss Dein relatives Einkommen – absolut gemessen – so hoch sein, dass es nicht die Erfüllung Deines Traumes gefährdet. Wenn Du zwar theoretisch 100 Euro pro Stunde verdienst aber nicht arbeitest, dürfte es schwer werden, Dein angestrebtes Ziel zu erreichen. Das relative Einkommen ist jedoch die tatsächliche Messlatte für Deinen persönlichen Wohlstand und Reichtum.

Konsumierst, investierst oder sparst Du?

Wäre es nicht klüger, wenn wir wieder lernen würden zu sparen? Eine Spardose oder einen Sparstrumpf anzulegen, wie in der guten alten Zeit? Was ist so schwer daran einige Käufe abzuwarten, bis wir wirklich das Geld dafür haben? Was verlieren wir und wie viel ärmer macht es uns in der Zukunft, wenn wir nicht mehr sparen und weniger konsumieren? Warum erliegen wir permanent der kurzfristigen Kauflaune?

Besitz durchdringt vieles von dem was wir tun. Versuchungen zu widerstehen und Selbstdisziplin bei Konsum zu üben sind Ziele, die viele Menschen gemeinsam haben. Da ein Großteil unseres Lebens dem Besitz gewidmet ist, wäre es also wünschenswert, bei einem Kauf die bestmögliche Entscheidung zu treffen. Dazu wäre eine exakte Vorhersage nötig, wie glücklich uns die Anschaffung eines Produktes machen würde. Wir wären dann zweifellos in der Lage, eine vernünftige und angemessene Entscheidung zu treffen, ob das erreichte Glück diesen Preis wert sei. Einen objektiven Gradmesser für Glück gibt es aber ebenso wenig wie für Erfolg.

Warum wir an der eigenen Konsumkontrolle immer wieder scheitern, liegt an unserer Fähigkeit Besitzergefühle zu entwickeln, noch bevor uns eine Sache auch tatsächlich gehört. Wenn Du, so wie ich, bei einer ebay-Auktion auch schon einmal mehr für einen gebrauchten Artikel geboten hast, als dieser neu gekostet hätte, weißt Du wovon ich rede. Eine gebrauchte Fender Stratocaster E-Gitarre wurde die teuerste Gitarre, die ich mir je angeschafft habe, nur weil ich mir im Geiste bereits ausmalte, wie ich auf der Bühne damit aussehen würde. Ebay nutzt auf geschickte Art und Weise Besitzergefühle, wenn wir etwas unbedingt haben wollen.

Nach demselben Prinzip funktionieren Lotterien. Jeder halbwegs vernünftige Mensch weiß, dass bei einer Gewinn-Chance von 1:14.000.000 ein Flugzeugabsturz wahrscheinlicher ist, als ein Sechser im Lotto – trotzdem malen wir uns in den schönsten Farben aus was wir mit dem Geld alles kaufen werden und wie sorgenfrei unser Leben sein wird.

Virtueller Besitz ist ein starker Anreiz für Konsum. Wir sehen glückliche Menschen bei der Nutzung eines Produktes und stellen uns vor, wie glücklich wir selbst damit sein werden. Die Werbeindustrie bietet uns Test-Käufe, eine Geld-zurück-Garantie und Anreize wie: Kaufe jetzt, zahle später. Damit erschwert sie uns zusätzlich, dem Konsumreiz zu widerstehen. Hat der neue Plasmafernseher erst einmal seinen Platz in der Wohnstube gefunden, fühlen wir uns schnell als Besitzer, auch wenn dieser die nächsten 10 Jahre eigentlich noch der Bank gehört. Anfangs glauben wir ernsthaft, dass wir die Stärke aufbringen, zur Not zum alten Röhrengerät zurück zu kehren und wieder mit einer Bild-Diagonale von 50 statt 150 cm zufrieden sein könnten. Doch sobald wir uns an den HD-Luxus gewöhnt haben, greift das Besitzergefühl und flüstert uns ein, dass der Verlust des neuen Gerätes sich nicht so leicht verschmerzen lässt, wie die zusätzlichen Raten im Monat.

Besitz verändert unsere Sicht der Dinge. Auf wundersame Weise erscheint uns ein Schritt zurück in den Zustand des Nicht-Besitzens als ein Verlust, den wir nicht hinnehmen können. Und während wir so unsere Lebensqualität erhöhen, geben wir uns der Illusion hin, dass wir uns ja notfalls jederzeit wieder mit weniger zufrieden geben und sparen könnten. Die Wahrheit ist jedoch, dass ein „sich-verschlechtern" um zu sparen, niemals in Frage käme, da bereits der Gedanke an den drohenden Verlust psychische Schmerzen auslöst.

Das Geld, das Du nicht unmittelbar zum Leben brauchst, kannst Du entweder für Konsumgüter ausgeben, sparen oder investieren. Die Wahrheit ist, dass Du nicht alles brauchst, was Du willst. Sei

Dir selbst gegenüber ehrlich und frage Dich bei jeder zukünftigen Anschaffung: „Brauche ich das wirklich?" Geld haben die meisten übrig, die Frage ist was sie damit anstellen.

Die richtige Strategie – Geld für Deinen Hit

Nehmen wir an Du hast einen gut bezahlten Job und bekommst ein regelmäßiges Gehalt. Unter normalen Umständen steigt Dein Gehalt von Jahr zu Jahr, so dass Du im Laufe der Zeit kontinuierlich mehr verdienst. Man sollte also meinen, dass Du Deine Lebensqualität kontinuierlich steigern kannst und Deinem Traum automatisch näher kommst. Das geschieht aber nicht. Denn mit dem Verdienst steigen natürlich die Ansprüche: „Ich brauche einfach mehr!" – Komischerweise brauchst Du immer genau so viel, wie Du verdienst – und so wunderst Du Dich, warum kein Geld übrig bleibt. Sparen alleine macht Dich noch nicht zum Millionär, außer Du sparst bereits jeden Monat einige tausend Euro und legst diese gut an. In diesem Fall darfst Du die folgenden Kapitel überspringen. Wenn nicht, so lies bitte weiter.

Ich bemühe mich seit Jahren, das Richtige zu tun und jeden Monat etwas auf die Seite zu legen. Der Kampf mit meiner Selbstdisziplin ist schon hart genug, wenn es nur darum geht regelmäßig Sport zu treiben oder weniger fern zu sehen. Sparen tat ich bisher immer das, was am Monatsende übrig blieb und das war in den letzten Jahren: Null Komma null Euro. Wie die meisten Menschen habe ich ein hohes Gehalt mit Reichtum verwechselt, Konsum mit Investition und dabei übersehen, dass ich bei 99 Prozent aller Anschaffungen, „brauchen" mit „wollen" verwechselt habe.

Jedes Jahr erscheinen dutzende Ratgeber, Zeitschriften und Bücher zum Thema Selbstdisziplin und wie man am klügsten Geld spart und anlegt. Meine eigene Erfahrung bestätigt mir jedoch, dass die Logik hier versagt. Es genügt einfach nicht einen Rat zu befolgen, was man genau tun muss um reich zu werden. Einen Ratgeber zu lesen und danach zu sparen gelingt den wenigsten Menschen, selbst wenn diese auf anderen Gebieten eine bemerkenswerte Disziplin aufbringen.

Und dies aus zwei Gründen:

Erstens reichen die Gründe, die Menschen dazu bringen ihr Verhalten zu ändern und zu sparen meistens nicht aus. Was fehlt ist ein Aha!- Erlebnis, das den Auslöser gibt.

Zweitens fehlen den meisten Menschen für eine dauerhafte Veränderung ihrer Spar-Gewohnheiten eine durchgängige Dokumentation sowie eine permanente Erinnerung. Keine Erinnerung und keine Dokumentation sind gleich keine Ergebnisse, sind gleich keine Verhaltensänderung. Ein System aus Erinnerung und Dokumentation, das Ergebnisse in Form von Euro auf einem Sparkonto messbar macht, ist besser als jeder Ratgeber.

Dein Aha-Erlebnis

Ein Aha-Erlebnis hat deswegen einen so starken Handlungsimpuls, weil es uns in einem Augenblick emotionaler Schutzlosigkeit überfällt. Jener Moment, in dem Du während eines Small Talks die Bemerkung machst: „Ich bin halt arm, da kann man nichts machen!" und plötzlich alle Anwesenden im Raum aufhören zu sprechen und Dich anstarren.

Ein Aha-Erlebnis kommt meistens mit einer Peinlichkeit daher und trifft uns an unserem wunden Punkt. Oft hat sich bereits ein gewisser Leidensdruck aufgebaut und das Aha-Erlebnis gibt schließlich den Handlungsauslöser. Es ist einer jener Momente, in dem wir für kurze Zeit vollkommen klar sind und – zum vielleicht ersten Mal – unsere Situation betrachten wie sie wirklich ist. Ein Augenblick, in dem wir wissen, dass wir etwas tun müssen und es auch können.

Emotionen sind der stärkste Motor für Handlungen, daher brauchen die meisten Menschen einen emotionalen Weckruf, um ihr Verhalten zu ändern.

Es ist jedoch nicht meine Absicht, Dich in Verlegenheit zu bringen oder peinlich zu berühren, also behaupte ich: „Sparen macht Spaß!" Um tatsächlich jeden Monat einen festen Betrag auf die Seite zu legen, musst Du wissen, dass Sparen Spaß macht. Wahrscheinlich denkst Du jetzt: „Geld ausgeben und schöne Dinge kaufen machen Spaß, Sparen nicht. Geld ist dazu da, um es auszugeben und nicht um es zu behalten."

Bodo Schäfer ist der erfolgreichste Sachbuchautor zum Thema Geld und Aufbau von Vermögen. Da er selber vermögend ist, können wir annehmen, dass er weiß, wovon er spricht. Eines seiner Aha-Erlebnisse ist denkbar einfach nachzuvollziehen: „Sparen macht Spaß! Da Du nur reich wirst durch Geld, das Du behältst und nicht durch das, was Du ausgibst, musst Du wissen, dass Sparen Spaß macht." Schäfer weiß allerdings auch um die Tücken rationalen Handelns – sein Rezept wie Sparen Spaß macht: „Sorge dafür, dass Du Dich selbst bezahlst."[31]

Jeden Monat bezahlst Du viele andere Menschen für alle möglichen Dinge. Du zahlst für Miete, Strom, Wasser, Lebensmittel, Vergnügungen etc. Aber wann bezahlst Du Dich selbst? Die Antwort: Wenn Du sparst – Du solltest Dich selbst doch mindestens so wichtig nehmen, wie Deinen Vermieter.

Vielleicht denkst Du auch, dass Sparen nicht so wichtig ist, weil Du jetzt leben willst und nicht in der Zukunft. Oder Du hast bereits schlechte Erfahrungen gemacht, Geld verloren und bist daher

---

[31] Der Weg zur finanziellen Freiheit, Bodo Schäfer

zu dem Ergebnis gekommen, dass es sowieso nichts bringt. Wenn Du nicht sparen willst, weil Dir das unter Umständen zu anstrengend ist, sagt Schäfer: „Das einzige was Menschen haben, die nicht sparen, sind Schulden."

Deine Dokumentation – reich werden mit System

Zu den typischen Phänomenen privater Verschuldung – große Häuser, große Autos und Plasmafernseher – gesellt sich zusätzlich eine niedrige Sparrate. Noch vor wenigen Jahrzehnten waren zweistellige Sparraten die Regel. In den Jahren 1997 – 2007 sank diese bei den Amerikanern auf unter null Prozent. Nicht nur, dass diese nicht mehr sparten, sie gaben auch mehr aus, als sie einnahmen. Die Finanzdefizite im privaten Sektor betrugen im Jahre 2007 vier Prozent des Bruttoinlandsproduktes.[32]

Seit 2007 hat sich die Entwicklung zwar verbessert, aber Schulden machen gehört nach wie vor zur allergrößten Selbstverständlichkeit in den USA. Die Europäer schneiden etwas besser ab – sie sparen im Schnitt 20 Prozent. In Japan liegt die Sparrate bei 25 Prozent und in China gar bei unglaublichen 50 Prozent.[33]

Wenn Deine jetzigen Ansichten zum Thema Reichtum keine Ergebnisse geliefert haben, wird es höchste Zeit, dass Du Deine Ansichten überdenkst und etwas anderes versuchst. Du solltest Dich selbst bezahlen. Und zwar zuerst. Zahl Dir selbst ein Gehalt. Dazu lass an jedem Monatsanfang mindestens 10 Prozent Deines Einkommens auf ein separates Konto buchen. Diese 10 Prozent werden Dich reich machen. Mit den anderen 90 Prozent bezahlst du die anderen.

---

[32] Frankfurter Allgemeine, 19.1.2012 Interview mit Jan Hatzius, Chefvolkswirt der amerikanischen Goldman Sachs

[33] Denken hilft zwar, nützt aber nichts, Dan Ariely

Probier es aus. Du wirst feststellen, dass es keinen Unterschied macht, ob du 90 oder 100 Prozent Deines Einkommens zur Verfügung hast. Zu Anfang benötigst Du ein wenig Disziplin, um ein Kontensystem und einen Dauerauftrag einzurichten. Später, wenn Du Dich daran gewöhnt hast, mit 90 Prozent Deines Einkommens auszukommen, übernimmt das System Deine Disziplin. Sobald Dein Geld sich automatisch vermehrt wirst Du sehen, dass Sparen Spaß macht. Behaupte nicht: „Das geht nicht", solange Du es nicht ausprobiert hast.

Es gibt jedoch zwei Stolperfallen auf dem Weg zu einem erfolgreichen Sparsystem, an denen Du scheitern könntest:

1) Du nimmst Dir für den Anfang zu viel vor. Lass es langsam angehen und beginne damit, 10 Prozent Deiner Einnahmen zu sparen. Diese 10 Prozent werden Dir nicht weh tun, Du wirst sie kaum bemerken. Erst wenn Du über eine gewisse Spardisziplin verfügst, kannst Du darüber nachdenken, 20 Prozent oder mehr zu sparen.

2) Du willst sparen, was am Ende des Monats übrig bleibt. Dieser Vorsatz ist zu unkonkret, um ihn einzuhalten. Sparen was übrig bleibt ist daher nicht akzeptabel, selbst wenn Du denkst, dass Du die nötige Willensstärke aufbringen wirst. Es ist wie beim Abnehmen: Am Anfang denkt jeder, dass er der willensstarken Minderheit angehört, die bis zum Schluss durchhält. Wenn Du jedoch kein System hast, das Dir hilft Fortschritte zu dokumentieren, wirst Du scheitern.

Ein System, das messbare Ergebnisse liefert, ist jedem System, das einzig und allein auf Disziplin aufbaut, haushoch überlegen. Dein Sparsystem sollte sich in Zahlen ausdrücken lassen: Zehn Prozent Deiner Einnahmen, per Dauerauftrag an jedem ersten des Monats auf ein separates Sparkonto zu überweisen, ist akzeptabel.

Dein persönlicher Reminder zum Reichtum

Dass man auf Dauer mehr Geld einnehmen als ausgeben sollte um nicht irgendwann Haus und Hof zu verlieren, habe ich bereits im Alter von 10 Jahren von meinem Vater gelernt. Geld zu sparen ist wichtig. Schulden zu haben ist nicht in Ordnung – egal was Du auch darüber gehört hast. Du wirst Deinen Traum von einem Hit niemals erreichen, wenn das Thema Geld nicht ab sofort wichtig für Dich wird.

Von dem Autor Dan Ariely erfuhr ich von der „Eisglas –Methode", mit der man den Einsatz seiner Kreditkarte begrenzen kann. Gewissermaßen ein Hausmittelchen gegen spontane Konsumverlockung. Man nimmt ein Glas Wasser, taucht seine Kreditkarte darin ein und stellt es in das Tiefkühlfach. Will man nun einen spontanen Kauf tätigen, muss man erst warten, bis das Eis aufgetaut ist. Bis es soweit ist hat sich der Kaufrausch meistens gelegt. Ich möchte Dir nicht unbedingt empfehlen die Methode auszuprobieren. Nicht weil sie nicht funktioniert, sondern weil ich Dich nicht in Versuchung bringen möchte Deine Kreditkarte im Ofen oder der Mikrowelle aufzutauen, was ohne Zweifel den Magnetstreifen zerstören würde.

Besser und auch zeitgemäßer ist die Methode, aus seinen Spargewohnheiten einen öffentlichen Wettbewerb zu machen. Im Internet gibt es dazu dutzende Webseiten und Blogs. Die Teilnehmer veröffentlichen ihre finanzielle Situation, um sich gegenseitig zur Selbstdisziplin und zum Sparen anzuspornen. Ein Trend, der den zunehmenden Drang der Menschen zur Selbstentblößung aufgreift. Mein persönlicher Favorit ist die Webseite www.stick-k.com. Seit einigen Monaten habe ich dort einen Account, der meine Sparziele jedermann zugänglich macht. Ich bin nicht exhibitionistisch veranlagt, aber das Risiko einer Blamage im Falle eines Scheiterns, hat mich zu ungewohnter Sparsamkeit erzogen.

Die Macher der Webseite beschränken sich jedoch nicht nur darauf, den Menschen bei der Ordnung ihrer Finanzen unter die Arme zu greifen. Die populärsten Ziele sind: Aufhören mit Rauchen, abnehmen und Sport treiben. Verschiedene Meldungen auf der Startseite des Portals verkünden die Anzahl der nicht mehr gerauchten Zigaretten, die Höhe des Geldeinsatzes und die Menge der verlorenen Kilos. Absolut gemessen – Zahlen in Millionenhöhe.

Man definiert ein Ziel, bestimmt ein Datum, bis wann man dies erreicht haben möchte und trägt beides in das System ein. Los geht's. Wöchentliche Email-Reminder und Statusberichte sorgen dafür, dass ich regelmäßig an mein Ziel erinnert werde.

Um den Druck zusätzlich zu erhöhen bietet das System die Möglichkeit, eine bestimmte Summe Geld auf das Erreichen bzw. Nicht-Erreichen eines Zieles zu setzen. Ein Wetteinsatz, um zusätzlichen Ansporn zu schaffen. Die Summe wird jedoch erst dann eingezogen, wenn man scheitert. In diesem Fall kommt der Einsatz beispielsweise einer Charity-Organisation zu Gute. Besonders gefallen hat mir die Möglichkeit, zwischen einer Charity- oder Anti-Charity-Organisation zu wählen.

Wenn Du also nicht Schuld daran sein möchtest, dass jemand aus dem Bush-Clan in den USA je wieder zu politischer Schlagkraft kommt, solltest Du Dich anstrengen, Dein Ziel auf www.stickk.com zu erreichen.

Selbstverständlich werden Statusberichte in einer Timeline, für jedermann sichtbar veröffentlicht. Die Menschen können es gar nicht erwarten, ihren Mitmenschen ihre desaströse Finanzlage öffentlich mitzuteilen. Sie tun damit etwas, das noch vor einer Generation undenkbar gewesen wäre. Sie gehen online und posten intime Details ihrer finanziellen Situation.

Entscheidend ist nicht die Frage: Warum machen die Teilnehmer so etwas? sondern: Warum es funktioniert? Um dies zu begreifen muss man die zu Grunde liegende Psychologie verstehen: Die Angst vor Verlust und die Vorteile des sozialen Vergleichs.

Blamieren oder kassieren

Würdest Du mehr arbeiten um 100 Euro zu verdienen oder um zu vermeiden, dass Du 100 Euro verlierst? Wenn Psychologen Recht haben, dann siegt die Angst vor Verlust. Diese Erkenntnis ist extrem hilfreich. Den potentiellen Verlust zu kennen ist eine größere Motivation als das Wissen um den potentiellen Gewinn. Um erfolgreich zu sein, müssen wir daher das konkrete Risiko eines Verlustes einführen.

Eine weitere Motivation ist die Theorie des sozialen Vergleichs. Sie basiert darauf, dass manche Teilnehmer in einer Gruppe schlechter abschneiden und andere besser. Nach dem Motto: Wenn der das schafft, dann schaffe ich das erst recht! Wenn andere Teilnehmer schlechter abschneiden ist man stolz, auch wenn man selbst nur minimale Ergebnisse erzielt hat. Die besseren Teilnehmer vermitteln hingegen den Eindruck, dass bessere Ergebnisse durchaus möglich sind.[34]

---

[34] Webseiten, auf denen man in einen Sparwettbewerb treten kann: stickk.com, wereindebt.com, makelovenotdebt.com, bloggingawaydebt.com

Finde jemanden, mit dem Du in einen freundschaftlichen Wettbewerb treten kannst

Im Alter von 25 Jahren habe ich zum ersten Mal mit dem Rauchen aufgehört. Da ich erst mit 19 Jahren angefangen hatte, war der Leidensdruck noch nicht sonderlich hoch. Trotzdem wollte ich aufhören. Nebenbei bemerkt: Es sollten noch zwei weitere Male folgen, bis ich endlich „clean" war. Um meiner Motivation auf die Sprünge zu helfen beschloss ich, zusammen mit meinem ebenfalls rauchenden Freund Uli ein Spiel daraus zu machen. Wir hörten auf zu rauchen und legten zwei Sanktionen fest, die im Falle eines Rückfalls wirksam werden sollten:

1) Läuterung: Das öffentliche Geständnis und Eingestehen des Versagens vor dem anderen.

2) Der Einsatz von 10 Euro, fällig nach Versagen.

Mein Abschied von der legalen Droge Nikotin erwies sich als langwieriger und hartnäckiger als gedacht. Dass es nicht gleich beim ersten Mal klappte, lag nicht an unserer ausgewählten Methode. Das Risiko der Blamage und der Einsatz von 10 Euro waren mir ein ernster Ansporn.

Allerdings wurden das Risiko eines Scheiterns und die Methode des sozialen Vergleichs zu der Zeit nicht in Blogs und Internetplattformen angeboten – was den öffentlichen Druck und das Risiko eines Scheiterns in einem freundschaftlichen Rahmen hielt.

Ich scheiterte nicht an der Methode, sondern daran, dass ich schummelte. Ich rauchte heimlich. Das schmälerte zwar meine Selbstachtung, hielt mich aber nicht davon ab, diese für 10 Euro zu verkaufen, um weiter qualmen zu können.

Trainings-Tipp: Der Spar-Battle

Mach ein Spiel aus Deinen Spargewohnheiten. Entweder Du suchst Dir jemanden, mit dem Du in einen freundschaftlichen Wettbewerb trittst oder Du nutzt die Möglichkeiten im Web. Entscheidend ist das Risiko der öffentlichen Blamage und die Methode des sozialen Vergleichs einzuführen – aus dem einfachen Grund: Weil es funktioniert.

Bevor Du jedoch beginnst mit Deinem besten Freund in einen Sparwettbewerb zu treten, solltest Du Schlupflöcher und Möglichkeiten zum Schummeln aufdecken und beseitigen. Eine Möglichkeit wäre, ein gemeinsames Konto einzurichten, zu dem nur ihr beide Zugriff habt. Bestimmt eine Summe, die jeder bis zu einem bestimmten Datum angespart haben will. Zum Beispiel Summe X bis Datum X. Ihr verpflichtet Euch – jeder nach seinen finanziellen Möglichkeiten – mindestens jedoch 10 Prozent Eurer Einnahmen auf das gemeinsame Sparkonto zu überweisen. Am besten per Dauerauftrag. Auf diese Weise bekommt jeder einen Einblick in das Sparverhalten des anderen und kann seine Ergebnisse mit denen des anderen vergleichen.

Dein Hit-Einkommensautopilot

Um mehr Geld zu Deiner Verfügung zu haben, hast Du nur zwei Möglichkeiten: Ausgaben runter oder Einnahmen rauf. Regelmäßiges Sparen wird Dich zwar automatisch vermögender und finanziell frei machen. Wenn Du jedoch nicht so lange warten willst, bis Du Summe X angespart hast, schaffe Dir zusätzliche Einnahmequellen. Im Idealfall sorgst Du für beides: Mehr Einnahmen und weniger Ausgaben. Wenn Du alle überflüssigen Dinge von Deiner Ausgabenliste gestrichen und ein Sparsystem eingerichtet hast, dann mach Dich jetzt auf die Suche nach zusätzlichen Einkommensquellen.

Drei Regeln für das richtig große Geld

Diese Regeln sind gar nicht so neu. Eigentlich sind sie nichts anderes als gesunder Menschenverstand. Allerdings kannst Du mit diesen Regeln viel Geld verdienen – einfach, weil Du beschließt, es zu tun.

Vor einigen hundert Jahren waren über 90 Prozent aller Haushalte selbständig. Jeder sorgte weitestgehend für sich selbst. Später hat sich das verändert. Große Unternehmen und der Staat boten die Sicherheit eines festen Jobs. Indem unsere Vorfahren von Ihren Höfen und Geschäften in Fabriken gezogen sind, haben sie ihre Freiheit gegen eine sichere Arbeitsstelle eingetauscht und dabei auch gleich ihre unternehmerische Intuition eingebüßt. Seit einigen Jahren haben sich die Gegebenheiten erneut verändert, aber kaum jemand hat es wahrgenommen. Fast alle wollen im neuen System nach den alten Regeln leben.

Wie oft wirst Du für Deine Arbeit bezahlt? Hinter dieser Frage steht eine der wichtigsten neuen Regeln: Sorge dafür, dass Du für Deine Arbeit nicht nur einmal bezahlt wirst. Als Angestellter arbeitest Du eine Stunde, und wirst dafür einmal bezahlt. Das gleiche gilt für die meisten freiberuflichen Tätigkeiten. Arbeit ist heute jedoch kein Ort mehr, zu dem man fährt und seine Zeit absitzt. Das Parkinsonsche-Gesetz sagt uns dazu: Arbeit dehnt sich wie Gummi, um die Zeit auszufüllen, die zur Verfügung steht. Als Hit-Produzent ist das für Dich anders. Du kannst für Deine Arbeit vielfach bezahlt werden.

Die erste Regel lautet daher:
Nicht einmal, sondern vielfach verdienen.

1)   Als Komponist, Sänger, Produzent, Musiker erhältst Du Lizenzen durch die Vermarktung Deines Hits. Zum Beispiel Verlagslizenzen, wenn Dein Song für eine Werbung oder Fernsehserie benutzt wird.

2)   Dein Hit verkauft sich vielfach

3)   Merchandising: Du entwickelst Produkte wie T-Shirts, Hoodies, Buttons, und sonstige Fanartikel

4)   Live Konzerte: Du organisierst eine Release-Party und verdienst an den Eintrittsgeldern

Du musst nicht länger ausschließlich Deine Zeit gegen Geld tauschen. Du kannst Ideen zu Geld machen und so immer wieder verdienen.

Die alte Regel: An seiner Arbeit verdient man nur einmal. Wer einen Job mit guter Bezahlung sucht, verdient gut.

Die neue Regel: Verdiene vielfach an Deiner Arbeit. Sei kreativ, gehe Risiken ein und suche Wege, um möglichst lebenslang an einer Arbeit zu verdienen.

Zweite Regel: Für Schwächen Lösungen finden

Eine Schwäche ist etwas, das verhindert, dass Du Dein Ziel erreichst. Ich bin Produzent und muss mich daher nicht damit befassen, ob ich singen kann. Ich bin in der Lage, meine Ziele zu erreichen, ohne singen zu können. Singen kann ich ignorieren. Wenn ich eine Stimme produzieren will, muss ich eine Person suchen, die singen kann.

Wenn eine Deiner Eigenschaften Dich also davon abhält, Dein Ziel zu erreichen, dann musst Du eine Lösung dafür finden. Eine Person, die genau dort eine Stärke hat, wo Du eine Schwäche hast. Übrigens empfinde ich Geschichten über Fehler und Schwächen von Stars als langweilig. Es ist kein Geheimnis, dass große Stars auch limitierte Menschen sind. Aber wen interessiert das? Sie können eine Sache, die aber außergewöhnlich gut. Die Wahrheit ist doch: Die Schwächen zählen nicht neben den Stärken. Wenn ich die Musik eines Künstlers höre, dann will ich seine Musik genießen und nicht daran denken, dass dieser vielleicht Schweißfüße hat oder Mundgeruch. Seine Schwächen schmälern meinen Musikgenuss jedenfalls nicht.

Die alte Regel: Abgerundete Persönlichkeiten sind besonders angenehm und erfolgreich.

Die neue Regel: Akzeptiere, dass alle herausragenden Personen Schwächen haben. Konzentriere Dich kompromisslos auf Deine Stärken und finde eine Lösung für Deine wirklich störenden Schwächen.

Dritte Regel: Geldverdienen ist ein Spiel

Für viele Menschen ist Geldverdienen harte Arbeit. Sie sind so erzogen worden: Arbeit macht keinen Spaß, aber wer hart arbeitet, ist ein guter Mensch. Von klein auf lernen Kinder: Du musst auch Pflichten übernehmen. Aber müssen Pflichten hauptsächlich aus Dingen bestehen, die keinen Spaß machen? Wer einer harten Arbeit nachgeht, ist landläufig fleißig und ein guter Mensch. Gemessen an seinen Regeln ist er erfolgreich. Ich bin ein Drückeberger, weil ich nicht mal eine Minute arbeiten würde, wenn ich keinen Spaß daran hätte. Arbeite niemals nur, um Geld zu verdienen. Erstens verdienst Du dann nicht so viel wie Du könntest und zweitens entspricht das nicht der Lebensqualität, die Dir zusteht.

Die alte Regel: Geld zu verdienen ist mühsam und macht keinen Spaß. Der redliche und ehrbare Mensch arbeitet hart und fleißig.

Die neue Regel: Tu etwas, das Du liebst. Verdiene Geld mit etwas, das für Dich wie ein Spiel ist. Nur dann bist Du richtig gut, nur dann verdienst Du richtig viel Geld.

Konzentriere Dich auf Einkommen produzierende Aktivitäten und verlange Geld

Am Markt aufzutreten und etwas zu verkaufen ist der effektivste Weg, um zusätzliche Einnahmen zu erzielen. Es gibt vier mögliche Einnahmenquellen mit Produkten, die Du verkaufen kannst:

1) Produkte – Merchandising (T-Shirts, CD´s, Pullover, auch Dein Hit ist ein Produkt)

2) Informationen (zum Beispiel: „Making of" Deiner Hit-Produktion auf einer DVD, ein eBook, ein eigenes Blog etc.)

3) Dienstleistungen (Konzertshows, Release-Party, Event etc..

4) OPM (Other Peoples Money, dazu später mehr)

Womit könntest Du Geld verdienen? Welche Produkte könntest Du anbieten? Welche Ideen hast Du? Nutze Deinen Hit als Ideenquelle.

Wenn Du eine dieser Einkommensquellen nutzen und etwas verkaufen möchtest, so musst Du wissen, dass Du stets nach dem Wert bezahlt wirst, den Du in den Markt einbringst – der Markt bezahlt Dich ausschließlich nach Wert.

Wenn Du jetzt denkst, dass Du ja eigentlich viel mehr verdienen müsstest und auch mehr wert bist, dann wirf einfach einen Blick auf Deine letzten monatlichen Einkünfte. Jetzt weißt Du wie viel Deine Arbeitskraft und Deine Produktivität zurzeit wert sind. Wohlgemerkt – es handelt sich hierbei nicht um den Wert, den Du als Person hast. Also den Wert, den Du beispielsweise als Freund oder Freundin für jemand anderen hast. Es handelt sich ausschließlich um Deinen in Geld messbaren Wert, den Du in den Markt einbringst.

Wenn Du eine Leistung erbracht oder ein Produkt verkauft hast, verlange Geld dafür. Es ist vollkommen natürlich und berechtigt, dass Du für einen eingebrachten Wert Geld erhältst. Kein Geld zu verlangen ist nicht etwa besonders edelmütig, sondern zeugt weit häufiger von mangelndem Selbstbewusstsein. Wenn ein Wert, der bei Fachleuten teuer berechnet wird, bei Dir kostenlos zu haben ist, ist dies häufig eine Frage für wie wertvoll Du Dich selbst einschätzt.

Dein Wert richtet sich also nicht so sehr nach Deinem tatsächlichen Wert, sondern vielmehr danach für wie wertvoll Du Dich hältst. Möchte jedoch niemand etwas für Deine Produkte bezahlen, musst Du entweder den Wert erhöhen oder dafür sorgen, dass Du keine Konkurrenz hast – sprich, etwas Einzigartiges produzieren. Verwende Deine freie Zeit ab sofort ausschließlich für Einkommen produzierende Tätigkeiten. Schaffe Produkte und Werte und lerne diese am Markt zu verkaufen. Fokussiere Dich dabei auf die Dinge, die Du gut kannst und Dir ein zusätzliches Einkommen bescheren. Finde heraus was diese Tätigkeiten für Dich sind und konzentriere Dich kompromisslos darauf.

Einnahmequelle Nr.1: Produktentwicklung

Es ist nicht schwer ein Produkt zu erfinden und umzusetzen. Löse Dich von dem Gedanken das Rad komplett neu erfinden zu müssen. Ein Produkt, das sich einmal verkauft hat, verkauft sich häufig – mit leichten Änderungen – noch einmal. Sobald Du eine Idee hast, kannst Du erste Informationen im Internet einholen. Wenn Du ein Standardprodukt findest, das bereits von einem Hersteller gefertigt wird und für Deinen Markt umgewidmet und neu positioniert werden kann, umso besser.

Sicher kennst Du die zahlreichen Eigenmarken großer Supermärkte und Drogerieketten. Das ganze nennt sich Private Labeling. Lasse ein Produkt fertigen, klebe ein neues Etikett darauf und – fertig ist das neue Produkt. Auf diese Weise kannst Du Merchandising betreiben. T-Shirts mit Logo, Hoodies und Mützen sind leicht herzustellende Produkte. Suche Dir eine Siebdruck-Werkstatt in Deiner Nähe und lass zunächst eine Kleinserie bedrucken. Wir werden den Markt testen bevor wir in die Produktion einsteigen. Wenn Du ein vollkommen neues Produkt produzieren möchtest und keinen Hersteller findest, so suche zunächst einen Ansprechpartner aus einer verwandten Branche. Solltest Du Dich also beispielsweise entschließen, viereckige Schallplatten auf den Markt zu bringen, so erkundige Dich bei einem Hersteller von normalen Schallplatten.

Achte auf die Kosten und
schnelle Produktionszeiten

Damit Du in Deiner Wohnung kein dauerhaftes Platzproblem bekommst und auf Bedarfsschwankungen Deiner Produkte flexibel
reagieren kannst, ist es von entscheidender Bedeutung, dass die
Produktion Deiner Ware nicht länger als ein bis zwei Wochen in
Anspruch nimmt. Außerdem hältst Du auf diese Weise die Investitionskosten niedrig, weil Du erst dann ein Produkt produzierst,
wenn es auch tatsächlich verkauft ist. Wenn Du wissen willst, wie
lange es dauert um ein Produkt herzustellen und wie hoch die
Kosten sind, kontaktiere einen Vertragshändler, der sich auf die
Herstellung Deines Produktes spezialisiert hat.

Wenn Deine Tests erfolgreich sind, ist die Produktion der
nächste Schritt. Das heißt, Du musst Einrichtungskosten für Maschinen, Mindestbestellmengen sowie Stückkosten im Hinterkopf
behalten. Innovative Ideen sind in der Herstellung häufig sehr teuer, was den Preis für den Käufer in die Höhe treibt. Wenn Du also
viereckige Schallplatten verkaufen möchtest, kalkuliere vorher
den Preis, den Du erzielen könntest. Für ein ausgefallenes Produkt
einen etwas höheren Preis anzusetzen ist in Ordnung, jedoch solltest Du Dich fragen, ob der Käufer dabei ein gutes Gefühl behält.

Einnahmequelle Nr.2: Liefere Content – Verkaufe Informationen

Wenn Dir die Herstellung eines neuen Produktes nicht behagt, weil teure Maschinen und hohe Fertigungskosten dafür sorgen, dass Du am Ende drauf zahlst, dann lass die mechanische Fertigung beiseite.

Die zweite unserer vier Einnahmequellen benötigt so gut wie keine Investition. Die Herstellung kannst Du bequem in Heimarbeit bewerkstelligen und für den Vertrieb benötigst Du nicht mehr als einen Computer, eine Internetverbindung und eine einfache Webseite. Ich spreche von Informationen.

Informationsprodukte kosten nicht viel und sind leicht herzustellen. Keine Sorge, Du musst nicht gleich ein Buch schreiben – für den Anfang genügt es beispielsweise ein Blog im Internet anzubieten. Unter dem Titel: „Tagebuch zu meinem Hit" kannst Du über Deine Erfahrungen auf dem Weg zu Deinem persönlichen Hit bloggen. Mit der Hilfe eines Bezahlsystems wie etwa Paypal, forderst Du die Leser Deines Blogs zur Entrichtung einer Spende auf. Oder Du verfasst ein eBook und bietest dies zum Kauf an.

Es ist ein Irrtum, dass die Menschen im Internet alles gratis bekommen möchten. Sie möchten es lediglich sofort. Wenn Du ein hochwertiges Informationsprodukt, also beispielsweise ein eBook: „Mein Weg zum Hit" anbietest, so sind die Menschen grundsätzlich sehr wohl bereit etwas dafür zu bezahlen. Der Punkt ist, sie wollen sicher sein, dass sie es dann auch sofort bekommen.

Im Übrigen setzt sich allmählich das Bewusstsein durch, dass man für guten Content auch etwas bezahlen muss. Die Webseite www.flattr.com ist ein Beispiel für ein interessantes Crowdfunding-System. User können mit wenigen Clicks Mini-Beträge an Personen entrichten, die guten Content liefern. Dokumentiere, was Du erlebt hast und erstelle daraus eine Bildserie oder Videotagebuch. Nutze Deine Geschichte nach dem Muster: „Vom Versager zum Erfolgsmenschen" und überlege, ob diese sich zu einem Ratgeber-Produkt für andere verarbeiten ließe. Denk an Probleme, die Du in der Vergangenheit überwunden hast. Werde ein Experte in diesem Bereich und entwickle dann ein Informationsprodukt, mit dessen Hilfe Du anderen diese Fähigkeit beibringst. Wie, denkst Du, bin ich auf die Idee zu diesem Buch gekommen?

Produziere ein „Making of" Deines Hits. Eine DVD nach dem Vorbild der Band „Metallica". Diese ließ sich 2001 bei der Produktion ihres Albums „St. Anger" von einem Filmteam begleiten. Spannungen innerhalb der Band machten die Anwesenheit eines Psychotherapeuten erforderlich. Diesen Einblick in die intimsten Geheimnisse der Band konnte man – in Form einer DVD mit dem Titel: „Some Kind Of Monster" – zeitgleich zur Erscheinung des Albums käuflich erwerben. Metallica haben aus ihren Schwächen Stärken gemacht und damit zusätzliche Millionen verdient.

Teste Deine Produkte

Der Großteil der Bücher, CDs und Schallplatten, die jedes Jahr auf den Markt kommen, wird weniger als 3000 mal verkauft. Heerscharen von Verlegern, A&Rs und Marktforscher und Experten mit jahrzehntelanger Erfahrung landen nur selten einen Treffer. Häufiger sind Fehlentscheidungen. Expertenwissen und Erfahrung liefern gleichermaßen schlechte Prognosen darüber, ob ein Musikstück zu einem profitablen Hit oder ein Buch zu einem Bestseller wird.

Unternehmen verwenden eine Menge Zeit und Geld darauf, um in den Köpfen anderer Menschen zu stöbern. Sie stellen sich alberne Fragen über Markenpersönlichkeiten, erfinden Begriffe wie

„Brand Optimisation" und verfassen lange Berichte, die ihnen genau das bestätigen, was sie sowieso geplant hatten.

Das Problem von Marktforschung besteht darin, dass es eigentlich unmöglich ist, den Menschen wirklich brauchbare Informationen zu entlocken. Marktforscher entdecken vielleicht Trends und Einstellungen innerhalb einer Zielgruppe, diese sagen aber nichts darüber aus, wie eine Person in einer konkreten Situation tatsächlich handelt. Menschen sind unaufrichtig – sie sagen das eine und tun das andere. Sie sagen, dass sie unter bestimmten Umständen ein Produkt kaufen würden, tun es dann aber doch nicht, weil es entweder noch keine Gelegenheit gab, das Produkt zu teuer ist oder zu wenig Coolness-Faktor bietet.

Selbst unter allergrößtem Aufwand ist es unmöglich die Zukunft vorherzusagen – ein Widerspruch, da große Teile der Marktforschung genau darauf abzielen. Die Basisgewohnheiten der Menschen ändern sich nur langsam. Trendvorhersagen, die aus Statistiken der Vergangenheit eine Zukunft vorhersagen wollen, können falsch sein. Ebenso falsch ist die Annahme, die Zukunft sei lediglich eine Wiederholung der Vergangenheit.

Die Erforschung neuer Ideen ist deswegen so schwierig, da Menschen Dinge erst dann beurteilen können, wenn sie sie gesehen, und erlebt haben, dass auch andere Menschen in ihrer Umgebung sie kaufen und benutzen. Zielgruppen zu befragen kann also irreführend sein. Frage zehn Leute, ob sie Dir Deine Hit-Single oder ein T-Shirt mit Deinem Logo darauf abkaufen würden. Sag all denjenigen, die mit „Ja" geantwortet haben, dass Du zufällig ein paar Exemplare dabei hast. Du wirst sehen, sobald die Leute Ihr Portemonnaie öffnen müssen, wird aus dem „Ja" eine höfliche Ablehnung.

Die Menschen sind so lange entgegenkommend bis es um ihr Geld geht. Die Frage, ob sie ein bestimmtes Produkt kaufen würden, reicht also nicht aus, man muss es ihnen direkt zum Kauf anbieten. Die Reaktion auf ein konkretes Angebot ist der einzige Indikator, der zählt, wenn es darum geht, den Markt zu testen.

Mit Hilfe billiger Werbemaßnahmen erhältst Du sofort Kundenreaktionen auf Deine Produkte. Lediglich Freunden und Bekannten Deine Produkte anzubieten kann in die Irre führen, denn die Ergebnisse einer „privaten" Marktforschung können täuschen. Deine Freunde werden Dir ein Produkt unter Umständen nur deshalb abkaufen, weil sie Deine Gefühle nicht verletzen, bzw. einfach nett sein wollen.

Bei möglichen Käuferinteressen auf Dein Bauchgefühl zu hören, kann Dich ebenfalls in die Irre führen. Bewertungen wie: „Das kauft keiner" oder „Das wird auf jeden Fall ein Verkaufsschlager", solltest Du unterlassen. Käuferwünsche variieren selbst in einer kleinen und definierten Zielgruppe und es ist unmöglich sie exakt vorherzusagen. Aus diesem Grund, teste Deine Produkte, bevor Du in die Großproduktion einsteigst.

Deine Webseite, Ebay und Google Adwords

Als es noch kein Internet gab, wurden in Kleinanzeigen die Leser von Zeitschriften und Zeitungen dazu aufgefordert eine bestimmte Telefonnummer anzurufen. Unter dieser war dann eine bestimmte Verkaufsbotschaft zu hören. Die Anzahl der hinterlassenen Kontaktadressen entschied darüber, ob ein Produkt tatsächlich produziert oder wieder verworfen wurde.

Im Internet stehen Dir heute weitaus einfachere und billigere Werkzeuge zur Verfügung, die Du für einen Produkttest nutzen kannst. Die populärsten sind Ebay und Google Adwords. Erstelle dazu zunächst eine Webseite mit 1-3 Seiten. Fertige Vorlagen dazu findest Du im Internet. 1und1 oder Strato sind kostengünstige Provider, auf denen Du eine Webseite hosten kannst. Die Gebühren für ein Webhosting-Paket sind sehr überschaubar. Profi-Business-Pakete sind oft überteuert und für den Einstieg nicht notwendig. Falls erforderlich kannst Du Dein Webhosting-Paket auf das nächst höhere upgraden.

Auf den Seiten der Provider kannst Du auch testen, ob der Wunschname für Deine Domain noch zu haben ist. Die meisten Anbieter von Webhosting-Paketen stellen darüber hinaus eine Software zur Verfügung, mit der Du eine einfache Webseite in weniger als einer Stunde erstellen kannst.

Welches Programm Du letztendlich für das Erstellen einer Seite verwendest, bleibt Dir überlassen. Programme wie Dreamweaver oder NetObject Fusion bieten viele Funktionen, die Du jedoch nicht alle benötigst. Viele Programme kommen mit Beispielvorlagen daher.

Am Beispiel von Dreamweaver CS3 erkläre ich Dir die Vorgehensweise:

Starte das Programm. Im Begrüßungsfenster wählst Du den Bereich „Aus Vorlage erstellen" . Aus den Optionen wähle die Kategorie „Startwebseite" (Thema). Bestätige die Auswahl mit einem Klick auf „Erstellen" und speichere die Webseite in einem neuen Ordner. Der Vorlagenname ist erst einmal nicht so wichtig, Du kannst die Inhalte später an Deine Bedürfnisse anpassen. Achte auf ein sauberes Layout und ein leicht zu bedienendes Menü. Alle Inhalte müssen gut lesbar sein. Verwende kein Hintergrundbild und entscheide Dich für Weiß oder eine dezente Farbe.

Überschriften sollten dem HTML Tag <h1> oder <h2> zugeteilt sein, das sorgt dafür, dass Google eine gleichmäßige Struktur vorfindet. Flash-Inhalte, Audiodateien und Videos solltest Du dezent einbetten, denn diese erhöhen die Ladezeiten Deiner Seite. Lange Ladezeiten sorgen für eine Abwertung bei Google und anderen Suchmaschinen.

1und1 bietet einen Ladezeitencheck an, mit dem Du heraus finden kannst, wie schnell Deine Webseite geladen wird. Http://webtool.1und1.de/analyze/?ladezeit.

Besitzer eines Macs finden ein HTML-Programm, das mit Vorlagen arbeitet, bereits auf ihrem Rechner. iWeb ist ein Teil des iLife Paketes. Wenn Du die Webseitenerstellung nicht selber tun kannst oder willst, frag einen Freund oder bemühe Dich um einen Freelancer, zum Beispiel auf myhammer.de. Dort kannst Du eine Ausschreibung vornehmen und Dir Angebote von Webdesignern zuschicken lassen. Lass Dir vor einer Auftragsvergabe jedoch einige Referenzen zeigen.

Google Adwords, Google Trends, Google Analytics und der Google Keyword-Finder

Google Adwords eignet sich nicht nur, um online Werbeanzeigen zu schalten, sondern auch um Bedürfnisse Deiner Zielgruppe herauszufinden und Deine Produkte zu testen. Mit dem Keyword-Finder, den Google Adwords kostenlos zur Verfügung stellt, kannst Du messen wie viele Suchanfragen es für jedes beliebige Suchwort in Google gibt.

Überleg Dir Suchbegriffe, die aller Wahrscheinlichkeit nach von Deiner Zielgruppe verwand werden. Du tippst diese im Keyword-Finder ein und kannst sofort sehen, wie oft diese tatsächlich zur Suche benutzt werden. Darüber hinaus zeigt der Keyword-Finder an, wie häufig Deine Keywords noch von anderen Nutzern verwandt werden – ein Hinweis auf Wettbewerber und konkurrierende Angebote.

Um den Keyword-Finder in Google Adwords nutzen zu können, musst Du ein Konto bei Google anlegen. Die Anmeldung ist kostenlos. Eine Adwords-Werbeanzeige funktioniert nach dem „Preis-pro-Click-System". Deine Zielgruppe führst Du mit einer Anzeige in Google auf Deine Webseite. Deine Anzeige erscheint, wenn jemand ein entsprechendes Suchwort in Google eintippt. Also immer dann, wenn jemand ein von Dir hinterlegtes Keyword in Google eingibt, erscheint Deine Anzeige. Erst wenn der Besucher dann tatsächlich auf Deine Anzeige klickt, entstehen Kosten für Dich.

Die Kosten kannst Du selbst bestimmen, ebenso wie die Stadt oder das Land, in dem Deine Anzeige erscheinen soll. Wenn Du zum Beispiel zehn Euro pro Tag für eine Google Anzeige ausgeben willst, errechnet Google automatisch, wie oft Deine Anzeige innerhalb Deines definierten Budgets an einem Tag erscheint. Die Keywords sollten die Alleinstellungsmerkmale Deines Produktes betonen. Achte auf spezifische Begriffe, die Deine Produkte möglichst genau beschreiben. Dies erhöht die Qualität der Besuche auf Deiner Webseite, minimiert Deine Kosten und verringert die Abbruchrate. 90 Prozent aller Webseitenbesucher verlassen eine Webseite innerhalb von ein bis sieben Sekunden, wenn sie nicht sofort finden, wonach sie gesucht haben. Es ist daher wichtig, dass Du bei der Auswahl Deiner Keywords auf eine genaue Beschreibung achtest.

Eine weitere Geheimwaffe ist Google Trends. Gehe auf die Seite www.google.de/trends und gib ein Thema ein, dass Deine Zielgruppe interessieren könnte, zum Beispiel „T-Shirts". Dieses einfache Produktbeispiel hat natürlich einen Trend in den Sommermonaten. Ein Hinweis darauf, dass im Winter, Dein T-Shirt Absatz wahrscheinlich sinken wird.

Ein weiteres Analysetool zur Traffic-Bestimmung auf Deiner Webseite ist Google Analytics. Es hilft Dir, Besucher und ihr Surfverhalten auf Deiner Webseite zu identifizieren. Um Analytics zu nutzen, stellt Google Dir einen HTML-Code zur Verfügung, den Du einfach in den Quelltext Deiner Webseite einpflegst. Du kannst nun genau nachvollziehen, wie Deine Webseite auf Besucher wirkt und wie viele potentielle Kunden sich auf Deiner Webseite bewegen.

Anhand des Surfverhaltens kannst Du messen, wie hoch die Absprungrate ist und wie lange Besucher durchschnittlich auf Deiner Seite verbleiben. Google Analytics liefert Dir damit wertvolle Informationen, die Du zur Optimierung Deiner Webseite und Deines Angebotes nutzen kannst.

Wenn Du Dich für eine Google Adwords-Werbekampagne entschließt, schalte zunächst drei bis vier Anzeigen auf einmal. Diese sollten sich im Werbetext minimal unterscheiden. Auf diese Weise kannst Du herausfinden, auf welche Worte und Begriffe Deine Zielgruppe am ehesten reagiert. Zum Beispiel:

„T-Shirts in schwarz" oder „Schwarze Shirts in S,M und L". Google schaltet die verschiedenen Anzeigen abwechselnd und vollkommen automatisch.

Zur Auswertung Deiner Anzeigenentwürfe zeigt Google Adwords Dir die CTR (Click Through Rate) an. Eine Prozentzahl, die Aufschluss darüber gibt, wie oft eine Deiner Anzeigen im Vergleich zu den anderen angeklickt wurde. Die Ergebnisse der gemessenen CTR Deiner Anzeigen lässt Du in eine endgültige Anzeige einfließen. Du kannst nun ziemlich sicher sein, genau den Werbetext zu verwenden, der Deine Zielgruppe am ehesten anspricht.

Um die Ergebnisse der verschiedenen Anzeigen zu bewerten, musst Du allerdings zuvor die Funktion deaktivieren, die Google nur die Anzeige mit den besten Klickraten schalten lässt. Tust Du dies nicht, bekommst Du unbrauchbare CTR-Messergebnisse. Mit diesem simplen Trick kannst Du verschiedene Überschriften, Textinhalte, Domainadressen und Produkte testen und herausfinden, was die größte Wirkung auf Deine Zielgruppe hat.

Ebay

Ebay eignet sich ebenfalls hervorragend, um Kaufinteressen und Bedürfnisse von Käufergruppen zu testen. Verwende Ebay einfach als Suchmaschine für ausgefallene und gefragte Produkte. Nutze auch hier verschiedene Keywords und lass Dich ein wenig treiben. Du musst kein konkretes Produkt suchen, sondern solltest spielerisch mit verschiedenen Suchbegriffen experimentieren. Die Ergebnisse geben Rückschlüsse darauf, wie sehr ein Artikel auf Ebay nachgefragt wird und wie hoch das Angebot in einer bestimmten Produktgruppe ist. Gleichzeitig kannst Du einschätzen, welche Preise Du für Deine Produkte ansetzen kannst.

Ebay hat einen großen Vorteil: Hier bewegen sich Interessenten, die bereits eine Kaufabsicht haben – ganz im Gegensatz zu Besuchern Deiner Webseite, die Du mit viel Geschick erst von einem Kauf „überzeugen" musst.

Psychologische Tricks anwenden – mache Deine Zielgruppe heiß auf Deine Produkte

Der Geheimtipp in Sachen Online-Marketing ist das „infusionäre Marketing". Du legst Deine Zielgruppe gewissermaßen an den Tropf und verabreichst eine Infusion, die sie heiß auf Deine Produkte macht. Erkenne, dass es nicht reicht, ein Produkt auf den Markt zu werfen und abzuwarten. Du musst Dich den Gesetzmäßigkeiten des Marktes unterordnen und dafür sorgen, dass Deine Zielgruppe zu Dir kommt und Dir Deine Produkte aus den Händen reißt. Dazu musst Du ihr genau das geben wonach sie sucht. Und Du musst dafür sorgen, dass sie es zu einem bestimmten Zeitpunkt bekommt. Kommt Dir das bekannt vor?

Natürlich ist diese Strategie nicht neu. Der Kunde fiebert auf die Markteinführung eines neuen Produktes hin und reißt es dem Hersteller beim Verkaufsstart aus den Händen. Erinnere Dich an die Markteinführung des iPhones. Die Kunden standen Schlange für ein Telefon – nicht etwa für ein Heilmittel gegen Krebs – sondern für ein Telefon. Der Preis spielte dabei überhaupt keine Rolle. Ein perfektes Beispiel für infusionäres Marketing.

Wenn es Dir gelingt, dass Deine Zielgruppe Dein Produkt unbedingt haben will und demzufolge auch kauft, so kannst Du fast jeden Preis verlangen. Doch wie erzeugt man so einen Hype?

The Money is in the List

Nehmen wir einmal an, Du willst ein Auto kaufen. Du gehst in ein Autohaus Deiner Wahl und schaust Dir einige Modelle an. Du nimmst Platz in einem Wagen, der Dir besonders gut gefällt. Du fasst das Lenkrad an, schnupperst den Neuwagenduft, als plötzlich der Verkäufer angelaufen kommt und Dir entgegen schleudert: „Der Wagen kostet 40.000 Euro, wollen Sie ihn kaufen?" Verwirrt antwortest Du: „Moment mal, nicht so schnell".

Die meisten Betreiber eines Webshops gehen jedoch genau so vor. Sie fallen mit der Tür ins Haus. Komm auf meine Webseite und kaufe. Dabei will jeder potentielle Kunde erst mal schauen was es so gibt. Beim nächsten Mal kommt er, um sich ein paar Werbegeschenke abzuholen, dann um eine Probefahrt zu machen und nach drei bis zehn Besuchen kauft er vielleicht etwas.

Ein Newsletterangebot auf Deiner Webseite alleine reicht nicht aus, um Deine Zielgruppe zu locken. Warum sollte sich dort jemand eintragen? Um mehr über Dich zu erfahren? Um Infos zu bekommen? Ja, vielleicht. Aber zu wenige werden sich eintragen und noch weniger werden am Ende tatsächlich etwas kaufen. Das Geheimnis des infusionären Marketings ist, Deine Zielgruppe mit einem hochwertigen Gratisprodukt auf Deine Webseite zu locken, um im Gegenzug ihre Kontaktdaten zu bekommen. Du erreichst dies beispielsweise mit einer Google Adwords Anzeige.

Du denkst vielleicht, dass ein Gratisprodukt einfach zu „verkaufen" ist – das Gegenteil ist der Fall. Ein Gratisprodukt muss ebenso hart beworben und „verkauft" werden, wie ein Kaufprodukt. Der Kunde bezahlt schließlich mit seinen Kontaktdaten dafür. Das Gratisangebot muss hochwertig sein und zum späteren Kaufprodukt passen. Nur dann hast Du eine Chance, dass Deine Zielgruppe Dir ihre Kontaktdaten überlässt und Deinen Newsletter abonniert.

Wichtig ist, das kommende Kaufprodukt Deiner Zielgruppe schmackhaft zu machen. Dafür braucht es Zeit. Zeit, in der Du die Möglichkeit hast, die Abonnenten Deines Newsletters an Dich zu binden und sie schrittweise an Dein Kaufprodukt heran zu führen.

Am Anfang steht das Angebot eines hochwertigen Gratisproduktes. Achte jedoch darauf, Dir selbst keine Konkurrenz zu machen. Wenn jemand allein durch die Anmeldung zum Newsletter ein Gratisprodukt von Dir bekommt und darin bereits das findet, was Du später verkaufen willst, hast Du nichts gewonnen. Wenn Du also als Produkt beispielsweise Deinen selbst produzierten Hit per digitalen Download verschenkst, wirst Du es schwer haben, diesen zu einem späteren Zeitpunkt noch zu verkaufen. Eine gute Alternative für ein hochwertiges Gratisprodukt wäre beispielsweise ein digitales Beiprodukt: ein 14-tägiger Videoreport, ein Videoclip oder ein eBook. Freier Eintritt zu Deiner Release-Party wäre ebenfalls eine Möglichkeit. Entscheidend ist der Aufbau einer Newsletterdatenbank. Die Empfänger versorgst Du mit aktuellen und interessanten Infos und führst sie systematisch an den „Launch" Deines Kaufproduktes heran.

Private Daten sind die wichtigste Währung

Trent Reznor ist Kopf der Industrialrocker „Nine Inch Nails." Seine Musik ist ein Gewitter aus schweren Gitarrenriffs, synthetischen Sounds und seiner häufig verfremdeten Stimme. Ein schreiendes Potpourri und eine emotionale Entladung aus Wut und Anklage. Genau so erfolgreich wie seine Musik ist die Art und Weise wie er sie verbreitet. Wie kaum ein anderer im digitalen Zeitalter, versteht es Reznor seine Musik zu vermarkten. Honoriert wurde er dafür bereits mit dem „Webby Award", dem Internet Oscar.

Als einer der ersten veröffentlichten Nine Inch Nails 2008 ein ganzes Album per Gratis Download. Reznor ist es dabei lieber, viele Menschen zu erreichen, die seine Musik umsonst hören, als lediglich Fans, die seine Alben ohnehin kaufen. Um die Produktionskosten wieder herein zu bekommen, können Fans zwischen verschiedenen Versionen seiner Alben auswählen. Als aufwändig gestaltete Limited Edition Version mit DVD oder Blue Ray Disc, Gratis MP3 Download oder CD bzw. Schallplatte mit zusätzlichen Bonustracks.

Trent Reznor ist zu gleichen Teilen Künstler, Marketinggenie und IT-Experte. Als Informatikstudent hat er sich bereits früh mit Videospielen und den Möglichkeiten des Web 2.0 beschäftigt. 2007 entwickelte er ein Computerspiel für das Konzeptalbum „Year Zero", ein komplexes, halb reales, halb fiktives Spiel, das die Geschichte aus den Songs von „Year Zero" aufgriff und weiter erzählte. Fans erhielten über Flyer, T-Shirts, Emails, Telefonnummern etc. versteckte Hinweise zu Web-Seiten und geheimen Events.

Reznor tut eine Menge, um seinen Fans so viele Einblicke wie möglich hinter die Kulissen zu bieten. Er erkannte, dass sich Erfolg im Web 2.0 – im Gegensatz zu Fernsehen oder Radio – nicht durch bloßen Konsum einstellt, sondern durch Möglichkeiten der

Mitgestaltung. Dazu sind private Daten die wichtigste Währung. Und die gibt im Internet niemand Preis, ohne nicht auch etwas von seinem Idol zu bekommen.

Das Internet und seine Möglichkeiten sind alternativlos. „Je mehr ich von mir preisgebe, desto relevanter werde ich im Netz und desto größer wird die Verbindung mit anderen."[35] Konsequenterweise bietet Reznor die Möglichkeit seine Musik gratis, zum Beispiel für Remixe zu verwenden. Statt die Treue seiner Fans mit hohen Preisen für CDs auszunutzen, setzt er auf Filesharing-Netzwerke als Musikvertrieb. Dank des Internets hat heute jeder die Möglichkeit alles selber zu machen. Passenderweise lieferte er die Filmmusik zu „The Social Network", einem Film, der den Aufstieg des weltweit größten sozialen Netzwerkes Facebook dokumentiert.

„Man muss den Versuchungen des schnellen Geldes widerstehen." Eine wichtige Erkenntnis, um nicht zu einem Marketing-Accessoire für Coca Cola oder Nike zu werden, sondern langfristigen Erfolg aufzubauen.“

Die Prelaunchphase

Die Phase in der Deine Newsletterabonnenten auf Dein Kaufprodukt vorbereitet werden ist die Prelaunchphase. Mit einem hochwertigen Gratisprodukt hast Du das Interesse Deiner Käufergruppe geweckt. Du sammelst Kontaktdaten und sorgst dafür, dass sich möglichst viele für Dein Kaufprodukt interessieren. Der Kunde fragt sich: „Wenn das Gratisprodukt bereits so gut ist, wie gut muss dann erst das Kaufprodukt sein?" Den Newsletter nutzt Du, um den potentiellen Käufer, vor dem Launch Deines Produktes

---

[35] Das Multitalent, Brand Eins 01/10

emotional zu erreichen. Systematisch baust Du einen Spannungsbogen auf und weckst die Kauflaune Deiner Zielgruppe.

Breite jedoch nicht alle Informationen auf einmal aus, sondern gehe schrittweise vor. Die Prelaunchphase kann vier bis acht Wochen dauern. Je nach Produkt kann diese Phase auch länger ausfallen, sollte jedoch nicht kürzer sein. In dieser Zeit versorgst Du die Abonnenten Deines Newsletter noch nicht mit Informationen über Preise, Verkaufsabwicklung etc.

Achte zunächst darauf, Interessierte über ihre Gefühlswelt anzusprechen. Nicht sinnvoll ist sicher die Botschaft: „Kauf meine Hit-Single". In diesem Fall würdest Du Dich wie der Autoverkäufer verhalten, der sofort auf einen Geschäftsabschluss drängt. Der Kunde ergreift die Flucht und kommt so schnell nicht wieder. Baue in der Prelaunchphase eine ganze Serie von Newslettern nach folgendem Muster auf:

Newsletter 1: Gratisprodukt
Du hast über eine Google Adwords Anzeige, einer Facebook Kampagne oder einer Anzeige in einem Magazin das Interesse Deiner Zielgruppe geweckt. Besucher Deiner Webseite erhalten ein Gratisprodukt und geben Dir im Gegenzug ihre Kontaktdaten.

Newsletter 2: Storytelling
Du erzählst dem Leser Deine eigene Geschichte. Was hast Du erlebt? Wie bist Du zu dem geworden, der Du bist? Was treibt Dich an?

Newsletter 3: Fragen stellen
Stelle dem Leser einige Fragen, die seine Bedürfnisse ansprechen: zum Beispiel: „Gehörst Du zu den Musikkennern, die bereit sind für etwas neues?" Geschickt nutzt Du das Bedürfnis der Men-

schen nach einem risikolosen Gewinn. Das anfängliche Interesse der Leser sollte umkippen in ein: „Das will ich auch!"

Newsletter 4: Sprich über Dein Produkt

Erzähl dem Leser wie Du auf das Produkt gekommen bist. Erläutere die Vorteile und den Nutzen. Denk daran, der Leser kann sich jederzeit ohne Angaben von Gründen aus Deinem Newsletter wieder austragen. Er wird zu nichts gezwungen. Du teilst Dein Produkt Deinem Kunden zu. Du willst noch nichts verkaufen, sondern findest Käufer.

Newsletter 4: Künstliche Verknappung

Nenne den Zeitpunkt wann es Dein Produkt zu kaufen gibt und wie lange es dies zu kaufen gibt.

Der Launch

Die Prelaunchphase ist so wichtig, weil Du hier einen Pool von Interessenten gewinnst, die in der folgenden Launchphase zu einem großen Teil zu Käufern werden. Und zwar nicht, weil Dein Produkt günstig und praktisch ist, sondern weil es „gebraucht" wird.

Hast Du die Prelaunchphase hinter Dich gebracht, geht es an den Verkauf. Hier musst Du Dich unbedingt an den angekündigten Termin halten. Verzögert sich der Launch Deines Produktes werden umgehend Kaufinteressenten abspringen.

Wenn Du Dein Kaufprodukt erst in der Prelaunchphase produzierst und absehen kannst, dass Du den Termin zum Launch nicht halten kannst musst Du Deinen Lesern dies rechtzeitig mitteilen.

Mit verschiedenen Projekten und Terminen umzugehen kostet ein wenig Übung. Das Timing für den Launch Deines Produktes ist jedoch entscheidend. Du hast eine künstliche Spannung bei

Deinen Lesern aufgebaut, die Du bedienen musst. Tust Du dies nicht, kannst Du einen potentiellen Käufer schnell für immer verlieren. Infusionäres Marketing funktioniert also in vier aufeinander aufbauenden Schritten:

1) Marktanalyse, Entwurf und Test von Gratis- und Kaufprodukt
2) Gratisprodukt „verkaufen" und sammeln von Kontaktdaten
3) Prelaunch des Kaufproduktes
4) Launch des Kaufproduktes

Wie Du eine vier- bis fünfstellige Summe an nur einem Tag verdienen kannst

Gene Simmons organisierte für seine Band ein Konzert. Er hatte sich vorgenommen, zwei Fliegen mit einer Klappe zu schlagen: Er wollte den Bekanntheitsgrad seiner Band dramatisch erhöhen, einige Plattenfirmenbosse beeindrucken und dabei noch Geld verdienen. Seine Band kannte zu diesem Zeitpunkt kaum jemand. Die Band hatte noch kein richtiges Album auf dem Markt – konnte allerdings mit einer spektakulären Liveshow überzeugen. Simmons, Bassist der Band und obendrein kluger Geschäftsmann, erkannte, dass seine Band das Potential für eine große Karriere hatte. Er wollte mit diesem Auftritt die Entwicklung ein wenig beschleunigen.

Das Konzert wurde ein voller Erfolg, weil Simmons eine wichtige Lektion in Sachen Selbstvermarktung erkannte und dementsprechend handelte: Nicht der tatsächliche Wert seiner Band war entscheidend, sondern nur der von den Menschen angenommene Wert. Im Klartext hieß das: Er musste mit dem Konzert dafür sorgen, dass an diesem Abend das Publikum und alle anwesenden Plattenfirmenbosse eine gute Meinung über seine Band bekamen.

Die wahrgenommene Größe würde dann dafür sorgen, dass die Band mit Hilfe eines Plattenvertrages zu einer wirklichen Größe heranwachsen würde. Wie hat er das gemacht?

Er engagierte zwei Bands, die zu diesem Zeitpunkt bereits etwas bekannter waren und versprach ihnen eine gute Gage für ihren Auftritt. Die einzige Bedingung bestand darin, dass seine Band - KISS - an diesem Abend die letzte Band sein sollte und die zwei bekannteren Bands im Vorprogramm spielten. Simmons kümmerte sich auch um die Werbung für dieses Konzert. Schlau wie er war, bewarb er natürlich hauptsächlich die beiden bekannteren Bands und nicht nur seine eigene. So war klar, dass genügend Leute kommen würden. Diese waren allerdings (noch) keine KISS-Fans. Aber auch dafür hatte Simmons eine Lösung: Er verteilte einige Gratis-T-Shirts an attraktive Frauen mit der Auflage, diese beim Auftritt der Band zu tragen und zu jubeln. Die Planung und das Konzept des Abends gingen auf und die Band bekam ihren ersten Plattenvertrag.[36]

Die wichtigste Regel für Deinen Erfolg ist: Einzig und allein auf Deine wahrgenommene Größe kommt es an und nicht auf Deine tatsächliche Größe. Nutze die Methode „Simmons" und organisiere für Deinen Hit eine Release-Party.

---

[36] Vgl. SEX MONEY KISS In diesem und dem Buch: KISS & Make up finden sich viele Hinweise auf die Erfolgsgeschichte der Band KISS.

Einnahmequelle Nr.3: Deine Hit Release-Party

Am 13. Februar 1983 kamen im Rhythm-Lounge-Club in Los Angeles die Schulfreunde Anthony Kiedis, Michael Balzary, Hillel Slovak und Jack Irons zu ihrem ersten Auftritt zusammen. Geplant war, dass dies der einzige Auftritt der Band sein sollte und so hatten sie dafür genau einen einzigen Song geschrieben. Aus dem gleichen Grund gaben sie sich auch keine große Mühe bei der Findung eines dauerhaften Namens. Sie nannten sich „Tony Flow and the Miraculously Majestic Masters of Mayhem."

Genau so wollten sie spielen: majestätisch und chaotisch. Ihr einziger Song trug den Namen „Out in L.A." und war ein Zusammenspiel von Rap, Rock, Funk und Punk. Kiedis lieferte einen Text, der in der Tradition des Rap stehen sollte und von seiner sexuellen Leistungsfähigkeit handelte.

Nach Aussage seiner Biografie wollte er über etwas schreiben, womit er sich auskannte. Er gab sich und seinen Bandkollegen Fantasienamen und beschrieb ihr wildes Nachtleben. Er selbst nannte sich „Antoine the swan", aus dem einzigen Grund, weil es sich reimte.

Nach dem Konzert kam der Veranstalter zu Kiedis und bat um einen weiteren Auftritt in der folgenden Woche. Obwohl die Band eigentlich nur einen Auftritt geplant hatte, sagten sie zu und versprachen, bis dahin einen zweiten Song zu haben. Zu ihrem zweiten Konzert war der Club dann bereits gerammelt voll, da sich Gerüchte über eine neue Band in L.A. verbreitet hatten. Bald darauf gaben sie sich einen neuen Namen: „Red Hot Chili Peppers."

Wer sagt Dir, dass Du für einen gelungenen Auftritt ein ganzes Album benötigst? Wer legt fest, wie lange eine Release-Party dauern muss? Und wo steht geschrieben, wie viele Songs Du spielen musst? Du hast nur einen Song, mach eine Single-Release-Party.

Suche einen passenden Club und handle mit dem Besitzer eine Beteiligung von nicht weniger als 70 Prozent an den Einnahmen aus. Wenn Du zusätzlich Merchandising-Artikel verkaufst, kannst Du an einem Tag leicht Einnahmen im vier- bis fünfstelligen Bereich erzielen.

Stelle das Ziel an den Anfang – beginne klein aber denke GROSS

Nehmen wir an, Du willst für Deine Release-Party einen Club mit einem Fassungsvermögen von 200 Personen anmieten. Um möglichst viele Besucher für Deine Party zu gewinnen hältst Du den Eintrittspreis bewusst niedrig. Du rechnest Dir aus, dass Du bei acht Euro Eintritt einen Umsatz von 1.600 Euro machen wirst. Du legst Dich bei der Werbung richtig ins Zeug, um das Ziel: „Ausverkauft" zu erreichen. Schlau wie Du bist willst Du T-Shirts, Buttons und CDs an einem Merchandising-Stand anbieten. T-Shirts für 12 Euro, Buttons für zwei Euro das Stück und – Dein Produkt-spezial – viereckige Schallplatten á 20 Euro.

Der Abend verläuft wie geplant. Du verkaufst 30 T-Shirts, 40 Buttons und fünf Deiner viereckigen Schallplatten. Macht zusammen 540 Euro. Der Club ist ausverkauft. In der Abendkasse befindet sich 1.440 Euro. Von den 200 Personen Kapazität waren 180 zahlende Gäste. 20 Personen hast Du eingeladen und auf einer Gästeliste für freien Eintritt vermerkt. Menschen, die Dir geholfen haben, solltest Du unbedingt mit freiem Eintritt und ein paar Freigetränken bedenken. Insgesamt hast Du also 1.980 Euro Gesamtumsatz gemacht.

Von den Eintrittsgeldern musst Du einen DJ bezahlen, sowie eine Band, die in Deinem Vorprogramm aufgetreten sind. Der DJ kostet Dich 150 Euro und die Band 200 Euro. Außerdem musst

Du eine Technik-Pauschale von 100 Euro bezahlen. Von Deinem Umsatz an der Abendkasse musst Du also 450 Euro abziehen. Für T-Shirts und den Siebdruck musst Du pro Shirt vier Euro abziehen. Die Buttons hast Du in Eigenarbeit hergestellt und die viereckigen Vinyl-Platten haben Dich in der Herstellung 10 Euro pro Stück gekostet. Deine Produktionskosten belaufen sich also auf insgesamt 170 Euro.

Gewinn Deiner Release-Party nach Abzug aller Kosten: 1.360 Euro. Erfolg! Und das war erst der Anfang.

Es gibt jedoch einige Stolperfallen, die den Erfolg Deiner Hit-Release-Party verhindern können und im schlimmsten Fall dafür sorgen, dass Du sogar drauf zahlst. Geh es daher von Anfang an richtig an:

Die richtigen Leute für die richtigen Jobs.

Da Du für die Vorbereitung und Durchführung Deiner Release-Party die Unterstützung einiger Freunde und professioneller Helfer benötigst, ist es notwendig, Dir vorher genau zu überlegen, wer geeignete Personen dafür sein könnten. Diesen Personen solltest Du unbedingt vertrauen.

Wer könnte Deine Merchandising-Artikel für Dich verkaufen? Kannst Du dieser Person Bargeld anvertrauen? Wer kümmert sich um die Technik und darum, dass an diesem Abend der Sound und das Licht reibungslos funktionieren?

Wer kontrolliert die Kasse und die Anzahl der zahlenden Gäste? Nichts ist einfacher für den Club-Besitzer, als die Anzahl der Gäste nach unten zu korrigieren, wenn Du keinen Überblick darüber hast, wer raus und rein geht. Kontrollierst Du dies nicht, bedeutet das unter Umständen weniger Einnahmen für Dich. Stelle eine Person Deines Vertrauens an den Eingang, die die zahlenden Gäste zählt.

Wer könnte sich darum kümmern, dass Du eine Pressemitteilung und eine Ankündigung Deiner Release-Party in einigen relevanten Stadt- und Szenemagazinen bekommst? Kennst Du jemanden, der Dich bei der Werbung unterstützen kann? In Heimarbeit am Computer kannst Du einen einfachen Flyer in Postkartengröße erstellen. Der Druck von 2.000 einseitig bedruckten farbigen Flyern kostet je nach Papierqualität und Materialstärke zwischen 50 und 100 Euro.

Mache mit allen Beteiligten Verträge.
Schließe mit dem Club-Besitzer und allen zusätzlich engagierten Künstlern einen einfachen und formlosen Vertrag über die vereinbarte Leistung ab. Dies erfüllt nicht unbedingt den Zweck, in einem Streitfall rechtlich abgesichert zu sein, der Grund ist eher psychologischer Natur: Menschen fühlen sich einfach eher verantwortlich, wenn Sie für etwas unterschrieben haben.

Bezahle für eine erhaltene Leistung.
Bei einer Konzertveranstaltung in einem von Dir angemieteten Club musst Du in der Regel folgende Dienstleistungen bezahlen: Einen Techniker des Hauses, der für den reibungslosen Ablauf der Technik zuständig ist und darüber hinaus für einen guten Sound und entsprechendes Licht sorgt; die Künstler, die Du für den Abend verpflichtet hast sowie einen Mietpreis für den Club.

Ein Catering sowie Frei-Getränke für Künstler und Freunde sind Verhandlungssache mit dem Club-Besitzer. Es ist durchaus üblich, dass ein Club-Besitzer mit einem Catering Unternehmen feste Vereinbarungen getroffen hat. Viele Clubs leben vom Live-Geschäft und haben daher regelmäßig Künstler zu bewirten. Unter Umständen musst Du also die Regeln des Hauses akzeptieren. Darüber hinaus wird häufig ein zusätzlicher Service, beispielsweise eine Garderobe, angeboten. Besucher können ihre Jacken und Mäntel abgeben. Besonders im Winter eine sinnvolle Ergänzung zu einer gelungenen Veranstaltung.

Achte jedoch darauf, dass nicht sämtliche Kosten auf Dich abgewälzt werden. Denk daran: Der Club-Besitzer erzielt die Haupteinnahmen an seiner Bar, die Einnahmen der Eintrittsgelder sollten möglichst zu 100 Prozent an Dich gehen.

Hebe Dich von der Masse anderer Events ab und inszeniere Deine Release-Party als interaktives Live-Spektakel, statt die Besucher mit dem üblichen Ablauf: Vorband, Pause, Hauptband – und dazwischen ein Bier – zu langweilen.

Einnahmequelle Nr.4: OPM – Other Peoples Money

Wenn Merchendaising und Produktentwicklung nicht Dein Ding sind, Du auch bei Informations-Produkten nur mit den Schultern zuckst und Konzerte veranstalten auch nicht zu Deinen Stärken zählt, dann hast Du noch eine letzte Möglichkeit, um Einnahmen zu generieren.

OPM steht für „Other Peoples Money", also das Geld anderer Leute. Die allermeisten Künstler, Musiker oder Autoren gehen dieser Einnahmequelle zuallererst nach – aus dem Grund – weil sie sich eine hohe Rendite versprechen. Other Peoples Money bedeutet für sie, bei einem Label oder Verlag vorzusprechen und dort um finanzielle und logistische Unterstützung zu bitten.

Wenn Du diesen Weg gehen möchtest ist dagegen nichts einzuwenden, bedenke jedoch, dass Plattenfirmen und Verlage zuallererst Wirtschaftsunternehmen sind und kein Geld zu verschenken haben. Häufig tragen Künstler ihr Anliegen gegenüber einem Label mit sehr viel Nachdruck vor. Als ob eine Plattenfirma grundsätzlich verpflichtet wäre, jeden unbekannten Künstler zu unterstützen. Das entspricht nicht den Realitäten und ein Unternehmen, das so handeln würde, wäre früher oder später bankrott.

Diese Art von „Other Peoples Money" kann daher demotivierend und frustrierend sein. Als Künstler wirst Du für ein großes Unternehmen ohnehin erst dann interessant, wenn Du selbständig in der Lage bist, Einkünfte zu erzielen. Eine große Plattenfirma oder Verlag möchte immer zuerst einen Beweis sehen, dass Du in der Lage bist, unternehmerisch und wirtschaftlich zu handeln. Vorher wird kein Unternehmen der Welt in Dich investieren.

Wenn Du Dich dazu entscheidest OPM in Anspruch zu nehmen, so musst Du einen guten Teil Deiner Zeit dafür verwenden, OPM auch tatsächlich zu finden. Du musst in der Lage sein, andere Menschen anzuziehen und für Dein Vorhaben zu begeistern. Natürlich birgt jede Form der Fremdfinanzierung auch einige Nachteile. Du gehst Verbindlichkeiten ein und begibst Dich unter Umständen für einige Jahre in die Abhängigkeit einer Bank oder eines „Venture Capital" Partners. Überlege dir darum genau, ob Du bereit bist die Konsequenzen zu tragen. Wenn Du Dich aber dazu entschließt, dann sollte die Suche nach Other Peoples Money ein wichtiger Teil Deiner täglichen Arbeit werden.

Was die Europäische Union
mit Deinem Hit zu tun hat.

Etwas, das jahrelang ganz oben auf meiner Liste von Dingen stand, die ich in meinem Leben unbedingt tun wollte – neben einem Auftritt beim Hurricane-Festival (erledigt!), und einem Treffen mit Rick Rubin (Bitte melde Dich Rick!) – war, ein Tonstudio zu bauen.

Ich wollte einen Ort, zu dem die Leute einfach hinkommen, abhängen und Spaß haben konnten. Ich wollte das Studio in der Nähe eines beliebten Szenetreffs in Berlin. In meiner Fantasie sah ich all die Kids, die tagsüber skaten gingen und danach im Tonstudio Ihre HipHop-Tracks und Punk-Hymnen einspielten. Ein herkömmliches Studio mit Öffnungszeiten von 10 - 19 Uhr war allerdings nicht gerade das, was ich mir unter einer künstlerfreundlichen Atmosphäre vorstellte. Morgens um 10 Uhr Rock´n´Roll spielen zu müssen macht keinen Spaß.

Es war alles perfekt. Ich hatte die Räumlichkeiten, ich hatte die perfekte Umgebung, ich hatte die Idee und den Willen sie umzusetzen. Was mir fehlte war das Kapital. Ich errechnete, dass ungefähr 10.000 – 20.000 Euro nötig waren, um die ersten Baumaßnahmen in die Wege zu leiten. Wände mussten gemauert, Elektroleitungen verlegt und ein Aufnahmeraum eingebaut werden.

Ich konnte auf ein Team von handwerklich begabten Freunden und Bekannten zurückgreifen, so dass die Personalkosten überschaubar blieben. Einen Teil des Geldes hatte ich selbst auf der hohen Kannte, trotzdem fehlten mir noch immer rund 10.000 Euro.

Ich recherchierte im Internet, von woher ich weiteres Kapital bekommen konnte. Einen Kredit bei meiner Bank aufzunehmen war keine Option. Ich hatte kein Unternehmen. Ich hatte noch nicht einmal eine Visitenkarte, lediglich einen ausgeschöpften

Dispo-Kredit. Ich arbeitete am liebsten zu Hause und das meistens in Jogging-Hose. Nein, ein Kredit kam nicht in Frage.

Ich begann abseits der üblichen Wirtschafts-Förderprogramme zu suchen, da ich mit meiner Studioidee dort ohnehin keine Chance auf Erfolg sah. Schließlich stieß auf eine Webseite der Europäischen Union. Von der Europäischen Union wusste ich nicht viel mehr, als das sie den Menschen in der Eurozone den Euro gebracht hatte – als mögliche „OPM" für mein Vorhaben hatte ich sie nie in Erwägung gezogen. Ich war, wie die meisten Menschen, ahnungslos was die EU für einen konkreten Zweck für mich haben konnte.

Auf den zahlreichen Webseiten der EU gibt es eine Vielzahl von aktuellen Fördertöpfen für die unterschiedlichsten Zwecke. Aus dieser Auswahl den richtigen Topf zu finden, den ich anzapfen und für meine Zwecke nutzen konnte, brauchte ein wenig Geduld und Ausdauer. Überaschenderweise entdeckte ich jedoch keine unüberwindbaren bürokratischen Hindernisse. Ich musste lediglich eine europäische Partnerorganisation benennen, einen Projektantrag schreiben und zusichern, dass an dem Projekt Jugendliche partizipieren.

Ich kam mir vor wie Tom Sawyer: Geld für den Bau eines Tonstudios bekommen und dafür nichts weiter tun, als zu notieren, was der Zweck des Unternehmens war und zu gewährleisten, dass andere für mich arbeiteten? Ein Hoch auf die EU! Ich spreche hier nicht von einem zinslosen Kredit oder einem Leasing mit null Prozent – ich spreche von einem Sponsoring, einer Finanzspritze, die ich nicht zurückzahlen musste. Die Europäische Union gab mir Geld, nur aufgrund einer guten Idee.

Die zuständige Nationalagentur schickte zweimal jemanden vorbei, der mein Vorhaben absegnete und kurz darauf flossen die ersten 7.500 Euro.

Von Zeit zu Zeit macht es Sinn, abseits populärer Methoden nach seinem Erfolg zu forschen. Das ist auch der Grund, weshalb ich manchmal fremde Leute um Rat frage. Es stimmt, dass der einfache Mann oft mehr gesunden Menschenverstand aufbringt als viele Experten.

****

Expertenwissen:
Mögliche Quellen zur Findung von OPM

Die Europäische Union (www.jugendfuereuropa.de) Die Nationalagentur Deutschland hat ihren Sitz in Bonn. Dort bekommt man eine gute und unkomplizierte Beratung, was man tun und beachten muss, wenn man OPM bekommen will. Im Mittelpunkt jeder Antragstellung steht der „europäische Gedanke„. Bei einer möglichen Beantragung von Fördergeldern kannst Du zahlreiche Hilfen in Anspruch nehmen. Größtenteils privatwirtschaftlich organisiert, gibt es Agenturen, die – gegen ein Erfolgshonorar – einen Antrag für Dich stellen.

Initiative Musik (www.initiative-musik.de)

Eine Fördereinrichtung in Deutschland für Musiker und Bands, die es „ernst" meinen. Die Initiative-Musik stellt Gelder nach einer so genannten Fehlbedarfsfinanzierung zur Verfügung. 60 Prozent der Finanzierung eines Projektes muss durch Eigenleistung erbracht werden, 40 Prozent gibt die Initiative-Musik dazu.

Crowdfunding

(z.B. www.pling.de, www.inkubato.com, www.startnext.de, www.kickstarter.com, www.auxmoney.de, www.betterplace.org, www.seedmatch.com etc.) Social Media für Erwachsene. Die Idee

dahinter ist, dass die Netzgemeinschaft andere Netzaktivisten bei der Umsetzung einer guten Idee, finanziell unterstützt. In den USA populär, in Deutschland noch nicht so weit verbreitet.

****

Willkommen am Steuerrad Deines eigenen Unternehmens – Werde zum Entrepreneur und gründe Dein eigenes Start up

Wenn Du alle bisher vorgestellten Schritte aus diesem Buch umgesetzt hast, so bist Du inzwischen Hit-Produzent und Inhaber eines kleinen Merchandising-Imperiums. Bist Du noch Arbeitnehmer? Wenn ja, gewöhn Dich daran, ab sofort nicht mehr ausschließlich auf dem Markt der abhängig Beschäftigten tätig zu sein, sondern zum Lenker Deines eigenen Unternehmens zu werden. Du bist nun nicht länger ausschließlich Arbeitnehmer, sondern zukünftiger Arbeitgeber. Du kannst andere Menschen und andere Unternehmen für Deinen Erfolg einsetzen.

Entrepreneurchip (zu dt. Unternehmertum) beginnt vollkommen harmlos. Du brauchst keine Angst vor einer Pleite, langen Durststrecken oder langen Arbeitszeiten zu haben. Der Begriff "Unternehmer" weckt bei den meisten Menschen genau diese Assoziationen. Sie denken an große Firmen, viel Verantwortung, hohe Risiken und wenig Freizeit. Diese Art von traditionellem Unternehmertum ist hier jedoch kein Thema. Wir widmen uns weit smarteren Unternehmenskonzepten und lassen unnötigen Ballast, von Beginn an, konsequent beiseite.

Um zu verstehen, dass es nicht darum geht, Dich die nächsten 20 Jahre an ein Unternehmen zu ketten, verwende ich im Folgenden andere Begrifflichkeiten als die, die Du vielleicht gewohnt bist. Hier ist die Rede von Entrepreneurchip und Start up – nicht von Unternehmer und Firma. Ich hoffe, dass die Einführung neuer Begriffe Dich dazu bringt, traditionelle Vorstellungen von Unternehmertum zu vergessen.

Ein weiterer Grund, warum ich dem Begriff "Entrepreneurchip" dem Begriff "Unternehmertum" den Vorzug gebe, ist aber noch viel wichtiger. Ein Entrepreneur tut etwas ganz anderes als ein Unternehmer: Als Entrepreneurchip wird der Teil eines Unternehmens benannt, der sich mit der Idee und der Konzeption des Unternehmens beschäftigt. Ein Entrepreneur sorgt für die Gründungsidee eines Unternehmens und seine konzeptionelle Entwicklung.

"Heißt das nicht, dass ich eine eigene Erfindung brauche?" Nein. Die brauchst Du nicht. Erfinden und Gründen solltest Du nicht miteinander verwechseln. Viele Menschen glauben, dass am Anfang einer erfolgreichen Unternehmensgeschichte eine Erfindung stehen muss. Der Rest sei dann nur noch eine Frage der Umsetzung. Diese Betrachtungsweise scheint nahe liegend, ist für unsere Zwecke jedoch unbrauchbar.

Als Entrepreneur bist Du zuallererst Ideenfabrikant. Der Begriff Entrepreneurchip führt uns also weg von den Aufgaben des Unternehmers, und lenkt uns hin zu den kreativen Aufgaben der Unternehmens-Entwicklung. Ein Entrepreneur ist nicht für das Tagesgeschäft in einem Unternehmen zuständig – also dafür, dass jemand die Post öffnet, den Wareneingang prüft, ans Telefon geht etc. Nicht der reibungslose Ablauf des Geschäftsbetriebes ist sein Job, sondern die konzeptionelle Weiterentwicklung.

Da Du bereits alle nötigen Voraussetzungen für die Gründung eines Start up Unternehmens besitzt – Produkt(e) und Zielgruppe – musst Du jetzt eine Idee entwickeln, die Dein Start up in einen "Einkommensautopiloten" verwandelt. "Wie soll denn aus einer Idee ein Einkommen entstehen?" Es mag an dem Wort "Idee" lie-

gen, dass sein Klang an etwas Flüchtiges, Abgehobenes oder Idea-
listisches erinnert. Doch Tatsache ist, dass heute unsere Ideen für
uns arbeiten, unsere Konzepte. Denk nur an Deinen Hit. In den
50er Jahren genügte ein Song für einen Hit. Heute gehört zu einem Hit ein Feeling, ein Image, eine Marketingkampagne – eben
eine Idee. Eine geniale Erfindung, ohne eine Idee, wie sich diese
in den Alltag der Menschen integrieren lässt, wird auch durch Kapital und gutes Management nicht zu einem erfolgreichen Ge-
schäftsmodel.

Der Unternehmer als Eierlegendewollmilchsau – ein Bild, das Du vergessen musst

Was brauchst Du, um ein Start up zu führen? Und was noch wichtiger ist, welche Fähigkeiten musst Du einbringen? Die traditionelle Unternehmensberatung stellt an das Wissen eines Unternehmers im Wesentlichen folgende Anforderungen: Rechnungswesen, Bilanzierung, Controlling, Marketing, Vertrieb, PR, Öffentlichkeitsarbeit, Personalführung, Steuerrecht usw.

Was für eine Vorstellung von einem Start up Gründer wird durch so eine Anforderungsliste verbreitet? Es ist keine Übertreibung zu sagen, dass dies der Beschreibung eines Universalgenies entspricht. Man kann diesen Idealtypus eines Unternehmers zwar beschreiben und von mir aus noch weitere Fähigkeiten aufzählen. Die Sache hat nur einen Haken, man wird so jemanden in der realen Welt nicht finden.[37]

Der Gründer, der sich alle diese Fähigkeiten zuerst aneignen will, bevor er startet, wird niemals beginnen. Dabei sind die Dinge, die ein Entrepreneur tut, um ein Start up zum Erfolg zu führen, in der Liste der genannten Anforderungen noch gar nicht berücksichtigt. Entrepreneure suchen nämlich von Beginn an Menschen und Unternehmen, die ihnen genau diese Anforderungen abnehmen. Entrepreneure gründen von Anfang an mit fertigen Komponenten. Sie müssen daher ihre Ideen kommunizieren und andere für diese begeistern.

Darüber hinaus passen sie ihr unternehmerisches Konzept immer wieder an neue Marktbedingungen an. Und diese Aufgaben sind etwas ganz anderes als die täglichen Geschäfte eines Unternehmens zu organisieren.

Du wirst Deinem Start up also erheblich mehr nutzen, wenn Du um Deine wirklichen Aufgaben als Entrepreneur weißt und diese

---

[37] Führen, Leisten, Leben, Fredmund Malik

beharrlich umsetzt. Wenn Du Dich mit Deinen Aufgaben als Entrepreneur befasst, werden schnell zwei Tatsachen deutlich:

Erstens wirst Du mit Deinem Start up keinen wirklichen Erfolg haben, wenn Du diese Aufgaben nicht ernst nimmst und zweitens kannst nur Du diese Aufgaben tun. Alles, was Du nicht tust, wird nicht getan werden. Eine Deiner wichtigsten Aufgaben lautet daher:

Arbeite an Deinem Start up – nicht in Deinem Start up

Die meisten Unternehmer sind in Wahrheit eher Angestellte, die versuchen, gleichzeitig unternehmerisch tätig zu sein. Das ist grob geschätzt bei 99 Prozent aller Unternehmer der Fall. Die Menschen, die sich Unternehmer nennen, handeln häufiger wie Angestellte oder Freiberufler. Sie behaupten: „Ich bin selbständig" und leiten aus dem Wort ab, dass ein Selbständiger ausschließlich selbst und ständig arbeiten muss. Zwar arbeiten sie für ihr eigenes Unternehmen – aber damit auch für den strengsten Arbeitgeber, den es gibt: sich selbst. Nur so ist es zu erklären, dass die meisten Selbständigen länger und härter arbeiten als die meisten Angestellten.

Richard Branson, der Gründer von Virgin Records und Besitzer einiger hundert! Unternehmen, sagt dazu in seinem Buch „Geht nicht, gibt's nicht!" sinngemäß folgendes: „Das Geheimnis um ein bedeutendes Unternehmen zu schaffen und trotzdem Zeit für Abenteuer rund um die Welt zu haben liegt darin, nicht alle Dinge selbst zu tun, sondern so viel wie möglich zu delegieren." Bei der Vielzahl seiner Unternehmen ist es Branson gar nicht möglich, das Tagesgeschäft all seiner Firmen selbst zu führen.

Das ist der entscheidende Faktor – der Übergang vom Selbständigen zum Entrepreneur. Wir leben nicht mehr im Industrie-Zeitalter, in dem die Arbeitskraft zählte. Heute arbeiten unsere Ideen für uns. Und damit Deine Ideen ungehindert fließen können, musst Du gute Leute finden, die diese umsetzen. Solange Du keine Unternehmensarchitektur entwickelt hast, in der Du Aufgaben delegieren kannst, musst Du alles „selbstständig" mit Deiner eigenen Arbeitskraft wettmachen.

Die meisten Selbständigen in ihrem eigenen Unternehmen sind dort Eigentümer, Angestellter, Geschäftsführer und Entrepreneur in einer Person. Ich nenne sie „Allzweck-Arbeiter". Viele urlaubslose Jahre und durchgearbeitete Wochenenden entsprechen allerdings nicht meiner Vorstellung von Spaß. Überflüssig zu erwähnen, das ein Allzweck-Arbeiter keine dieser Aufgaben befriedigend erfüllen kann.

Natürlich ist es vollkommen in Ordnung in seiner eigenen Firma angestellt zu sein, aber abgesehen von einer Startphase solltest Du Dich nicht vom Tagesgeschäft verschlingen lassen. Du solltest Dich darauf konzentrieren, die Dinge zu organisieren, statt alles selbst zu tun. Frage Dich bei allem was Du tust: Schleppe ich gerade Eimer oder baue ich an einer Pipeline?

Wenn man genau hinsieht gibt es im Wesentlichen drei Aufgaben die Du, als Gründer eines Start up Unternehmens unterscheiden musst:

1) Die Eigentümeraufgaben (Wer hat unterschrieben? Wer ist verantwortlich?)

2) Die Verwaltungsaufgaben (Management, Business Administration, Wer führt das Tagesgeschäft?)

3) Die innovativen Aufgaben (Entrepreneurchip, Wer sorgt für die Weiterentwicklung des Start ups? Die Idee und das Konzept?)[38]

Im Augenblick bist Du wahrscheinlich noch für alle drei Aufgaben zuständig, aber mach Dir keine Sorgen – das wird sich ändern.

Ein Entrepreneur kombiniert fertige Systeme

Jedes Start up Unternehmen stützt sich auf drei Säulen und drei Aufgabenbereiche. Die Eigentümer-Aufgaben, die Management-Aufgaben und die Aufgaben des Entrepreneurship. Die Entwicklung und Abstimmung dieser drei Säulen sind am besten mit der Komposition eines Musikstückes vergleichbar – an dem so lange gearbeitet wird, bis alles stimmig ist. In unserem Verständnis von Entrepreneurship greifen wir dabei auf fertige Teilstücke wie Melodien zurück, die wir zu einem Ganzen zusammensetzen. Wir komponieren ein Start up Unternehmen.

Deiner Rolle als Entrepreneur kommt dabei die entscheidende Bedeutung zu. Genau wie der Komponist nicht alle Instrumente selbst spielen kann, muss auch ein Entrepreneur die Instrumente seines Start ups von anderen spielen lassen. Seine Aufgabe ist es den Überblick über das Instrumentarium zu behalten.

Die Fähigkeit zur Neu-Kombination und der Abstimmung der einzelnen Instrumente. Solche Komponisten sind unter Gründern selten. Es ist jedoch die einfachste Art zu gründen – von Anfang an mit Teilstücken.[39] Du kannst auf Vorhandenes zurückgreifen und für Deine Zwecke neu kombinieren.

---

[38] Kopf schlägt Kapital, Günter Faltin
[39] Vgl. auch: Kopf schlägt Kapital, Günter Faltin

Nachfolgend findest Du eine Liste von Dingen, die Du Stück für Stück „outsourcen" kannst:

1) Wareneinkauf für Merchendaising Artikel (Einkauf über standartisierte Märkte, Subunternehmer, Freelancer)

2) Bürodienstleistungen (Telefonservice, Auftragsannahme)

3) Logistik (Transport, Verpackung, Lagerung, Versand)

4) Verwaltung (Auftragsabwicklung, Datenpflege, Betreuung der Webseite, Erstellung von Content, Steuer- und Rechnungswesen, Marketing, PR etc.)

Manchmal muss man radikal Abschied nehmen von gewohnten Vorstellungen. Die herrschende Meinung sieht vor, dass ein Unternehmen ein handfestes Gebilde aus Mitarbeitern, Arbeitsplätzen und Räumen ist. Dort werden Produkte hergestellt oder Dienstleistungen angeboten. Das Ganze erfordert den Einsatz von Organisation und Management. Streichen wir jetzt endgültig diese Vorstellung von „Unternehmen" aus unseren Köpfen.

Wir können uns dem Thema „Gründen" nämlich auch ganz anders nähern. Die Frage, die Du Dir stellen musst lautet: „Wie kann ich aus den vielen vorhandenen Komponenten, auf die ich heute zurück greifen kann, etwas neues zusammen stellen?" Ob Du dazu ein Büro brauchst, Angestellte, Kapital, welche Ressourcen auch immer, ist zu diesem Zeitpunkt eine noch offene Frage. Die entscheidende Arbeit passiert in Deinem Kopf. Aus der täglich wachsenden Vielzahl von Bausteinen, gilt es, neue und für Dich passende Kombinationen heraus zu finden.

****

Expertenwissen:
Beispiele fertiger Komponenten für eine Start up
Unternehmensarchitektur

Vor einigen Jahren, als die Kosten für Kommunikation, Transport und Logistik noch sehr hoch waren, machte es Sinn, die meisten Tätigkeiten unter einem Dach unterzubringen. Heute sind diese Kosten verschwindend gering und fallen kaum ins Gewicht. Hinzu kommt, dass sich zahlreiche andere Start ups auf genau die Komponenten spezialisiert haben, die Du benötigst:

Das virtuelle Büro.
Zum Beispiel, der in Deutschland ansässige virtuelle Büroservice der Firma ebuero AG (www.ebuero.de). Ein Unternehmen, das Deine Telefonanrufe in Deinem Firmennamen annimmt und in einer von Dir vorgegebenen Weise bearbeitet.

Der virtuelle Assistent.
Backoffice Aufgaben (z.B. Angebote/Rechnungen schreiben, Präsentationen erstellen, etc.) Person- oder Teamassistenz, Recherchetätigkeiten Datenerfassung- und Verarbeitung, Internetmarketing (z.B. SEO, Social Media, etc.) Grafik/Webdesign (z.B. Wordpress, Joomla), Unterstützung bei Events
(www.virtuellerassistent.org, www.mein-virtuellerassistent.com)
Wenn Du zusätzlich von der Globalisierung profitieren willst, schau Dir beispielsweise die Webseite eines indischen virtuellen Dienstleister an: Your Man in India (www.yourmaninindia.com).

Dienstleistungen für Gründer:
Bereitstellung aller notwendigen Software- und Hardwaresysteme zur Abwicklung von Aufträgen. Übernahme der Bestellungen aus dem zur Verfügung gestellten Onlineshop. Abwicklung der Bestellungen in der Warenwirtschaft. Erstellung der Rechnungen. Kommissionieren der Aufträge (Packen der Ware und Druck der Rechnung). Übergabe der Pakete an den Frachtführer.
Überwachung der Zahlungseingänge auf einem Konto usw. (www.projektwerkstatt.com/dienstleistung-gruender)

Die Tatsache, dass Du dutzende Tätigkeiten outsourcen kannst, reduziert die meisten Probleme – die sich aus ihrer Umsetzung ergeben – auf Deine Fähigkeit, die angebotenen Komponenten geschickt zu kombinieren. Du kannst Dich darauf verlassen, dass sämtliche Details, innerhalb der von Dir genutzten Komponenten, professionell gemanagt werden. Wenn Du beispielsweise die ebuero AG beauftragst, in Deinem Namen Anrufe entgegen zu nehmen, so kannst Du Dich darauf verlassen, dass immer jemand ans Telefon geht, der Anrufer stets von einer freundlichen Stimme begrüßt und das Anliegen des Anrufers kompetent bearbeitet wird.

Wenn Dir dieser professionelle Weg nicht behagt, dann probiere es mal mit Unprofessionalität.

Die Angebote der Dienstleister variieren sehr stark. Überleg Dir genau, wo Du einen virtuellen Assistenten einsetzen willst und suche dann nach einem passenden Anbieter. Für den privaten Bereich gibt es außerdem Möglichkeiten eines Hausservice. Dort kannst Du zusätzliche Services buchen: Putzhilfe, Büroreinigung,

Einkaufsservice, Hausmeisterservice etc. Spare Zeit, wo Du nur kannst!

Erwarte von einem virtuellen Service keine Wunder, aber erwarte auch nicht zu wenig. Experimentiere mit einem virtuellen Mitarbeiter, es ist jederzeit möglich, die Aufgabe wieder an Dich zu ziehen, wenn sich die Person oder das Unternehmen als unfähig erweist. Vergib jedoch keine blödsinnigen Aufgaben, die am Ende mehr Zeit verbrauchen, als sie einsparen. Es hat wenig Sinn, eine komplizierte Email an einen virtuellen Assistenten zu schicken und ihn mit einer Aufgabe zu betrauen, die Du in fünf Minuten selbst erledigen könntest.

Wie Du merkst hat die Gründung eines Start ups, wie ich sie hier beschreibe, nicht mehr sehr viel mit dem zu tun, was Du Dir vielleicht bisher unter einer Unternehmensgründung vorgestellt hast.

Dein eigenes Start up

Mit einem eigenen Start up wechselst Du endgültig auf die Seite der Unternehmer. Du kannst Deine Musik und Deine Merchendaising-Produkte professionell vermarkten. Du bist ab sofort in der Lage, gegenüber dritten Personen und Firmen selbst als Besitzer eines Unternehmens aufzutreten. Denk daran, auf die Größe kommt es an, in erster Linie auf die wahrgenommene Größe.

Kontrolliere, ob Gewinne gemacht werden

Schau nun einige Monate in die Zukunft. Lass Deiner Fantasie freien Lauf und stell Dir vor, wie Du eines Morgens das Radio einschaltest und dort Deinen Hit hörst. Du sitzt gerade über den Lizenz-Abrechnungen Deines Hits und auf dem Konto Deines Unternehmens hat sich ein kleines Vermögen angesammelt. Wie fühlt sich das an?

Jedes Start up Unternehmen verfolgt unterschiedliche Ziele. Der wichtigste Zweck jeden Wirtschafts-Unternehmens ist jedoch, Profit zu machen. Das ist auch vollkommen in Ordnung, solange Profit nicht Selbstzweck ist, sondern Mittel zum Zweck. Wir müssen essen um zu leben, aber wenn wir leben, um zu essen, gerät unser Körper aus der Form.

Profit ist ein Mittel, um die Ziele Deines Start ups zu erreichen. Wenn Du keinen Profit erzielst, kannst Du keine Rücklagen bilden und keine Investitionen tätigen. Ohne Profit ist jedes Start up auf Dauer dem Tod geweiht. Gewinn ist darum kein Selbstzweck, sondern ein wichtiges Mittel, um ein gesundes Start up zu garantieren.

Oft wird die Wichtigkeit und Kontrolle von Profit vollkommen vernachlässigt. Die Situation stellt sich dann folgendermaßen dar: In arroganter Manier, gepaart mit Unwissenheit, sind die Manager dieser Unternehmen Stolz darauf, nichts von so profanen Dingen wie den wirtschaftlichen Aspekten ihrer Tätigkeit zu verstehen. Den Überblick über Einnahmen und Ausgaben, Budgetierung und Cash Flow tun sie wo möglich als kulturfeindliche Gesinnung ab.

Viele erkennen einfach nicht die Kraft eines gut geführten Budget-Plans. Er ist das wirkungsvollste Zielplanungs-Instrument und das beste Kontrollinstrument, das Du nutzen kannst. Als Inhaber eines Start ups musst Du Zahlen lieben und darauf achten, dass Gewinne erzielt werden. In diesem Punkt musst Du unnachgiebig sein. Wenn Du die Gewinne nicht kontrollierst, dann wirst Du kaum welche machen.

Befolge einfache kaufmännische Prinzipien

Wenn es darum geht Gewinne zu kontrollieren ist allerdings kein Studium der Betriebswirtschaftslehre nötig. Im Gegenteil. Ich würde Dir sogar ausdrücklich empfehlen, lieber den Rat eines Praktikers einzuholen, statt den eines Bankers.

Schon Mark Twain warnte davor, sich als Gründer mit konventionellen Ökonomen einzulassen. Die schlechteste Meinung hatte er von Bankern: „Ein Banker ist ein Mensch, der bei Sonne einen Regenschirm verleiht und ihn sofort wiederhaben will, sobald sich die ersten Wolken am Horizont zeigen."[40]

Sicherheitsdenken verträgt sich nicht mit unkonventionellen Start up Ideen. Einfache kaufmännische Prinzipien zu befolgen heißt, sparsam im Umgang mit Ressourcen umzugehen und Liquiditätsengpässe frühzeitig zu erkennen.

Das Wissen, dass Einnahmen und Ausgaben in einem gesunden Verhältnis stehen müssen, wurde weder durch die Betriebswirtschaftslehre erfunden, noch wurde in der Vergangenheit sparsames Verhalten durch sie erzeugt.

---

[40] Kopf schlägt Kapital, Günter Faltin

Häufig gestellte Fragen aus der Praxis

1. Wie viele Merchandising-Produkte soll ich verkaufen?

Einer der größten Fehler ist es, Umsatz mit Gewinn zu verwechseln. Viele Start ups konzentrieren sich nur darauf ständig hohen Umsatz zu machen. Reines Umsatz-Streben führt in den häufigsten Fällen zu einer wachsenden Produkt-Palette und damit zu unnötiger Komplexität. Es fehlt das Verständnis, dass Komplexität nicht zwangsläufig etwas Gutes ist. Henry Ford baute mit seinem Modell T das erste Auto, das der breiten Masse der Amerikaner zu Mobilität verhalf. Es wurde eines der meistverkauften Autos. Ford bemerkte dazu: „Der Kunde kann jede Farbe haben, die er will, so lange sie schwarz ist."

Erfolgreiche Start up Unternehmer meiden das Komplexe und ziehen das Einfache vor. Nirgendwo tummeln sich Kosten so dicht gedrängt wie in einer schwer durchschaubaren Produktpalette. Teste Deine Produkte, bevor Du in die Produktion einsteigst und sortiere Ladenhüter konsequent aus.

2. Wo muss ich investieren?

Ein gesparter Euro ist genauso wertvoll wie zehn neu umgesetzte Euro. Tappe nicht in die Falle und glaube, alles sei „notwendig". Kümmere Dich nur bedingt darum, was angeblich notwendig ist – behalte vor allem eine Profit-Quote im Auge.

3. Wie kann es sein, dass ich trotz gutem Umsatz kaum Gewinne mache?

Die Antwort liegt darin, dass die möglichen Gewinn-Margen zu niedrig angesetzt sind. Es ist wichtig, dem Kunden viel Wert zu geben, aber der Preis, den er dafür bezahlt, muss um einen festen Prozentsatz höher sein als die Kosten. Oft wird diese simple Wahrheit übersehen. Wenn Du weniger als den dreifachen Preisaufschlag machen kannst, um ein Produkt zu verkaufen, ist die Herstellung zu teuer und damit unrentabel. Die Gewinne sind dann viel zu gering.

Du wirst immer mehr Geld brauchen, als Du glaubst. Kalkuliere eine feste Gewinn-Marge und orientiere Dich dabei an den Preisen vergleichbarer Produkte in Deinem Ziel-Markt. Wenn Du diese nicht erreichen kannst, ohne dass Dein Produkt unverhältnismäßig teurer wird als die Konkurrenz, so reduziere die Herstellungskosten – und wenn das nicht möglich ist, trenn Dich von dem Produkt.

Mache aus Deinen Kunden exklusive Clubmitglieder

Der Dienst am Kunden bedeutet vor allem ein qualitativ hochwertiges Produkt zu einem fairen Preis zu liefen und darüber hinaus bei echten Problemen weiter zu helfen. Und das Ganze in möglichst kurzer Zeit. Nicht mehr und nicht weniger. Kundendienst bedeutet nicht, dass Du jede seiner Launen ertragen musst. Allerdings ist es wie bei fast allen Dingen im Leben: Von allem gibt es eine gute Variante und eine schlechte. Wir wollen uns darauf konzentrieren, möglichst viele gute Kunden zu gewinnen und schlechtere zu meiden.

Gute Kunden sind gleichwertige Geschäftspartner und als solche solltest Du sie auch behandeln. Gib Dich nicht der Illusion hin, Deinem Kunden um jeden Preis gefallen zu können. Jeden seiner Wünsche zu befriedigen und alle seine Erwartungen zu erfüllen, ist nicht möglich.

Die Kunden, die am meisten Geld ausgeben beschweren sich am wenigsten. Problemkunden und diejenigen, die am wenigsten ausgeben stellen die meisten Fragen und bleiben häufig auch nach einem Kauf skeptisch. Derartige Kunden auszuschließen ist eine notwendige finanzielle Entscheidung. Denn häufig verursachen die Kunden, die wenig ausgeben, den größten Aufwand. Sie lassen sich alles zehnfach erklären, stellen Fragen, die irrelevant sind und eliminieren durch die Zeit, die man mit ihnen vergeudet, jeden Profit, den man mit ihnen machen könnte. Mache Deinen Kundenstamm zu einem exklusiven Club und behandele alle Clubmitglieder gut.

Ich will kein Unternehmen gründen – was hat das also mit mir zu tun?

Es ist an der Zeit zu lernen, selbst Chef zu sein. Auch wenn Du nicht die Absicht hast, ein Start up zu gründen, ist die Schaffung von Systemen eine konsequente Weiterführung Deiner „80/20 Analyse". Was sich auch an überflüssigen Terminen und Dingen in Deinem Kalender befindet; sie werden verschwinden, sobald Du jemanden für die Erledigung bezahlen musst.

Die Summe, mit der Du jemand anderen bezahlst, um Deine Arbeit zu erledigen ist jedoch keine Ausgabe, sondern eine Investition mit beträchtlicher Rendite. Und das aus einem ganz einfachen Grund: Weil das Ziel ist, freie Zeit zu haben. Zeit, in der Du Dich größeren und wichtigeren Dingen zuwenden kannst. Entwickle also ein entspanntes Verhältnis dazu, Anweisungen zu geben, anstatt selbst herumkommandiert zu werden.

Lerne Anweisungen zu geben

Eine von Dir delegierte Aufgabe sollte nur eine mögliche Interpretation zulassen und so einfach zu verstehen sein, dass ein Viertklässler sie begreifen kann. Delegiere keine Aufgabe, die eigentlich überflüssig ist und den Anschein bloßer Geschäftigkeit erweckt. Nur wenn etwas definiert und wichtig ist, sollte es überhaupt getan werden.

Die meisten Probleme, die sich aus einer von Dir erteilten Aufgabe ergeben, gehen auf das Konto einer unklaren Aufgabenstellung zurück. Eine von Dir delegierte Aufgabe sollte sich innerhalb einer bestimmten Frist erledigen lassen. Eine Aufgabe, die sich nicht innerhalb dieser Frist erledigen lässt, solltest Du vorher in kleinere Teilaufgaben gliedern und diese nacheinander in Auftrag geben. Erteile, wenn möglich, nur eine Aufgabe auf einmal. Du beugst damit dem Risiko vor, missverstanden zu werden und stellst sicher, dass die Aufgaben in der Reihenfolge ihrer Priorität, abgearbeitet werden.

Zu große Zeitvorgaben von mehr als drei Tagen (72 Stunden) sind ein Freibrief um Zeit zu verschwenden und bergen das Risiko, dass wichtige Informationen zur Erledigung der Aufgabe vergessen oder in der Erinnerung verfälscht werden.

Eine gute Auftragsmail ist kurz und knackig auf den Punkt. Klare Sätze und klare Anweisungen sind das Ergebnis von klarem Denken und durchdachten Aufgaben. Halte es einfach und mach es nicht unnötig kompliziert. Eliminiere häufig verwandte Füllwörter wie: vielleicht, könnte, müsste, sollte, eventuell etc.

Akzeptiere keine Antworten im Stil von: „Ich werde es versuchen." oder „Wir tun unser bestes." Etwas zu versuchen ist nicht möglich. Die Person deutet damit eine vorauseilende Entschuldigung an und sagt damit nichts anderes als, dass Sie es wahrscheinlich nicht schaffen wird.

Es gibt nur zwei mögliche Antworten auf eine erteilte Aufgabe: Ich tue es oder ich tue es nicht. Alles andere solltest Du nicht akzeptieren – wenn Dein Auftrag klar und unmissverständlich formuliert wurde. Bitte darum, dass die Person, die für Dich arbeitet, Dir nach ein paar Stunden einen kurzen Statusbericht erstellt. So kannst Du sicher gehen, dass die Aufgabe erstens lösbar und zweitens verstanden wurde.

Bezahle andere und verdiene dabei zusätzlich Geld

Was ist überhaupt mit den Kosten? Jemanden für eine Aufgabe zu bezahlen, die man selbst tun könnte, fällt den meisten Menschen schwer. „Wenn ich selbst etwas tun kann, unter Umständen sogar besser als irgendein Assistent, warum sollte ich dann jemand anderen dafür bezahlen?"

Natürlich kannst Du immer sparen, wenn Du alle Dinge selbst tust. Aber die Tatsache, dass Du alles selbst tun könntest, heißt noch lange nicht, dass Du Deine Zeit auch tatsächlich damit verbringen solltest. Wenn Du Deine Zeit, die 20 Euro die Stunde wert ist, mit Dingen verbringst, die jemand anderes für 10 Euro die Stunde erledigen könnte, so ist das nichts anderes als die Verschwendung Deiner Arbeitskraft.

Es ist wichtig, dass Du Dich daran gewöhnst, andere dafür zu bezahlen, dass sie Arbeit für Dich erledigen. Nur wenige tun das, weil die meisten Menschen es immer noch für wertvoller erachten, Zeit einzusetzen um Geld zu sparen. Wenn Du Dir jedoch Deinen Traum erfüllen und einen idealen Lebensstil verwirklichen willst, so setze in Zukunft lieber Geld ein um Zeit zu sparen. Selbst wenn die Kosten für einen externen Helfer gelegentlich höher sind als Du zurzeit verdienst, ist dieser Handel meistens sein Geld wert.

Nehmen wir an, Du verdienst 25 Euro die Stunde. Du beauftragst einen Grafiker ein Logo für Dich zu entwerfen. Die Firma teilt Dir mit, dass sie zur Erledigung der Aufgabe einen Arbeitstag von acht Stunden benötigt. Eine Stunde kostet Dich 30 Euro. Macht zusammen 240 Euro. Du selbst verdienst in dieser Zeit jedoch nur 200 Euro (25 Euro x 8) – oder wenn Du selbständig bist, stellst Du einem Kunden eine Rechnung von 200 Euro, für einen Tag Arbeit. Die Differenz beträgt 40 Euro. Bist Du bereit, einen ganzen Tag zu gewinnen für lediglich 40 Euro? Wenn die Firma schneller ist und statt acht nur sechs Stunden benötigt, machst Du sogar noch Geld damit.

Wie man es nicht macht

Trotz allem entscheidest Du Dich dafür, das Logo selbst zu entwerfen. Da Du keine große Erfahrung im Umgang mit einem entsprechenden Grafik-Programm hast, bittest Du einen Freund, dass er Dir die ersten Schritte in Photoshop oder InDesign erklärt. Nach zwei Tagen Eigenarbeit hast Du schließlich ein Logo entworfen, das Deinen Vorstellungen entspricht. Für den tatsächlichen Druck auf Deine T-Shirts muss die Firma Deine angelieferten Druck-Daten zuerst in ein anderes Programm konvertieren, da Du die Farbverläufe nicht richtig beachtet hast. Dafür berechnet Dir die Firma eine Stunde Arbeitszeit á 30 Euro. Da Du als Selbständiger in dieser Zeit keinen anderen Auftrag bearbeiten konntest, musst Du die beiden Tage, die Du selbst mit der Gestaltung des Logos verbracht hast mit 400 Euro berechnen (25 Euro pro Stunde bei 8 Stunden Arbeitszeit pro Tag).

Im günstigsten Fall hast Du dafür ein Wochenende geopfert und Dir lediglich den Groll Deines Partners zugezogen. Macht zusammen 430 Euro Kosten für Dein neues Logo. Alles in allem hast Du also 190 Euro Mehr-Kosten und dies nur aus einem einzigen Grund: Weil Du in dem Bemühen, Zeit einzusetzen um Geld zu sparen, die Regeln des relativen und des absoluten Einkommens vergessen hast.

Der wichtigste Tipp für Deinen Geschäftserfolg

Vielleicht fragst Du Dich, in welchem Kapitel Du endlich die „richtigen" Tipps findest. Die Insidertipps, mit denen Du durchstarten wirst. Dazu sage ich Dir: Es gibt sie nicht. Wenn Du wissen willst, wie Du die genannten Schritte auslässt, und trotzdem das große Geld machen kannst, so musst Du ein anderes Buch lesen. Darüber wie man richtig ins Showgeschäft „einsteigt", gibt es genug Mythen und so viele Bücher, dass für ein weiteres keine Notwendigkeit besteht. Und das aus einem ganz einfachen Grund: Das „Showgeschäft", wie Du es vielleicht nennst und wie es landläufig bezeichnet wird, existiert nicht. Du bist Teil des Business, in dem Moment, in dem Du beschließt einer zu sein. Keine Pauken und Fanfaren, kein roter Teppich.

Entscheidest Du Dich also, Deinen geschäftlichen Erfolg in die eigenen Hände zu nehmen, so bist Du bereits mitten drin.

$$\partial \in f \, \mu \, \pi \, \dagger \, \sqrt{} \, \sum \approx \Omega$$

+1) Zuallerletzt:
Wenn die Dinge sich in Ihr Gegenteil Verkehren

Man soll nicht sagen „Ich unglücklicher, dass mir das zustoßen musste", sondern „Ich glücklicher, der ich unbekümmert zu bleiben vermag, obwohl mir dies zustieß."

(Marc Aurel)

Viele Menschen, die eine Niederlage bei der Verwirklichung ihrer Träume hinnehmen müssen, kommen danach zu einem verhängnisvollen Schluss: Sie sehen das Scheitern als eine Bestätigung Ihrer „alten und realistischen" Lebenseinstellung. Sie fühlen sich bestätigt, dass sie kein Talent haben und in Zukunft lieber doch den Spatz in der Hand als die Taube auf dem Dach nehmen sollten.

Ab diesem Zeitpunkt geben sie sich nur noch mit Minimalzielen zufrieden. Sie hören plötzlich wieder auf die Leute, die es schon von Anfang an gewusst haben wollen. Sie blenden den Mut, den sie aufgebracht und die Erfolge, die sie erlangt haben, vollkommen aus. Sie bestrafen sich dafür, dass sie gescheitert sind. Bescheidenheit und Zufriedenheit werden ihre neuen Lebensmaximen. Sie vergessen ihre ursprüngliche Motivation und fallen zurück in das gegenteilige Extrem. In totaler Genügsamkeit beginnen sie wieder sich in engen Grenzen zu bewegen. Dabei wäre jetzt der Zeitpunkt gekommen, die eigenen Ziele noch höher zu stecken. Sie haben sich ja bereits bewiesen, dass sie es können.

Die meisten Menschen geben nach weniger als einem Versuch auf, wenn es darum geht, ein Wagnis einzugehen – das heißt, sie versuchen es gar nicht erst. Allein mit dem Versuch bist du also bereits weiter gekommen als die meisten. Rede Dir niemals ein,

Du würdest Erfolg nicht verdienen. Gib Dich niemals mit weniger zufrieden, als Du in Wahrheit willst und lass niemals zu, dass Dein Selbstvertrauen die Meisterschaft verliert, nur weil es eine Niederlage einstecken musste.

Du hast Erfolg und bist trotzdem deprimiert.

Für alle Pioniere, die sich auf ein Feld begeben auf dem vorher noch niemand gewesen ist, sind Frustration und Zweifel etwas vollkommen Normales. Wenn Du Dich an diesem Punkt befindest und noch nicht am Ziel Deiner Träume bist, so flippe nicht gleich aus. Deine Zweifel werden sich damit nur verstärken. Du hast gerade erst begonnen Dein altes Leben durch ein neues zu ersetzen. Und wenn Du Deinen Kompass neu ausgerichtet hast, so musst Du wissen, dass Du Dich am Anfang Deines Weges befindest – nicht am Ziel. „Aber ich tue doch jetzt genau das, was ich immer wollte, wie kann ich da frustriert sein?"

Es ist unvermeidlich, dass die Veränderung Deiner alltäglichen Gewohnheiten gewisse Zweifel nach sich ziehen. Und es ist auch normal, dass sich diese Zweifel vorwiegend auf Dein inneres Gleichgewicht auswirken. „Alleine sein", ist der häufigste Grund, warum sich Zweifel einstellen, daher will ich Dich hier darauf vorbereiten:

Ein Nine-to-five-Job in einem Büro oder an jedem anderen Arbeitsplatz, an dem Du von Kollegen umgeben bist, ist für ein paar Dinge tatsächlich gut: Der Austausch von Klatsch und Tratsch. Mit Kollegen selbst gedrehte Filme auf Youtube anschauen. Über das Fernsehprogramm lästern und dämliche Emails mit lustigen Kommentaren hin und her schicken.

Das, was einen mittelmäßigen Job häufig erträglich macht, ist das soziale Umfeld, in dem wir uns dort bewegen. Nicht der Arbeitsplatz motiviert viele Menschen für ihren Job, sondern die Verbundenheit mit Kollegen – zumindest einigen. Sobald Du Dich aus diesem Umfeld Stück für Stück verabschiedest, löst sich auch das soziale Gefüge und die vertraute Umgebung auf. Es kann also vorkommen, dass in dieser Phase Fragen auftauchen wie:

„Verdiene ich es überhaupt erfolgreich zu sein?"
„Bin ich auf dem richtigen Weg?"
„Mache ich mir nicht etwas vor?"

Die meisten dieser Gedanken kannst Du getrost beiseite schieben. Dahinter steckt nicht mehr als die Angst, dem allgemeinen Verhaltensmuster „sicherer Job und mehr Gehalt" entsprechen zu müssen. Mit diesem Problem haben wir uns bereits in früheren Kapiteln beschäftigt.

Trotzdem gibt es eine tiefere Einsicht, die Du an dieser Stelle gewinnen kannst: Zweifel füllen immer dann unseren Geist aus, wenn nichts anderes ihn erfüllt. Erinnerst Du Dich an einen Moment, in dem Du Dich zu 100 Prozent lebendig gefühlt und alles um Dich herum vergessen hast? Musik oder Sport sind gute Beispiele für solche Momente. In so einem Zustand – im Flow, wie Psychologen sagen – befinden wir uns immer dann, wenn unsere Aufmerksamkeit vollständig auf eine Tätigkeit gerichtet ist. In dem Moment haben Angst und Zweifel keine Macht. Fehlt jedoch die Konzentration auf eine konkrete Aufgabe, so wendet sich unsere Aufmerksamkeit unserem Inneren zu. So ist einfach das Leben. So ist der Mensch. So ist es immer.

Automatisch und unvermeidlich tauchen sofort Fragen nach dem Sinn des Lebens und dem „großen Ganzen" auf. Angefacht von Pseudophilosophen und selbst ernannten Gurus, die uns diese

Fragen zusätzlich aufzwingen wollen. Du solltest diese Fragen jedoch nur auf eine Weise beantworten, nämlich gar nicht.

Auf dem Weg zu Deinem Erfolg wirst Du zwangsläufig mehrere Phasen durchmachen. Nach jedem Berg kommt ein Tal und nach jedem Tal wieder ein Berg. Die erste Phase beginnt auf einem Berg. Du fühlst Dich befreit und voller Euphorie. Nach dem Berg kommt jedoch unweigerlich ein Tal. Und garantiert hat man in einem Tal keinen Weitblick. Das Tal bereitet Dich auf den nächsten Anstieg vor. In einer solchen Phase heißt es: Augen zu und durch.

Hüte Dich davor in die gefährliche Falle der Sinnfrage zu tappen. Die einzige Frage, die Du Dir von Zeit zu Zeit stellen solltest ist: „Hat sich durch das, was ich tue, mein und auch das Leben anderer Menschen verbessert?" Wenn Du Dir nur diese eine Frage von Zeit zu Zeit mit „ja" beantworten kannst, so wirst Du automatisch in den Olymp großartiger und reicher Topstars aufsteigen. Den philosophischen Abfall kannst Du getrost hinter Dir lassen. Die Frage: „Was ist der Sinn des Lebens?", ist zu unkonkret, um danach handeln zu können. Sie lässt sich genau so wenig beantworten wie die Frage: „Warum regnet es heute?" Fragen dieser Art befinden sich außerhalb Deines Einflussbereichs und sind daher Zeitverschwendung. Sich bei allem was Du tust auf einen Nutzen zu konzentrieren, bedeutet allerdings nicht, ein oberflächlicher Mensch zu sein. Ganz im Gegenteil. Sich mit konkreten Fragestellungen zu beschäftigen, zeugt von dem Wunsch, seine Energie nur dort einzusetzen, wo sie auch etwas bewirkt.

Der Grund für das alles

Ich habe festgestellt, dass das Streben nach Erfolg unheimlich viel Spaß machen und unheimlich anregend sein kann, wenn man weiß, was wirklich erstrebenswert ist. Ich glaube, dass das Leben existiert, damit man es genießt. Ein Leben, das nur aus positiven Gedanken und guten Gefühlen besteht, muss ein erfolgreiches und glückliches Leben sein. Und es ist überhaupt nichts dagegen einzuwenden, wenn man der Beste der Welt sein will, solange man dabei bedenkt, dass man immer auch das Beste für die Welt wollen muss. Das Leben zu genießen und anderen zu helfen es ebenfalls zu genießen, sich selbst gut zu fühlen und sich für andere zu engagieren – diese Dinge schließen sich nicht gegenseitig aus.

Wahrscheinlich ist Dir nicht entgangen, dass die Art und Weise wie wir mit anderen Menschen kommunizieren, einen hohen Stellenwert in diesem Buch einnimmt. Bei allem was uns antreibt, geht es doch immer zuerst um die Frage, wie wir mit anderen Menschen in Beziehung treten und wie wir mit ihnen auskommen. Menschen, die sich in Gemeinschaften aufhalten, haben eine ungleich größere Kraft als jedes Unternehmen. Und dies aus einem einfachen Grund: Wir schenken Loyalität und Vertrauen nicht Marken und Unternehmen, sondern Unseresgleichen. Jeder Mensch möchte etwas beitragen zum großen Ganzen und jeder Mensch möchte etwas hinterlassen, das ihn überdauert. Ob das ein Stück Musik ist oder etwas anderes.

Wie viel Zeit Du dafür aufwendest, mit anderen in Kontakt zu treten und als erster etwas von Dir zu geben, entscheidet darüber wie stark andere Menschen Dir bei der Erreichung Deiner Ziele behilflich sind. Dabei musst Du ehrlich zu Dir selbst sein, denn um Großes zu leisten musst Du die Bereitschaft signalisieren Dein bisheriges Leben in Frage zu stellen. Deine Gewohnheiten, Deine

Ansichten, Deinen Alltag, die Art, wie Du Dein Geld verdienst, die Menschen, mit denen Du dich umgibst, einfach alles.

Mit dem Denken fängt es an. Die Art Deines Denkens bestimmt Deine Ansichten, Glaubenssätze und Ziele. Es entscheidet, wie ausgeprägt Dein Selbstbewusstsein ist und für wie wertvoll Du Dich hältst. Die meisten Menschen glauben, alles finge mit Geld an. Geld würde alles andere möglich machen und jemand, der nichts davon hat, würde auch nie etwas Großes leisten. Dieses Denken ist der Grund, warum Menschen so sehr nach Geld streben. Sie verstehen nicht, dass zuerst ihr Denkgebäude wachsen muss, bevor der Kontostand folgt.

Sich Träume zu verwirklichen setzt also den Mut voraus, sich auf ein neues Denken einzulassen. Häufig behaupten Menschen jedoch, dass sie keine Wahl haben.

Wenn Du jedoch Deine Ansichten und Gewohnheiten auf den Prüfstand stellst, wirst du bald feststellen, dass es keine feststehende und unabänderliche Realität gibt, sondern unendlich viele Möglichkeiten. Du entscheidest in jeder Minute des Tages was Du sein, was Du tun und haben willst. Du legst damit fest, ob der Tag ein erfolgreicher Tag wird oder nicht.

Nimm Hilfe von Gandhi

Die meisten Menschen haben in Ihrem Leben gelernt, dass es ein Zeichen charakterlicher Stärke ist, wenn man seine Ansichten verteidigt und nicht voreilig verwirft. Würdest Du mir zustimmen, dass Gandhi ein Vorbild für viele Menschen ist? Und würdest Du mir zustimmen, dass Gandhi ein guter Mensch war? Glaubst Du, dass ein Mensch wie Gandhi seine Ansichten ändern würde, wenn es sein müsste? Dazu folgende Sätze von Gandhi: „Konsequenz ist keine absolute Tugend. Wenn ich heute eine andere Ansicht habe als gestern, ist es dann nicht konsequent, meine Richtung zu ändern? Ich bin dann zwar inkonsequent gegenüber meiner Vergangenheit aber konsequent gegenüber der Wahrheit."

Nun, es ist eine Tatsache, dass es Dinge in unserem Leben gibt, die wir uns zwar vornehmen, aber nicht umsetzen und Dinge, die wir uns vornehmen und einfach tun. Willst Du, dass Deine Zukunft eine dauernde Wiederholung der Vergangenheit bleibt? Wenn etwas auf die gewohnte Art und Weise einfach nicht funktioniert, so ist es vielleicht an der Zeit, einmal etwas anderes auszuprobieren.

Jeder Mensch ändert in seinem Leben dutzendfach seine Überzeugungen, Meinungen und Ansichten zu den Dingen. Wenn Du eine Beziehung beendet hast, wenn Du aufgehört hast zu rauchen oder mehr Sport treibst etc. In all diesen Beispielen bist Du zu einer neuen Ansicht gekommen und hast danach gehandelt. Entscheidend sind also nicht die Ansichten, die Du um jeden Preis verteidigst, sondern die Frage, ob diese für die Erreichung Deiner Ziele nützlich sind.

Gandhi heiratete eine Frau, später verließ er sie, um sich ganz seiner Aufgabe für Indien zu widmen. Ist er deswegen ein schlechter Mensch? Er war in dem Moment vielleicht kein guter

Ehemann, hat mit seiner Entscheidung jedoch Tausende Menschen inspiriert.

Es gibt zum Thema Erfolg kein Richtig oder Falsch, kein schwarz oder weiß. Aus diesem Grund ist die Ansicht: „Geld verdirbt den Charakter" ebenso wahrscheinlich und vage wie die, dass ein erfolgreicher Mensch grundsätzlich viel Geld spendet. Erfolg hat immer die Funktion einer Lupe. Es kommen verstärkt die Charaktereigenschaften zum Vorschein, die ein Mensch ohnehin hat. Ein Arschloch erhält mit viel Geld die Gelegenheit ein noch größeres Arschloch zu werden und ein großzügiger Mensch wird mit viel Geld, noch großzügiger werden.

Wenn Du nicht glaubst, dass Erfolg sich positiv in Deinem Leben auswirken kann, so wirst Du keinen Erfolg haben. So einfach ist das.

å∫∂€ƒ©ªº∆@µ~øπ«®'†¨√∑≈¥Ω

Wie Du auch die letzten Zweifel
aus dem Weg schaffst

Ist Dir klar, dass Du Dich permanent in einem Dialog mit Dir selbst befindest? Wusstest Du, dass Du Dir ständig Fragen stellst, die Du Dir sofort selber beantwortest? Wenn Du Dich bei einem Problem fragst: „Werde ich es schaffen?" so schließt Du die Möglichkeit nicht aus, dass Du scheitern wirst. Eine andere Frage wäre: „Wie kann ich das Problem lösen? Wie schaffe ich das?" Diese Fragen schließen ein Scheitern aus. Du wirst es schaffen, die Frage ist nur wie. Das „wie" lässt Dich nach Möglichkeiten suchen, auch wenn diese noch außerhalb Deiner Komfortzone liegen.

Wie oft hast Du Dir schon Erfolg gewünscht und dann nicht bekommen? Was für eine Meinung hast Du von Erfolg? Denkst Du, dass Erfolg etwas Gutes oder etwas Schlechtes ist? Lass uns einen kurzen Blick auf Deine Überzeugungen werfen – ich werde sie „Ansichten über Dich selbst" nennen. Nimm Dir einen Augenblick Zeit und finde heraus, was Du wirklich über Erfolg denkst.

Welche der folgenden Aussagen treffen auf Dich zu? Sei ehrlich mit Dir selbst und mache ein Kreuz hinter die Ansichten, die auf Dich zutreffen:

Erfolg verdirbt den Charakter

Erfolg ist nicht alles

Lieber den Spatz in der Hand, als die Taube auf dem Dach

Erfolg haben immer nur die anderen

Erfolg ist etwas Gutes

Erfolg habe ich verdient

Erfolg ist Glücksache

Erfolg zu haben, geht immer auf Kosten anderer

Selig sind die, die nichts haben

Erfolg ist eine positive Energie

Erfolg macht einsam

Ich habe gern Erfolg

Erfolg macht oberflächlich und eingebildet

Erfolg erzeugt grundsätzlich Neid

Das letzte Hemd hat keine Taschen

Ich bin zufrieden mit dem was ich habe

Erfolg macht glücklich

Es gibt Wichtigeres als Erfolg

Erfolg bringt meine Talente zur Geltung

Ich habe kein Glück

Erfolg ist Glücksache

Ich ziehe Erfolg an

Für Erfolg muss man hart arbeiten

Intelligente Menschen wollen Erfolg für sich

Ohne Erfolg bin ich ein Versager

Erfolg ist eine Geisteshaltung

Wer den Pfennig nicht ehrt ist den Taler nicht wert

Jetzt bin ich gespannt. Was hast Du angekreuzt? Denkst Du, dass Deine Ansichten Auswirkungen auf Deinen Erfolg haben? Bist Du in etwa so erfolgreich, wie Du glaubst, dass er gut für Dich ist? Vielleicht erkennst Du, dass Dein bisheriger Erfolg ein Spiegelbild Deiner Ansichten ist.

Eine einzige Deiner Ansichten kann entscheidend sein

Wie viele Ansichten „pro Erfolg" hast Du angekreuzt und wie viele Ansichten stehen bei Dir auf der „Contra-Seite? Natürlich ist Erfolg eine individuelle Angelegenheit, dennoch kannst Du anhand Deiner Ansichten ablesen wie Du zu Erfolg stehst.

In Wahrheit ist es jedoch noch mysteriöser: Es spielt nämlich gar keine Rolle wie viele Kreuze Du „für" oder „gegen" Deinen Erfolg gemacht hast. Bei Ansichten über Dich selbst gilt nämlich nicht das Gesetz der Mehrheit. Es gilt das Gesetz der emotionalen Stärke.

Möglicherweise sehen Deine Ansichten ja auch so aus:

„Ich warte ab und setze zunächst nur die halbe Kraft ein."
„Ich brauche erst ein paar Ergebnisse."
„Ich suche zuerst die richtige Strategie."

Ein ergebnisorientierter Mensch kommt sich genial vor. Er wartet ab, bis sich ihm eine Möglichkeit bietet, mit der er auf bequeme Weise Erfolg haben kann. Er denkt, dass er mit dieser Methode die Dinge „realistisch" einschätzt. Er setzt zunächst nur die halbe Kraft ein. „Ich bin ergebnisorientiert." lautet seine Arbeitsmaxime.

Man kann sich jedoch nicht „schonen" für eine große Aufgabe. Etwas einmal auszuprobieren ist nicht möglich. Entweder Du setzt alle Kraft ein oder Du lässt es bleiben. Menschen, die handeln, ohne sofort ein Ergebnis zu erwarten, bekommen Gelegenheiten, die ergebnisorientierten Menschen verborgen bleiben. Denn Ergebnisse können täuschen, sie können das Resultat glücklicher oder unglücklicher Umstände sein. Man kann Ergebnisse nicht vorhersehen und daher auch nicht planen. Infolgedessen braucht man auch keine perfekte Strategie. Da es diese eh nicht gibt, ist sie keine Voraussetzung um zu handeln. Sie wird sich später finden.

Du erkennst vielleicht, welche Auswirkungen Deine Ansichten auf Deinen Erfolg haben. Die meisten Ansichten über uns selbst entstehen vollkommen zufällig. Sie werden von Umständen und Menschen geprägt, mit denen wir viel Zeit verbracht haben.

In jungen Jahren waren dies Eltern, Freunde und Lehrer. Du kannst davon ausgehen, dass die Personen, mit denen Du am meisten Zeit verbringst, Dich auch am stärksten beeinflussen. Wahrscheinlich haben sie eine ähnliche Vorstellung von Erfolg wie Du und wahrscheinlich sind Deine Freunde und Bekannten in etwa so erfolgreich wie Du.

Ich habe mich mit einigen außerordentlich erfolgreichen Menschen beschäftigt, die ein zufriedenes und glückliches Leben führen und als Grund für ihren Erfolg gibt es zwei Dinge, die sie sich zur Lebensaufgabe gemacht haben: Niemals mit dem Lernen aufhören und etwas tun, dass nicht nur ihr eigenes Leben verbessert.

Schärfe Deinen Verstand

Als ich noch ein Kind war, musste ich nach Schulschluss immer zuerst meine Hausaufgaben machen. Die Begründung lautete: „Zuerst die Pflicht, dann das Spiel." Heute finde ich es interessant warum Hausaufgaben zu machen kein Spiel sein durfte. Die Botschaft war klar: Lernen ist Pflicht und macht keinen Spaß. Als ich die Schule abgeschlossen hatte, wollte ich nie wieder lernen. Lebenslanges Lernen erschien mir damals wie ein Albtraum. Wieder zur Schule? Niemals.

Das, was wir heute lernen, wird jedoch morgen veraltet sein. Und die Menschen von Morgen werden wir dann unterscheiden zwischen informiert und ahnungslos. Arbeit und Lernen werden immer mehr zu einer untrennbaren Einheit verschmelzen, so dass der Analphabet der Zukunft derjenige sein wird, der nicht weiß was er lernen muss, um seine Träume zu verwirklichen.

Der Grund, warum ich zahlreiche meiner Jobs nach relativ kurzer Zeit wieder hingeschmissen habe war der, dass die Lernkurve abflachte. Ich fing an mich zu langweilen. Erfolgreich sein heißt daher lernen, und zwar lebenslang. Ich sehe keine andere Möglichkeit. Ein Wandel vom Müssen zum Wollen. Du musst am Lernen regelrechten Spaß entwickeln. Je mehr Du lernst, desto einzigartiger und freier wirst Du. Bei solcher Betrachtungsweise werden zukünftige Probleme kein automatisches Verzweiflungsprogramm mehr auslösen, sondern sie werden zu Lernaufgaben.

Bist Du jemals auf einem Didgeridoo-Konzert von australischen Aboriginals gewesen? Hast Du schon mal die Musik von Marie Boine gehört, eine Frau, die ihre Texte in der Muttersprache ihres Samen-Volkes aus Lappland vorträgt? Oder kennst Du die Kultur des Fado aus Portugal?

Theoretisch musst Du zum Lernen nicht das Haus verlassen, jedoch bieten gezielte „Tapetenwechsel" einzigartige Lernbedingungen, die viel schnellere Fortschritte ermöglichen.

Die Realität ist, dass Du von Menschen, die sich gleich kleiden, gleich aussehen und das gleiche konsumieren wie Du, nicht allzu viel Innovatives erwarten kannst. Intelligenz unterliegt einer Normalverteilung und niemand hat ein Monopol auf Kreativität. Beides ist kein Vorrecht junger weißer Männer aus Mitteleuropa oder den USA. Eine andere Umgebung wirkt wie ein Spiegel auf Deine eigenen Ansichten und sorgt dafür, dass diese sich erheblich leichter korrigieren lassen.

Verdienen kommt von Dienen

Es gibt ein Modewort, das heißt „Balance". Vielleicht hast Du auch schon mal davon gehört. In Medien und entsprechenden Büchern wird uns suggeriert, dass es wichtig sei täglich nach Ausgeglichenheit zu suchen. Eine gesunde Ernährung, ausreichend Bewegung, Zeit für die Familie etc.

Die meisten Menschen versuchen nach diesem Prinzip der Ausgeglichenheit zu leben. Diese Gleichung solltest Du zum Fenster rauswerfen. Ich möchte Dir etwas anderes vorschlagen. Eine befriedigendere Definition von Balance. Ich glaube nämlich, dass es Zeiten gibt, in denen es von Bedeutung ist, gerade eben nicht in Balance zu sein.

Wenn Du Erfolg willst, so musst Du diesem Ziel unter Umständen ganze Jahre widmen. In dieser Zeit schläfst Du nicht ausreichend, ernährst Dich ungesund, arbeitest zu viel etc. Ist das gesund? Nein, natürlich nicht – aber so ist das Leben.

Erinnerst Du Dich noch an Deine erste große Liebe? Wahrscheinlich hast Du zu Beginn „zu viel" Zeit mit Deinem Partner verbracht und dabei Deine Freunde und Deine Familie vernachlässigt. Warst Du da in Balance?

Ich glaube, dass Zeiten, in denen wir uns ausschließlich einer Sache widmen und nicht in Balance sind, den ganzen Unterschied ausmachen zwischen Erfolg und Mittelmäßigkeit. Ich glaube aber auch, dass es wichtig ist nach Erreichung eines Zieles wieder einen Gang zurück zu schalten und sich um die anderen Bereiche des Lebens zu kümmern.

Alles in allem ist Balance etwas, dass man über das ganze Leben betrachten muss und nicht an jedem Tag. Wenn Du jedoch an den Mythos der Ausgeglichenheit glaubst, so solltest Du Dich von Zeit zu Zeit fragen: Wenn ich mich so perfekt verhalte, warum habe ich dann nicht mehr Spaß? In einer Welt, in der der Gewinner alles einstreicht, gilt die Gleichung: normal = nichts. Wenn Du jedoch gewillt bist ein kleines Risiko einzugehen und eine winzige Regel zu brechen, dann gibt es zumindest die Chance eine Nische zu entdecken, ein kurzfristiges Monopol zu schaffen und dabei ein wenig Geld zu machen. Wenn Du mitspielst stehen die Chancen bei 99 Prozent, dass Du verlierst. Aber wenn Du nicht mitspielst, liegt die Wahrscheinlichkeit des Scheiterns bei 100 Prozent.

Um Erfolg zu haben musst Du mit vollem Risiko auf dieses eine Prozent setzen, denn nur eines ist sicher: Mittelmaß gewinnt nie. Es hat nie gewonnen und wird auch nie gewinnen.[41]

Wie nicht anders zu erwarten war, spreche ich nun doch noch über das „große Ganze". Und wie bei allem bisher Gesagten habe ich dazu ein paar andere Ideen, als Du vielleicht erwartest. Die Voraussetzung, um Erfolg zu haben und den Sinn des Lebens zu finden, ist für mich ganz einfach erklärt: Tue etwas, das nicht nur Dein Leben verbessert. Keine Sorge, ich werde niemanden dazu zwingen, bei der Diskussion „Umweltschutz ist wichtiger als Hungersnot" eine Wahl zu treffen. In diesem Wettbewerb gibt es keinen Sieger. Alles da draußen ist wichtig und braucht Hilfe. Etwas für andere zu tun bedeutet auch nicht in Altruismus zu verfallen. Wenn Du Dich selbst aufgibst, um einem anderen Menschen ein erfülltes Leben zu ermöglichen, so nützt diese Gleichung am Ende keinem etwas.

Sein eigenes und auch das Leben von anderen zu verbessern, bedeutet für die meisten erfolgreichen Menschen, irgendein menschliches Bedürfnis preiswerter und effektiver zu befriedigen als sonst jemand. Als Musiker kann das für Dich bedeuten, ein Lachen auf das Gesicht tausender Menschen zu zaubern, ein Vorbild für ein Kind zu sein oder Musik zu erfinden, die noch nie jemand gehört hat.

---

[41] Vgl. Funky Business, Jonas Riderstrale und Kjell A. Nordström

Menschen zu amüsieren ist in keiner Weise weniger wert, als sie zu ernähren und Leben zu verbessern ist in keiner Weise weniger wert, als Leben zu schaffen.

Vergiss nicht, dass Liebe, Gegenseitigkeit, Wissen etc. nicht weniger wird, wenn man es benutzt. Kreativität schöpft noch mehr Kreativität, Wissen schöpft noch mehr Wissen, Geld schöpft noch mehr Geld, Erfolg schöpft noch mehr Erfolg und Geben schöpft Geben. Diese Regeln des Überflusses hatten nie mehr Gültigkeit als im Zeitalter der Verbundenheit mit anderen Menschen. Finde also, was Dich begeistert und dann verliere keine Zeit.

Outro

Wenn Du das Leben verwirrend findest, so bist Du damit in guter Gesellschaft. Alle Menschen grübeln darüber nach. Wir haben gelernt, das Leben in Titel, Ergebnisse und Zahlen einzuteilen, an deren Ende ein paar goldene Jahre winken. Aber es gibt gar kein Ende, keine Ankunft irgendwo, denn die Suche hört niemals auf. Es gibt keinen beruflichen Titel oder einen Kontostand, der eine endgültige Ziellinie darstellt. Ein Ziel zu erreichen kann also genauso enttäuschend sein, wie es zu verfehlen. Das ist aber kein Problem, sobald Du verstanden hast, dass das Leben kein Kampf ist, den man gewinnen kann, sondern ein Spiel, das man nicht allzu ernst nehmen sollte. Sei also mutig und kümmre Dich nicht um das, was andere Leute denken.

Diese denken zu 99 Prozent nur an sich selbst und weit weniger an Dich, als Du glaubst.

Zum Abschied ein Gedicht

Es hat derjenige Erfolg erzielt,
der gut gelebt hat, oft lachte und viel weinte,

der sich den Respekt von intelligenten Menschen verdiente und die Liebe von kleinen Kindern;

der eine Lücke gefunden hat, die er mit Leben füllte und der seine Aufgabe erfüllte, ob durch schöne Blumen, die er züchtete, ein vollendetes Gedicht oder eine gerettete Seele;

dem es nie an Dankbarkeit fehlte und der die Schönheit unserer Erde zu schätzen wusste und der es nie versäumte dies auszudrücken;

der immer das beste in anderen sah und stets sein bestes gab;
dessen Leben eine Inspiration war und die Erinnerung an ihn ein Segen.

(Bessie A. Stanley)

Noch ein paar Grüße und Küsse an:

Tim Ferriss, dessen Buch „Die 4 Stunden Woche" die Initialzündung zu diesem Buch gab. Bodo Schäfer, der die Menschen besser versteht, als sie sich selbst. Dem ganzen Team vom Mellowpark, Berlin – insbesondere Hans, Helmut und Claudi. Julian von der Signalfabrik, Oldenburg für grafischen Support. Fabian Burstein vom MC Publish Verlag, der die Idee dieses Buches als erster verstanden hat. Ramon von Illuminati Films für den Cover Entwurf. Alfred und Doris, die den Kontakt zum Verlag hergestellt haben. Ich komme bald nach Wien, versprochen!

Volle winkt!

Auch als Hörbuch erschienen:

Das Arschtritt-Prinzip
Der Weg zu Ruhm und Traumjob

MC Publish Verlag, Wien.

www.itunes.com
www.audible.de
www.mcpublish.at

Literaturverzeichnis:

Denken hilft zwar, nützt aber nichts, Dan Ariely, 2010 Knaur, ISBN-13: 978-3426780350

Geht nicht gibt's nicht, Richard Branson, 2011 books4success, ISBN-13: 978-3938350898

Kopftraining, Tony Buzan, 1993 Goldmann, ISBN-13: 978-3442109265

Talent wird überschätzt, Geoff Colwin, 2009 Ariston, ISBN-13: 978-3424200188

The Songwriters Idea Book, Sheila Davis, 1992 Omnibus Press, ASIN: B008PMIH2S

Ihr Pferd ist tot steigen Sie ab, Tom Diesbrock, 2011 Campus, ISBN-13: 978-3593391243

Steve Jobs – iLeadership, Jay Elliot, 2012 Ariston, ISBN-13: 978-3424200492

So denken Millionäre, T. Harv Eker, 2012 Heyne, ISBN-13: 978-3453685512

Kopf schlägt Kapital, Günter Faltin, 2011 Deutscher Taschenbuchverlag, ISBN-13: 978-3423347570

Geh nie alleine essen, Keith Ferrazzi, 2009 books4success, ISBN-13: 978-3938350218

Die 4-Stunden Woche, Timothy Ferriss, 2011 Ullstein, ISBN-13: 978-3548372631

Der Tipping Point, Malcolm Gladwell, 2002 Goldmann, ISBN-13: 978-3442127801

Überflieger, Malcolm Gladwell, 2010 Piper, ISBN-13: 978-3492258197

Leading Simple, Boris Grundl & Bodo Schäfer, 2007 Gabal, ISBN-13: 978-3897497085

Investment-Punk, Gerald Hörhan, 2011 Ullstein, ISBN-13: 978-3548373843

Scar Tissue, Anthony Kiedis, 2005 KiWi Paperback, ISBN-13: 978-3462034837

Die Formel der Macht, H.Katzmair, Harald Mahrer, 2011 Ecowin, ISBN-13: 978-3711000033

Führen, Leisten, Leben, Fredmund Malik, 2006 Campus, ISBN-13: 978-3593382319

Der Weg zur finanziellen Freiheit, Bodo Schäfer, 2003 Deutscher Taschenbuchverlag, ISBN-13: 978-3423340007

Endlich mehr verdienen, Bodo Schäfer, 2002, Hofmann und Campe, ISBN-13: 978-3455093803

Gesetze der Gewinner, Bodo Schäfer, 2003 Deutscher Taschenbuchverlag, ISBN-13: 978-3423340489

Sex, Money, Kiss, Gene Simmons, 2009 Heyne, ISBN-13: 978-3453675780

Kiss & Make up, Gene Simmons, 2002 Three Rivers, ISBN-13: 978-0609810026

Der Geist und das Greenhorn, Jack Trout, 2003 Redline, ISBN-13: 978-3636031419

Pop Splits, Volume 1 und 2, 2011 Aufbau Verlag, ISBN: 978-3-7466-7083-6

Magazin- und Zeitungsverzeichnis

Brand Eins, Heft 2/2012; Beitrag: „Das große Brabbeln– Marken müssen kommunizieren"

Brand Eins, Heft 10/2011; Beitrag, „Die Suche nach dem Sinn"

Brand Eins, Heft 02/2011; Beitrag: „Die Überraschung"

Brand Eins, Heft 06/2011; Beitrag: „Wo spielt die Musik?"

Business Punk, Heft 02/2010; Interview Mark Ronson

Harvard Business Manger, Heft 02/2011; „Kreativität"

Frankfurter Allgemeine, Ausgabe vom 19.01.2012:

Interview mit Jan Hatzius, Chefvolkswirt der
amerikanischen Bank Goldman Sachs.
Neon", Heft 05/2010; „König Zufall, Die Chaostheorie"
Spiegel, Heft 11/2012; „Debatte Raubkopie"
Stern, Heft 30/2010; „Fit auf den Punkt – Das Geheimnis
mentaler Kraft im Spitzensport."

Hörbuchverzeichnis:

„Nichts als die Wahrheit", Dieter Bohlen 2002, BMG Musik,
Berlin
„Der schnelle Weg zum Nr.1 Hit", Handbuch von The KLF,
2002 Deutsche Übersetzung

Videoverzeichnis:

DVD Seminarset "Die Blaupause", Dr. Oliver Pott
DVD Seminarset „Positionierung", RSI Bookshop GmbH
„Some Kind of Monster", Metallica, 2003, Paramount Home

Zitate Inhaltsverzeichnis:

"Ich verstehe nichts von Musik. In meinem Fach ist das nicht
nötig."\|
(Elvis Presley), Quelle: www.Delamar.de
"Es ist nichts falsch daran, ein Loser zu sein. Es kommt nur
darauf an, gut darin zu sein."\|
Billy Joe Armstrong" (Green
Day), Quelle: www.Delamar.de
„Erfolg bedeutet sich über alle verdammten Dinge dieser Welt
Sorgen machen zu müssen, außer über Geld" (Johnny Cash),

Quelle: www.Delamar.de

„Business ist wie Rock 'n' Roll." (Richard Branson,
   Virgin Records) Quelle: http://this-is-
important.com/html/sir_richard_branson.html

„Ich muss zwei Menschen sein. Aggressiv für die Straße und
   das Baby für meine Oma" (50 Cent), Quelle:
   http://www.giga.de/forum/musik/461936-zitat-von-50-
   cent.html

„Ich möchte so berühmt sein wie Gott." (Madonna), Quelle:
http://home.arcor.de/joachim.weiser/zitate/gruppen/musiker.html

„Du musst Dich was trauen Mann und Du musst etwas finden
   womit Du Dich ausdrücken kannst." (Lil Bow Wow), Quelle:
   Endlich mehr verdienen, Bodo Schäfer

„Anders sein muss man nicht verstecken, man muss
   es betonen."

   (Lady Gaga) Quelle: DVD Seminar „Positionierung", RSI
   Bookshop